Sonderkontrolle der Vertragsstrafe

Internationalrechtliche Studien

Beiträge zum Internationalen Privatrecht,
zum Einheitsrecht und zur Rechtsvergleichung

Herausgegeben von Ulrich Magnus und Peter Mankowski

Band 71

PL ACADEMIC RESEARCH

Yanfei Zeng

Sonderkontrolle der Vertragsstrafe

PL ACADEMIC RESEARCH

Bibliografische Information der Deutschen Nationalbibliothek
Die Deutsche Nationalbibliothek verzeichnet diese Publikation in der Deutschen Nationalbibliografie; detaillierte bibliografische Daten sind im Internet über http://dnb.d-nb.de abrufbar.

Zugl.: Hamburg, Univ., Diss., 2015

D 18
ISSN 0947-0395
ISBN 978-3-631-66694-4 (Print)
E-ISBN 978-3-653-06203-8 (E-Book)
DOI 10.3726/978-3-653-06203-8

PL Academic Research ist ein Imprint der Peter Lang GmbH.

Peter Lang – Frankfurt am Main · Bern · Bruxelles · New York · Oxford · Warszawa · Wien

Diese Publikation wurde begutachtet.

www.peterlang.com

Für Wei

Gliederung

Literaturverzeichnis

Aghion, Philippe/*Bolton*, Patrick, Contracts as a barrier to entry, 77 Am. Econ. Rev., 388–401 (1987).

Atiyah Patrick S./*Smith*, Stephen A., *Atiyah's Introduction to the Law of Contract*, 6. ed., Oxford 2005.

Atiyah, Patrick S. Essay on Contract, Oxford 1986.

Atiyah, Patrick S., An Introduction to the Law of Contract, 5. ed. Oxford 1995.

Avraham, Ronen, Should Pain-and-Suffering Damages Be Abolished from Tort Law? More Experimental Evidence, 55 U Toronto L. J., 941–979 (2005).

Ayres, Ian, Valuing Modern Contract Scholarship, 112 Yale L. J., 881–901 (2003).

Ayres, Ian/*Klass*, Gregory, Promissory Fraud Without Breach, 2004 Wisc. L. Rev. 507–553 (2004).

Baker, John H., An Introduction to Englisch Legal History, 4th. ed., New York 2002.

Bamerger, Heinz Goerg/*Roth*, Herbert, Kommentar zum Bürgerlichen Gesetzbuch, Bd. 1, 2. Aufl., München 2007.

Barbour, Willard T., The History of Contract in Early English Equity, in Vinogradoff ed., Oxford Studies in Social and Legal History, Oxford 1914.

Baudry-Lacantinerie G./*Barde* L., Traité Théorique et Pratique de Droit Civil – Des Obligations, Des Obligations, Bd. 2, 3. Aufl., Paris 1907.

Baumer, David/*Marschall*, Patricia, Willful Breach of Contract for the Sale of Goods: Can the Bane of Business be an Economic Bonanza?, 65 Temp. L. Rev. 159–186 (1992).

Behrends, Okko/*Knütel*, Rolf/*Kupisch*, Berthold/*Seiler*, Hans Hermann hrsg., Corpus Iuris Civilis, Text und Übersetzung, Band I Institutionen, 2. Aufl., Heidelberg 1997.

Behrends, Okko/*Knütel*, Rolf/*Kupisch*, Berthold/*Seiler*, Hans Hermann hrsg., Corpus Iuris Civilis, Text und Übersetzung, Band II Digesten 1–10, Heidelberg 1995.

Behrends, Okko/*Knütel*, Rolf/*Kupisch*, Berthold/*Seiler*, Hans Hermann hrsg., Corpus Iuris Civilis, Text und Übersetzung, Band III Digesten 11–20, Heidelberg 1999.

Belke, Rolf, Die Schadenspauschalierung in Allgemeinen Geschäftsbedingungen, DB 1969, S. 559–567.

Bentele, Roland, Die Konventionalstrafe nach Art. 160 – 163 OR, Diss. Uni. Freiburg, Freiburg 1994.

Berger, Adolf: Encyclopedic Dictionary of Roman Law, Philadelphia, Pa. 1953.

Bernhard, Johann Baptist: Von der Conventionalstrafe, Würzburg 1843.

Beuthien, Volker, Pauschalierter Schadensersatz und Vertragsstrafe, in Festschrift für Karl Larenz, München 1973, S. 495–516.

Birmingham, Robert, Breach of Contract, Damage Measures, and Economic Efficiency, 24 Rutgers L. Rev. 273–292 (1970).

Bork, Robert H., The Antitrust Paradox: A Policy at War with Itself, New York 1978.

Böttcher, Eduard, Wesen und Art der Vertragsstrafe sowie deren Kontrolle, ZfA 1970, 3–61.

Brauneder, Wilhelm, Europäische Privatrechtsgeschichte, Wien 2014.

Brodley, Joseph F./*Ma*, Ching-to Albert, Contract Penalties, Monopolizing Strategies, and Antitrust Policy, 45 Stan. L. Rev., 1161–1213 (1993).

Bucher, Eugen, Schweizerisches Obligationsrecht, AT ohne Deliktsrecht, 2. Aufl., Zürich 1998.

Bundesministerium der Justiz, Vorschläge zur Verbesserung des Schutzes der Verbraucher gegenüber Allgemeinen Geschäftsbedingungen, Erster Teilbericht, 1974.

Burgess, Andrew, Consumer Adhesion Contracts and Unfair Terms: A Critique of Current Theory and a Suggestion, 15 Anglo-Am. L. Rev. 255–280 (1986).

Burton, Steven J., Principles of Contract Law, NewYork 1995.

Busch, Danny/*Hondius*, Ewoud/*van Kooten*, Hugo/*Schelhaas*, Harriet/*Schrama*, Wendy: The Principles of European Contract Law and Dutch Law: A Commentary, The Hague/London/NewYork 2002.

Bydlinski, Franz: Privatautonomie und objektive Grundlage des verpflichtenden Rechtsgeschäfts, Wien 1967.

Calamari, John D./*Perilo*, Joseph M., The Law of Contracts, St. Paul, Minn. 1987.

Calleros, Charles: Punitive Damages, Liquidated Damages, and Clauses Penales in Contract Actions: A Comparative Analysis of the American Common Law and the French Civil Code, 32 Brooklyn J. Int'l L. 67–119 (2006).

Canaris, Claus-Wilhelm: Zivilrechtliche Probleme des Warenhausdiebstahls, NJW 1974, 521–528.

Cavico, Jr., Frank J.: Punitive Damages for Breach of Contract – A Principled Approach, 22 St. Mary's L. J., 357–454 (1990).

Chasapis, Christos: Die Herabsetzung der unverhältnismäßig hohen Vertragsstrafe : ein Beispiel richterlichen Schutzeingriffs in Privatrechtsverhältnisse, Berlin 2014.

Christovich, Michael Mossy/*Stadnik*, Thomas J. R.: Judicial Modification of Penal Clauses—A Survey of Recent Developments, 53 Tul. L. Rev., 523–555 (1979).

Christie, R. H., The Law of Contract in South Africa, Durban 1981.

Chung, Tai-Yeong: On the Social Optimality of Liquidated Damage Clauses: An Economic Analysis, 8 J. L. Econ. & Organ., 280–305 (1992).

Clarkson, Kenneth W. / *Miller*, Roger LeRoy / *Muris*, Thimothy J.: Liquidated Damages v. Penalties: Sense or Nonsense, 1978 Wis. L. Rev., 351–390 (1978).

Cobin, Linton: Cobin on Contracts, Vol. 5., West Publishing Co. 1964.

Coing, Helmut: Eruopäisches Privatrecht, Band I Älteres Gemeines Recht (1500 bis 1800), München 1985; Eruopäisches Privatrecht, Band II (1800 bis 1914), Überblick über die Entwicklung des Privatrechts in den ehemals gemeinrechtlichen Ländern, München 1989.

Comment: Bargaining Power and Unconscionability: A Suggested Approach to UCC Section 2–302, 114 U. Penn. L. Rev., 998–1005 (1966).

Comment: Liquidated Damages and the "No Harm Rule", 9 Stan. L. Rev., 381–386 (1957).

Cook P. J./*Graham*, D. A., The Demand for Insurance and Protection: The Case of Irreplaceable Commodities, 91 Q. J. Econ., 143–156 (1977).

Cooter, Robert/*Ulen*, Thomas, Law & Economics, 5. Ed., Boston et seq. 2008.

Cooter, Robert: Unit in Tort, Contract, and Property, The Model of Precaution, 73 Cal. L. Rev. 1–51 (1985).

Cooter, Robert/*Eisenberg*, Melvin A., Damages for Breach of Contract, 73 Cal. L. Rev., 1432–1481 (1985).

Cooter, Robert, Towards a Market in Unmatured Tort Claims, 75 Va. L. Rev., 383–411 (1989).

Craswell, Richard, Offer, Acceptance, and Efficient Reliance, 48 Stan. L. Rev., 481–553(1996).

Craswell, Richard, Contract Remedies, Renegotiation, and the Theory of Efficient Breach, 61 S. Cal. L. Rev. 629–670 (1988).

Craswell, Richard, Performance, Reliance, and One-Sided Information, 18 J. Legal Stud., 365–401 (1989).

Crespi, Gregory Scott, Measuring "Actual Harm" for the Purpose of Determining the Enforceability of Liquidated Damages Clause, 41 Hous. L. Rev., 1579–1606 (2005).

Crocker, Jennifer, Biased Questions in Judgment of covariation of Studies, 8 Personality und Social Psychology Bulletin, 214–220 (1982).

Croley Steven P./*Hanson*, Jon D., The Nonpecuniary Costs of Accidents: Pain-and-Suffering Damages in Tort Law, 108 Harv. L. Rev., 1785–1917 (1995).

Cui, Jianyuan, Vertragsrecht, 2. Aufl. Peking 2003.

Danzer Max hrsg., Das Bayerische Landrecht vom Jahre 1756 in seiner heutigen Geltung, München 1894.

Dawson, Francis, General Damages in Contract for non-pecuniary loss, 10 New Zealand U. L. Rev., 232–256 (1983).

DiMatteo, Larry A., A Theory of Efficient Penalty: Eliminating the Law of Liquidated Damages, 38 Am. Bus. L. J., 634–733 (2001).

Dodge, William S., The Case for Punitive Damages in Contracts, 48 Duke L.J., 629–699 (1999).

Domat, Jean, Les lois civiles dans leur ordre naturel, Paris 1745.

Danzon, Patricia M., Tort Reform and the Role of Government in the private Insurance Market, 13 J. Legal Stud., 517–549 (1984).

Dittrich Robert/*Tades*, Helmuth, Das Allgemeine Bürgerliche Gesetzbuch, 34. Aufl., Wien 1994.

Edlin, Aaron S., Cadillac Contracts and Up-Front Payments: Efficient Investment Under Expectation Damages, 12 J. L. Econ. & Org., 98–118 (1996).

Edlin Aaron S./*Rechelstein*, Stefan, Holdups, Standard Breach Remedies and Optimal Investment, 86 Am. Econ. Rev., 478–501 (1996).

Edlin, Aaron S./ *Schwatz*, Alan, Optimal Penalties in Contracts, 78 Chi.-Kent L. Rev., 33–54 (2003).

Eisenberg, Melvin A., The Limits of Cognition and the Limits of Contract, 47 Stan. L. Rev., 211–259 (1995).

Eisenberg, Melvin A., Actual and Virtual Specific Performance, the Theory of Efficient Breach, and the Indifference Principle in Contract Law, 93 Cal. L. Rev., 975–1050 (2005).

Entwurf eines Bürgerlichen Gesetzbuchs für das Deutsche Reich. Erste Lesung, §§ 420–425, Amtliche Ausgabe, Berlin/Leipzig 1888.

Epstein, Richard A, Unconscionability: A Critical Reappraisal, 18 J. Law & Econ., 293–315 (1975).

Epstein, Richard A., Products Liabilities as an Insurance Market, 14 J. Legal Stud., 645–669 (1985).

Erman Bürgerliches Gesetzbuch, Bd. 1, 13 Aufl., Köln 2011.

Esser Josef/ *Schmidt* Eike, Schuldrecht, Bd. I: AT, 8. Aufl., Heidelberg 2000.

Farber, Daniel A., Reassessing the Economic Efficiency of Compensatory Damages for Breach of Contract, 66 Va. L. Rev., 1443–1484 (1980).

Farber, Daniel A., Contract Law and Modern Economic Theory, 78 Nw. U. L. Rev., 303–339 (1983).

Farnsworth, E. Allan, Legal Remedies for Breach of Contract, 70 Colum. L. Rev., 1145–1216 (1970).

Farnsworth, E. Allen, Farnsworth on Contracts, Boston/Toronto/London 1990.

Fenet, Par. P. A., Recueil complet des Travaux préparatoires du code civil, Paris 1827/28, Bd. IV.

Fikentscher, Wolfgang, Schuldrecht, 10. Aufl. Berlin 2006.

Fischer, Detlev, Vertragsstrafe und vertragliche Schadensersatzpauschalierung: Eine rechtsvergleichende Darstellung der neueren deutschen und französischen Rechtsentwicklung, Frankfurt a. M. 1981.

Fischer, Detlev, Rechtsnatur und Funktionen der Vertragsstrafe im wettbewerbstrecht unter besonderer Berücksichtigung der höchstrichterlichen Rechtsprechung, in: Festschrift für Dr. Henning Piper zum 65. Geburtstag, München 1996, S. 205–219.

Fischer, James M., Understanding Remedies, NewYork 1999.

Fleming, John H./*Darley*, John M.: Perceiving choice and constraint: The effects of contextual and behavioral cues on attitude attribution, 56 Journal of Personality and Social Psychology 27–40 (1989).

Flume, Werner, Allgemeiner Teil des Bürgerlichen Rechts, Band 2: Das Rechtsgeschäft, 4. Aufl., Berlin u.a. 1992.

Friedmann, Daniel, The Efficient Breach Fallacy, 18 J. Legal Stud., 1–24 (1989).

Friedman, Lawrence M., A History of American Law, NewYork 1973.

Fritz, William. F., Under liquidated Damages as Limitation of Liability, 33 Texas L. Rev., 196–222 (1954).

Gauch, Peter/*Schluep*, Walter R./*Schmid*, Jörg/*Emmenegger*, Susan, Schweizerisches Obligationenrecht. Allgemeiner Teil: ohne ausservertragliches Haftpflichtrecht, Bd 1, 9. Aufl., Zürich/Basel/Genf 2008.

Gaul, Hans Friedhelm, lex commissoria und Sicherungsübereingung, AcP 168 (1968), 351–382.

Gergen, Mark P., A Defense of Judicial Reconstruction of Contracts, 71 IND. L. J., 45–99 (1995).

Gernhuber, Joachim, Das Schuldverhältnis: Begründung und Änderung Pflichten und Strukturen Drittwirkungen, Tübingen 1989.

v. Gierke, Otto: Soll die Conventionalstrafe in einem künftigen deutschen Gesetzbuch lediglich der freien Vereinbarung unterliegen oder an gesetzliche oder richterliche Schranken gebunden sein?, in: Verhandlungen des 20. Deutschen Juristentages, Band 4, Berlin 1889, S. 60–66.

v. Gierke, Otto: Der Entwurf eines Bürgerlichen Gesetzbuches und das deutsche Recht, Leipzig 1889.

Glück, Christian Friedrich, Ausführliche Erläuterungen der Pandekten nach Hellfeld, ein Kommentar für meine Zuhörer, 4. Theil. 1. Abteilung, Erlangen 1796.

Gmür, Rudolf/*Roth*, Andreas, Grundriss der deutschen Rechtsgeschichte, 13 Aufl., München 2011.

Goetz, Charles J./*Scott*, Robert E., Liquidated Damages, Penalties and the Just Compensation Principle: Some Notes on an Enforcement Model and a Theory of Efficient Breach, 77 Colum. L. Rev., 554–594 (1977).

Goetz, Charles J./*Scott*, Robert E., Enforcing Promises: An Examination of the Basis of Contract, 89 Yale L. J., 1261–1322 (1980).

Goetz, Charles J./*Scott*, Robert E., The Mitigation Principle: Toward a General Theory of Contractual Obligation, 69 Va. L. Rev., 967–1024 (1983).

Le Goff, Pierrick, Die Vertragsstrafe in internationalen Verträgen zur Errichtung von Industrieanlagen, Berlin 2005.

Goldstein, Jordan A., The Efficiency of Specific Performance in Stock-for-Stock Merges, 29 Delaw. J. Corp. L., 747–778 (2004).

Gotanda, John Y., Supplemental Damages in Private International Law, The Hague/Boston 1998.

Guinger, Jospeh, Handbuch des österreichischen allgemeinen Civil-Rechtes: Enthaltend den Text des allgemeinen Bürglichen Gesetzbuches v. J. 1811, 5. Aufl., Wien 1853.

Hager, Günter: Die Rechtsbehelfe des Verkäufers wegen Nichtabnahme der Ware nach amerikanischem, deutschem und Einheitlichem Haager Kaufrecht, Frankfurt a.M. 1975.

Han, Shiyuan, Theoretische Probleme des Vertragsbruchgeldes, in „Jura Forschung“, 2003 Vol. 4, S. 15–30.

Han, Shiyuan, Rechtsvergleichende Forschung des Vertragsbruchgeldes, in „Journal der Tsinghua-Universität“, 2003 Vol. 4, S. 77–84.

Hanson, Jon D./*Logue*, Kyle D.: The First Party Insurance Externality: An Economic Justification for Enterprise Liability, 76 Cornell L. Rev., 129–196 (1990).

Hart, Oliver/*Moore*, John, Incomplete Contracts and Renegotiation, 56 Econometrica, 755–785 (1988).

Hartzler, Richard, The Business and Economic Functions of the Law of Contract Damages, 6 Am. Bus. L. J., 387–407 (1968).

Hatizs, Aristides N., Having the Cake and Eating It Too: Efficient Penalty Clauses in Common and Civil Contract Law, 22 Intl. Rev. Law & Econ., 381–406 (2003).

Van Hecke, Maurice T., Changing Emphases in Specific Performance, 40 North Carolina L. Rev., 1–22 (1961).

Heinrich, Christian, Formale Freiheit und materiale Gerechtigkeit: die Grundlagen der Vertragsfreiheit und Vertragskontrolle am Beispiel ausgewählter Probleme des Arbeitsrechts, Tübigen 2000.

Hillman, Robert A., The Limits of Behavioral Decision Theorie in Legal Analysis: The Case of Liquidated Damages, 85 Cornell L. Rev., 717–738 (2000).

Holdsworth, William S., A History of English Law, Vol. 5, London 1924.

Holmes, Oliver Wendel, The Path of the Law, 110 Harv. L. Rev., 991–1009 (1997).

Honsell, Heinrich, Quod Interest im Bonae-fidei-iudicium: Studien zum römischen Schadensersatzrecht, München 1969.

Honsell, Heinrich (Hrsg), Basler Kommentar: Obligationenrecht 1: Art. 1–529 OR, 4. Aufl., Basel 2007.

Honsell, Heinrich, Römisches Recht, 7. Aufl., Berlin 2010.

Horowitz, Morton, The Historical Foundations of Modern Contract Law, 87 Harv. L. Rev., 917–956 (1974).

Ibbetson, David J., A Historical Introduction to the Law of Obligations, New York 1999.

Jakobs Horst Heinrich/*Schubert*, Werner hrsg., Die Beratung des Bürgerlichen Gesetzbuchs in systematischer Zusammenstellung der unveröffentlichten Quellen, Berlin/NewYork 1987.

Jervis, Robert, The Implications of Prospect Theory for Human Nature and Values, 25 *Political Psychology*, 163–176 (2004).

Jolls, Christine, Behavioral Economics Analysis of Redistributive Legal Rules, 51 Vand. L. Rev., 1653–1677 (1998).

Kahneman, Danie/*Tversky*, Amos, Prospect Theory: An Analysis of Decision under Risk, 47 Econometrica, 263–292 (1979).

Kong, Xiangjun, Lehre des Vertragsrecht, Peking 1999.

Kossman, Handbuch der Wohnraummiete, 6. Aufl. 2002, S. 330.

Köhler, Wolfgang, Handbuch der Wohnraummiete, 6. Aufl. München 2003.

Koziol, Helmut/*Welser*, Rudolf, Grundriss des Bürgerlichen Rechts, Bd 2: Schuldrecht, 13. Aufl., Wien 2007.

Koziol, Hermut/*Bydlinski,* Peter/*Bollenberger,* Raimund., Allgemeines Bürgerliches Gesetzbuch 2. Aufl., Wien/NewYork 2007.

Knütel, Rolf: Stipulatio Poenae: Studien zur römischen Vertragsstrafe, Köln/Wien 1976.

Knütel, Rolf/*Kupisch,* Berthold /*Seiler,* Hans Hermann /*Behrends,* Okko hrsg., Corpus Iuris Civiliis, Text und Übersetzung, Band IV Digesten 21–27, Heidelberg 2005.

Koehler, Roger A., Overconfidence on Probabilistic Tests, 11 Journal of Educational Measurement, 101–108 (1974).

Koffka, Kurt, Soll die Conventionalstrafe im künftigen deutschen Gesetzbuch lediglich der freien Vereinbarung unterliegen oder an gesetzliche oder richterliche Schranken gebunden werden? in: Verhandlungen des 20. Deutschen Juristentages, Band 2, Berlin 1889, S. 3–32.

Köhler, Helmut, Vereinbarung und Verwirkung der Vertragsstrafe, in: Festschrift für Joachim Gernhuber zum 70. Geburtstag, Tübingen 1993, S. 207.

Kronman, Anthony T., Specific Performance, 45 U. Chi. L. Rev., 351–382 (1978).

v. Kübel, Franz Philipp: Entwurf eines bürgerlichen Gesetzbuches für das deutsche Reich, Recht der Schuldverhältnisse I, Allgemeiner Teil mit Begründung, Berlin 1882=1980 (von Wener *Schubert* hrsg.).

Lahnstein, Christian, The View of a Reinsurer: On the Relationship between Liability Insurance and Tort Law, in *Gerhard Wagner* (ed.), *Tort Law and Liability Insurance,* Wien 2005, S. 287–294.

Landes William M./*Posner,* Richard A., Adjudication as a Private Good, 8 J. Legal Stud. 235–284 (1979).

Lando, Henrik/*Rose,* Caspar, The Myth Of Specific Performance in Civil Law Countries, in American Law & Economics Association Annual Meetings, 2004.

Lange, Hermann, Schadensersatz und Privatstrafe in der mittelalterlichen Rechtstheorie, Münster/Köln 1955.

Langer, Ellen J., The Illusion of Control, 32 Journal of Personality und social Psychology, 311–328 (1975).

Langer, Ellen J./*Roth,* Jane, Here I win, tails it´s Chance: The Illusion of Control as a function of the Sequence Outcomes in a purely Chance Task, 32 Journal of Personality und social Psychology, 951–955 (1975).

Larenz, Karl, Lehrbuch des Schuldrechts I: Allgemeinen Teil, 14. Aufl., München 1987.

Leff, Arther A., Unconscionablity and the Code – the Emperor´s new Clause, 115 U. Pa. L. Rev., 485–559 (1967).

Levy, Ernst, Westrrömisches Vulgarrecht. Das Obligationsrecht, Weimar 1956.

Lewis, Tracy R./*Perry*, Martin K./*Sappington*, David E. M., Renegotiation and Specific Performance, 52 L. & Contemp. Prob. 33–48 (1989)

Lindacher, Walter F., Phänomenologie der Vertragsstrafe, Frankfurt a. M. 1972.

Linzer, Peter, On the Amorality of Contract Remedies – Efficiency, Equity and the Second Restatement, 81 Colum. L. Rev., 111–139 (1981).

Jetzer, Rolf P./*Zindel*, Gaudenz G., EG-Richtlinie über missbräuchliche Klauseln in Verbraucherverträgen, SJZ 1994, S. 432–436.

Lohr, Martin, Vertragsstrafen im Arbeitsverhältnis, MDR 2000, 429–436.

Loksaier, Fredj, La Clause Pénale: Dans les Contrats Internes et dans les Contrats Internationaux, Lausanne 1985.

Looschelders, Dirk, Schuldrecht, Allgemeiner Teil, 12 Aufl., München 2014.

Löwe, Walter/*v. Westphalen,* Graf/*Trinkner*, Reinhold, Großkommentar zum AGB-Gesetz, Heidelberg 1983.

Lloyd, William H., Penalty and Forfeitures, 29 Harv. L. Rev. 117–136 (1915).

Markowitz, Harry, The Utility of Wealth, 60 Journal of Political Economy, 151–158 (1952).

Mather, Henry, Contract Law and Morality, Westport 1999.

Mazeaud Henri/*Mazeaud* Jean/*Chabas François*, Leçons de Droit Civil, Tome II: Obligations, 8e Edition, Paris 1991.

McCormick, Charles T., Handbook on the Law of Damages, St. Paul, Minn. 1935.

Macneil, Ian R., Power of Contract and Agreed Remedies, 47 Cornell L. Q., 495–528 (1962).

Macneil, Ian R., Efficient Breach of Contract: Circles in the Sky, 68 Va. L. Rev. 947–969 (1982).

Mazeaud, Henri et Léon /*Mazeaud,* Jean /*Chabas,* François /*de Juglart*, Michel, Leçons de Droit Civil, Tome II, Obligations, 8e Edition, Paris 1991.

Medicus, Dieter, Id Quod Interest: Studien zum römischen Recht des Schadensersatzes, Köln/Graz 1962.

Medicus, Dieter, Abschied von der Privatautonomie im Schuldrecht? Erscheinungsformen, Gefahren, Abhilfen, Köln 1993.

Meidcus, Dieter, Schuldrecht I, Allgemeiner Teil, 15. Aufl., München 2004.

Medicus Dieter/*Lorenz* Stephan, Schuldrecht I: Allgemeinen Teil, 20 Aufl., München 2012.

Modifs et Discours prononcés lors de la publication du code civil par les divers orateur du conseil d'état et du tribunant, Paris 1841.

Mommsen, Theodor/*Krueger*, Paul /*Watson*, Alen ed., The Digest of Justinian, Vol. 4, Philadelphia 1985.

Mugdan, Benno Hrsg., Die gesammten Materialien zum Bürgerlichen Gesetzbuch für das deutsche Reich, Band 2, Recht der Schuldverhältnisse, Berlin 1899=1979.

Mugdan Hrsg., Die gesammten Materialien zum Bürgerlichen Gesetzbuch für das deutsche Reich, Band 3, Sachenrecht, Berlin 1899=1979.

Münchener Kommentar zum BGB 6. Aufl., München 2012, 2013.

Neuenfeldt, Ott, Ist die Conventionalstrafe ihrem Grundprincipe nach Strafe oder Ersatzleistung?, Berlin 1885.

Nodoushani, Manuel, Vertragsstrafe und vereinbarter Schadensersatz: Ein vergleichende Untersuchung des amerikanischen und deutschen Rechts, Baden-Baden 2004.

Ofner, Julius hrsg., Der Urentwurf und die Berathungs-Protokolle des Oesterreichischen Allgemeinen bürgerlichen Gesetzbuches, Band II, Wien 1889.

Olazabal, Ann Morales, Formal and Operative Rules in Overliquidation Per Se Cases, 41 Am. Bus. L.J., 503–558 (2004).

Otto, Carl Eduard /*Schilling,* Bruno /*Sinteinis,* Karl Friedrich Fredinand (Hrsg.), Das Corpus Iuris Civilis, Band 6, Leipzig 1832=1985.

Palant Bürgerliches Gesetzbuch, 71 Aufl., München 2012.

Payne, John W., Alternative Approaches to Decision Making Under Risk: Moments Versus Risk Dimensions, 80 Psychological Bulletin, 439–453 (1973).

Pergament, Michael, Konventioalstrafe und Interesse in ihrem Verhältnis zu einander, Berlin 1896.

Polinsky, A. Mitchell, An Introduction to Law and Economics, 2. ed., Boston 1989.

Posner, Eric, Economic Analysis of Contract Law After Three Decades: Success or Failure?, 112 Yale L. J., 829–880 (2003).

Posner, Richard A., Antitrust Law: An Economic Perspective, Chicago 1976

Posner, Richard A., Economic Analysis of Law, 7. ed., Austin/Bosten/Chicago/New York/the Niderlands 2008.

Pothier, Robert-Joseph, Traité des obligations, selon les règles, tant du for de la conscience que du for extérieur, Tome premier, Paris, Orléans 1764. (Englische Übersetzung: A Treatise on the Law of Obligations, or Contracts, translated by *W. D. Evans*, London 1806.)

Pothier, Robert-Joseph, Traité des obligations, nouvelle edition, appopriée a l'état actuel de la législation belge et accompagnée de notes explicatives, Bruxelles 1835.

Priest, George L., The Current Insurance Crisis and Modern Tort Law, 96 Yale L.J., 1521–1590 (1987).

Priest, George L., The Modern Expansion of Tort Liability: Its Sources, its Effects and its Reform, J. Econ. Perspectives, 31–50 (1991).

Raiser, Ludwig, Das Recht der Allgemeinen Geschäftsbedingungen, Hamburg 1935.

Randa, Anton, Zur Lehre von den Zinsen und der Conventionalstrafe: mit Rücksicht auf das österreichische Gesetz vom 14. Juni 1868 und das norddeutsche Bundesgesetz vom 14. November 1867, Wien 1869.

Rea, Jr., Samuel A., Non-Pecuniary Loss and Breach of Contract, 11 J. Legal Stud., 35–53 (1982).

Rea Jr., Samuel A., Efficiency Implication of Penalties and Liquidated Damages, 13 J. Legal Stud. 147–167 (1984).

Reich, Nobert, Zur Pauschalierung von Schadensersatzansprüchen bei Werkverträgen, NJW 1978, S. 1570–1572.

Rogerson, William P., Efficient Reliance and Damage Measures for Breach of Contract, 15 Rand J. Econ. 39–53 (1984).

Rubin, Paul H., Unenforceable Contracts: Penalty Clauses and specific performance, I0 J. Legal Stud., 237–247 (1981).

Rummel, Peter (Hrsg.), Kommentar zum Allgemeinen bürgerlichen Gesetzbuch, 3. Aufl., Wien 2002.

von Savigny, Friedrich Carl, Pandekten: Obligationsrecht AT, *Avenarius* Hrsg., Frankfurt a. M. 2008.

Schäfer, Hans-Bernd/*Ott*, Claus, Lehrbuch der ökonomischen Analyse des Zivilrechts, 5. Aufl., Berlin 2012.

Schlechtriem, Peter, Richterliche Kontrolle von Schadensersatzpauschalierung und Vertragsstrafen, in: *Leser-v. Marschall* (Hrsg.), Das Haager Einheitliche Kaufgesetz und das deutsche Schuldrecht: Kolloquium zum 65. Geburtstag von Ernst v. Caemmerer, Karlsruhe 1973, S. 51–74.

Schleipen, August, Die Konventionalstrafe nach Gemeinem Recht verglichen mit der Vertragsstrafe des deutschen bürgerlichen Gesetzbuches, Diss. iur. Erlangen/Köln 1898.

Schmidt, Karsten, unselbstständige und selbstständige Vertragsstrafeverpsrechen: Bemerkung zur Akzessorietät der Vertragsstrafe, in FS Heinrichs, 1988, S. 529–542.

Schmidt-Futter, Wolfgang, Wohnraumschutzgesetze, München 7 Aufl. 2014.

Schmidt-Rimpler, Walter, Grundfragen einer Erneuerung des Vertragsrechts, AcP 147 (1941), S. 130–197.

Schoemaker, Paul J. H., The Role of Statistical Knowledge in Gambling Decisions: Moment vs. Risk Dimension Approaches, 24 Organizational Behavior and Human Performance, 1–16 (1979).

Schottland Law Commission, Discussion Paper on Penalty Clauses, 1997.

Schottland Law Commission, Report on Penalty Clauses, 1999.

v. Schumacher, Edmund, Die Conventionalstrafe des römischen Rechts und der schweizerischen Gesetzgebung, Diss. Uni. Zürich, Zürich 1883.

Schwartz, Alan: The Case for Specific Performance, 89 Yale L. J., 271–306 (1979).

Schwartz, Alan: Proposals for Products Liability Reform: A Theoretical Synthesis, 97 Yale L.J., 353–419 (1988).

Schwartz, Alan, The Myth That Promisees Prefer Supracompensatory Remedies: An Analysis of Contracting for Damage Measures, 100 Yale L. J., 369–407 (1990).

Schwatz, Alan/*Scott*, Robert E., Contract Theory and the Limits of Contract Law, 112 Yale L. J., 541–619 (2003).

Schwenzer, Ingeborg, Schwerizerisches Obligationsrecht: Allgemeiner Teil, 6. Aufl., Bern 2012.

Schwind, Fritz, Römisches Recht, Wien 1950.

Scott, Robert E., Error and Rationality in Individual Decisionmaking: An Essay on the Relationship Between Cognitive Illusions and the Management of Choices, 59 S. Cal. L. Rev. 329–362 (1986).

Scott, Robert E./*Triantis*, George G., Embedded Options and the Case against Compensation in Contract Law, 104 Colum. L. Rev., 1428–1491 (2004).

Sebert, Jr., John A., Punitive and Nonpecuniary Damages in Actions Based upon Contract: Toward Achieving the Objective of Full Compensation, 33 UCLA L. Rev., 1565–1678 (1986).

Shavell, Steven, Damage Measures for Breach of Contract, 11 Bell J. Econ., 466–490 (1980).

Shavell, Steven, Economic Analysis of Accident Law, Cambrige et seq 1987.

Simon, Herman Veit, Soll die Conventionalstrafe im künftigen deutschen Gesetzbuch lediglich der freien Vereinbarung unterliegen oder an gesetzliche oder richterliche Schranken gebunden werden? in: Verhandlungen des 20. Deutschen Juristentages, Band 2, Berlin 1889, S. 33–45.

Siebenhaar, Eduard, Das Bürgerliche Gesetzbuch für das Königreich Sachsen nebst den damit in Verbindung stehenden Reichs- und Landesgesetzen, Leipzig 1876.

Slawson, W. David, Binding Promises, the Late 20th-Century Reformation of Contract Law, Princeton/New Jersey 1996.

Soergel Bürgerliches Gesetzbuch: Mit Einführungsgesetz und Nebengesetzen, Bd. 5/3, 13 Aufl., Stuttgart 2009.

Sossna, Ralf-Peter, Die Geschichte der Begrenzung von Vertragsstrafen: Eine Untersuchung zur Vorgeschichte und Wirkungsgeschichte der Regel des § 343 BGB, Berlin 1993.

Staudinger Kommentar zum Bürgerlichen Gesetzbuch, Neubearbeitung 2009, 2010, 2011.

Steltmann, Isabel, Die Vertragsstrafe in einem Europäischen Privatrecht: Möglichkeiten einer Rechtsvereinheitlichung auf der Basis eines Rechtsvergleichs der Rechtsordnungen Deutschlands, Frankreichs, Englands und Schwedens, Berlin 2000.

Stoffels, Markus, AGB-Recht, 2. Aufl., München 2009.

Sustein, Cass R., Behavioral Analysis of Law, 64 U. Chi. L. Rev., 1175–1193 (1997).

Tally, Eric L., Contract Renegotiation, Mechanism Design and the Liquidated Damages Rule, 46 Stan. L. Rev., 1195–1243 (1994).

Taylor, Schelley E./*Brown*, Jonathon D., Illusion and Well-Being: A social Psychological Perspective on Mental Health, 103 Psychological Bulletin, 193–210 (1988).

Thibaut, Anton Friedrich Justus: System des Pandektenrechts, Jena 1834.

Thompson, Seymour D., Penalties and Liquidated Damages, 46 Central L. J., 5–10 (1898).

Thyraud, M. Jacques, Rapport fait du nom de la commission des lois, J. O. Documents 1974–1975, n° 386.

Treitel, G. H., Remedies for Breach of Contract, Oxford 1991.

Ulmer, Peter/*Brandner*, Horst-Diether/*Hensen*, Diether, AGB-Recht, Kommentar zu den §§ 305 - 310 BGB und zum Unterlassungsklagengesetz, Köln 2006.

U. S. Department of Justice, Report of the Tort Policy Working Group on the Causes, Extent and Policy Implications of the Current Crisis in Insurance Availability and Affordability, 1986.

von Vangerow, Karl Adolph, Lehrbuch der Pandekten, Bd. 3, 7. Aufl., Marburg/Leibzig 1869.

Varian, Hal R.: Microeconomnic Analysis, New York 3. ed., 1992.

Viney, Geneviève/*Jourdain*, Patrice, Traité de Droit Civil: les Effets de la Responsabilité, 3e édition, Paris 2012.

Viscusi, W. Kip, Fatal Tradeoffs, Public and Private Responsibilities for Risk, New York 1992.

Wang, Liming, Haftung der Vertragsbruchs, Peking 2003.

Wang, Liming, Die neuen Probleme im Vertragsrecht, Peking 2003.

Weisfield, James A., "Keep the Change!": A Critique of the No Actual Injury Defense to Liquidated Damages, 65 Wash. L. Rev., 977–996 (1990).

Wertheimer, Alan, Unconscionability and Contracts, 2 Business Ethics Quarterly, 479–496 (1992).

v. Westphalen Carf/*Thüsing*, Gregor, Vertragsrecht und AGB-Klauselwerke, München 2012.

Wieacker, Franz, Privatrechtsgeschichte der Neuzeit: Unter besonderer Berücksichtigung der deutschen Entwicklung, 2. Aufl., Göttingen 1967, S. 71.

Wieling, Hans Josef, Interesse und Privatstrafe, vom Mittelalter bis zum Bürgerlichen Gesetzbuch, Köln/Wien 1970.

Windscheid, Bernhard, Lehrbuch des Pandektenrechts, Bd. 2, 4. Aufl., Düsseldorf 1875

Winner, Martin, Wert und Preis im Zivilrecht, Wien/NewYork 2008.

Wohlhaupter, Eugen (Hrsg.), Gesetze der Westgoten, Germanenrechte, Texte und Übersetzungen XI, Weimar 1936.

Wolf, Manfred, Rechtsgeschäftliche Entscheidungsfreiheit und vertraglicher Interessenausgeleich, Tübigen 1970.

Yang, Lixin, Forschung über die Haftung des Vertragsbruchs, in „Blatt Henan School of Goverment" 2000 Vol. 1.

Zimmermann, Reinhard: The Law of Obligation: Roman Foundations of the Civilian Tradition, Oxford 1992.

Zhang, Guangxing, Vertragsrecht: Allgemeiner Teil, Peking 1999.

Einleitung

Das Institut der Vertragsstrafe findet bei Vertragsparteien sehr häufig Anwendung, um die Leistungserfüllung zu sichern oder um sich von dem Schadensersatzbeweis befreien zu lassen oder um das Risiko in Bezug auf die Leistungserfüllung zu fixieren. Aber nach § 343 BGB kann eine Vertragsstrafe, die unangemessen hoch ist, vom Richter herabgesetzt werden, zudem ist in fast allen Ländern eine Sonderkontrolle über die Vertragsstrafe instituiert. Wie allgemein bekannt, besteht der Grundsatz des Zivilrechts in der Privatautonomie. Niemand außer den Vertragsparteien – das gilt auch für den Richter – kann besser wissen, was ihre besten Interessen sind und wie sie zu verfolgen sind. Somit stellt sich die Frage, warum der Richter die Vertragsstrafe nachträglich ändern oder sogar gänzlich verneinen kann, wenn die Strafe eigentlich von den Vertragsparteien frei vereinbart wird bzw. wenn es keinen Defekt in der Willensbildung gibt und der Schuldner sich auch nicht in einer schwächeren Position befindet.

Die herrschende Lehre versucht, die richterliche Herabsetzung über Vertragsstrafen damit zu rechtfertigen, dass der Schuldner bei Vereinbarung einer hohen Vertragsstrafe in der Tat nicht erwarte, dass er im Nachhinein seine Pflichten nicht erfüllen könne, und dass die Strafe vielmehr verfallen werde. „Wenn diese Erwartung enttäuscht wird, kann der Schuldner bei strenger Handhabung des Strafversprechens in schlimme Bedrängnis geraten.“[1] Nach dieser Auffassung ist der Strafschuldner oft überoptimistisch über den Vertragsverlauf und wegen dieser menschlichen Schwäche besonders schutzwürdig. Aber die Überzeugungskraft dieser Auffassung ist in dem Sinn zu bezweifeln, dass der Schuldner bei der Vereinbarung der Vertragsstrafe als unvernünftig ansehen wird, während die Schuldner der zukünftigen und ungewissen Schulden immer noch als vernünftig vermutet und als deutlich weniger schutzwürdig betrachtet werden. Daher ist die Auffassung für die Rechtfertigung der Sonderkontrolle der Vertragsstrafe unzureichend. Vielmehr sind sämtliche Aspekte der Sonderkontrolle zu analysieren, um die Frage beantworten zu können, ob für die Vertragsstrafe eine Sonderkontrolle notwendig, gerecht oder effizient ist.

Im ersten Teil werden die konkreten Regeln in verschiedenen Ländern diskutiert und miteinander verglichen, denn die Sonderkontrolle auf Vertragsstrafe ist

---

1 *Medicus/Lorenz*, Schuldrecht I AT, 20 Aufl. 2012, Rn. 547. Ähnlich auch *Zimmermann*, The Law of Obligation, 1996, S. 106 f.; *Lindacher*, Phänomenologie der Vertragsstrafen, 1972, S. 99.

sehr üblich. In den kontinentaleuropäischen Staaten wird allgemein angenommen, dass die unangemessen höhen Vertragsstrafen vom Richter herabzusetzen sind. Wenn eine Strafe sehr niedrig ist, gibt es in Frankreich und in den Niederländern noch die Möglichkeit, dass der Richter die Strafe erhöht, während in Deutschland und in der Schweiz gilt die Vertragsstrafe als Mindestschaden, solange nicht anders vereinbart werden. In den common law-Ländern ist die Vertragsstrafe total verboten, und nur die Schadensersatzpauschalierung ist zulässig. Außerdem wird weiter untersucht, auf welche Klauseln die Sonderkontrolle anwendbar ist, da es viele ähnliche Klauseln wie Vertragsstrafe gibt. Nach Erklärung der konkreten Regeln ist es möglich, die Begründungen der Kontrolle zu analysieren.

Im zweiten Teil wird betrachtet, wie sich die Beschränkung der Vertragsstrafe in der Geschichte abbildet und wie es kommt, dass diese in der Gegenwart als allgemeine Regel angenommen wird. Im frühen römischen Recht gab es keine Beschränkung auf die stipulatio penale, aber ihre Schadensersatzfunktion wog allmählich mehr als die Erzwingungsfunktion. C.7.47.1 der Konstitution Justinians hat zum ersten Mal ausdrücklich normiert, dass der Schadensersatz auf den Betrag des doppelten Werts der Hauptleistung oder des wirklich entstandenen Schadens beschränkt, und eine wirksame *stipulatio penale* unter einer angemessenen Beschränkung stehen solle. Danach waren die Meinungen in der Glossatoren- und Kommentatorenzeit darüber geteilt, ob die Vertragsstrafe beschränkt und ob das Kriterium des doppelten Werts darauf angewendet werden soll. Auf der anderen Seite hat im kanonischen Recht auch die Regel, dass die Vertragsstrafe auf die Höhe des Schadensersatzes beschränkt werden muss, sich wegen des Wucherverbots entwickelt und erweitert. In Folge entstand eine Tradition der Beschränkung der Vertragsstrafe im Zivilsystem. Darüber hinaus stammt der Ausschluss der Vertragsstrafe aus dem equity law in England, insoweit die Chancery dem Schuldner seit dem 16. Jahrhundert einen Rechtsschutz gegen penal bonds anbot, denn im common law waren die Regeln gegen Betrug und sittenwidrige Verhandlungen mangelhaft. Durch die Untersuchung der Entwicklungsgeschichte wird gezeigt, ob die Erscheinung der Sonderkontrolle der Vertragsstrafe historisch unvermeidbar und durch die Interessenanalyse als vernünfig nachgewiesen wurde.

Im dritten Teil werden zunächst die Notwendigkeit und die Gerechtigkeit des § 343 BGB diskutiert. Da es bereits im BGB viele Kontrollmethoden für die Vertragsstrafe gibt, ist die Notwendigkeit des § 343 BGB zu bezweifeln. Nach § 138.2 ist eine Strafe unwirksam, wenn sie dem Wucher gleichkommt. Nach § 309 ist die Vertragsstrafe in AGB-Verträgen unter vier Umständen verboten

(Nichtannahme, Verspätung der Annahme, Zahlungsverzug oder Rücktritt). Außerdem gilt die unangemessene Vertragsstrafe in AGB-Verträgen nach § 307 unwirksam. Darüber hinaus gibt es noch die Billigkeitskontrolle nach §§ 315 ff. So wird die Bedeutung des § 343 zumindest verringert, wenn nicht gar verdrängt. Am wichtigsten ist das Verhältnis zwischen § 343 und § 242 BGB. Die beiden Paragrafen dienen der Rechtsausübungskontrolle und somit ist es wenig sinnvoll, beide auf die Vertragsstrafe anzuwenden, es sei denn, dass § 343 als *lex specialis* schärfer ist. Aber hier stellt sich wiederum die Frage, warum dem Strafschuldner mehr Schutz zugesprochen wird als anderen Schuldnern. Nach der h. L. ist der Strafschuldner oft überoptimistisch, somit unterschätzt er häufig die Möglichkeit der Vertragsverletzung. Dieser unrealistische Optimismus ist durch die psychologische Forschung seit dem 70. Jahrzehnt des letzten Jahrhunderts belegt. Es ist jedoch zu bezweifeln, ob der Überoptimismus so entscheidend ist, dass nur aus diesem Grund der Strafschuldner besonders schutzwürdig ist. Daher wird weiter untersucht, ob es noch anderen Faktoren gibt, die eine vernünftige Entscheidung beeinflusst, und wie diesen Faktoren auswirken.

Im letzten Teil besteht das Ziel der vorliegenden Untersuchung darin, dass die Vertragsstrafe die Effizienz nicht verhindert. Da die für die Vertragsparteien spezifisch vorgesehenen Vertragsbedingungen ihre Interessen maximieren können,[2] ist zunächst zu prüfen, ob die Vertragsstrafe den freien Willen und die spezifische Risikodistribution der Vertragsparteien reflektieren kann. Zweitens ist zu prüfen, ob die Vertragsstrafe den effizienten Handel behindert. Seit langem wird die Vertragsstrafe für ineffizient gehalten, denn sie verhindert den Vertragsbruch, wenn der Vertrag nicht effizient ist oder wird. Diese „efficient breach theory" gilt zurzeit in den USA als die herrschende Lehre, wird aber wegen der Vernachlässigung der systematischen Unterkompensation im Vertragsrecht heftig kritisiert. Die jüngste Lehre fokussiert sich stattdessen auf das Ziel des effizienten Bruchs, auf die Wiederverhandlung zwischen den Vertragsparteien und die effiziente Investition, weil die Behinderung des effizienten Bruchs immer durch Wiederverhandlung zu eliminieren ist. Deswegen wird auch untersucht, was für einen Anreiz die Vertragsstrafe in Bezug auf die Investition anbieten kann. Am Ende wird geprüft, ob die Vertragsstrafe unzumutbare externe Effekte hervorbringen kann.

2 *Schwartz/Scott*, Contract Theory and the Limits of Contract Law, 113 Yale L. J., 541, 552–554 (2003).

1. Teil: Rechtsvergleich

Eine Untersuchung der Vorschriften der Vertragsrechte in den meisten Rechtssystemen erhellt, dass die Strafabrede zwischen Vertragsparteien unter besonderer richterlicher Kontrolle steht. Die Zivilrechte in Deutschland, Österreich, Schweiz, Niederlanden, Frankreich, Großbritannien, China und auch in den USA enthalten eine solche Vorschrift. Sowohl im geschriebenen Zivilrecht als auch im Common Law scheint das Misstrauen, dass die beiden Vertragsparteien keine angemessene Vertragsstrafe verabreden können, üblich und tief verwurzelt zu sein. Auf der anderen Seite sind die Vorschriften nicht in jeder Hinsicht gleich. In Deutschland kann nach § 343 Abs. 1 BGB eine Vertragsstrafe, die unverhältnismäßig hoch ist, auf Antrag des Schuldners vom Gericht reduziert werden. Ähnliches gilt nach Art. 163 OR in der Schweiz, nach § 1336 Abs. 2 ABGB in Österreich, nach Art. 6:94 NWB in den Niederlanden, nach § 36 Vertragsgesetz in Dänemark, Finnland und Schweden, nach Art. 1384 CC in Italien und nach Art. 409 ZGB in Griechenland. Vergleichbare Vorschläge finden sich in Art. 9:509 Abs. 2 PECL, Art. 7.4.13 (2) PICC, Rule III.3.712 (2) DCFR, usw. In einigen Rechtssystemen, z.B. in Frankreich (§ 1152 Abs. 2 Code civil) und China (Art. 114 Abs. 2 Vertragsrecht), kann der Richter nicht nur eine unverhältnismäßig hohe Vertragsstrafe herabsetzen, sondern auch eine unverhältnismäßig niedrige Vertragsstrafe erhöhen. In Großbritannien wird eine Strafabrede überhaupt nicht als durchsetzbar betrachtet, weil eine private Strafe zwischen Vertragsparteien nicht zulässig ist.[3] Das Gleiche gilt in den USA (UCC 2–718 2.nd Restatement S. 356(1)). Da die Vorschriften je nach Rechtssystem in mancher Hinsicht unterschiedlich sind, stellt sich die Frage, ob und in wie weit sich die dahinter stehenden Ideen sowie das Kontrollmaß und die Methode unterscheiden. Um diese Frage zu beantworten, ist es erforderlich, die Vorschriften und Praxen in verschiedenen Ländern gründlich zu untersuchen.

A. Die unter Sonderkontrolle stehende Zahlungsklausel

I. Dichotomie der Zahlungsklauseln

In manchen Ländern stehen nicht alle Vertragsvereinbarungen über eine sekundäre Geldzahlung für den Fall der Nichterfüllung einer Hauptverpflichtung unter derselben richterlichen Inhaltskontrolle. In Deutschland, in der Schweiz und

3 *Atiyah/Smith, Atiyah's Introduction to the Law of Contract*, 6. ed. 2005, p. 391.

im Common Law wird für solche Zahlungsklauseln zwischen Vertragsstrafe und Schadensersatzpauschalierung differenziert.[4] Im Allgemeinen ist zwar die Angabe richtig, dass die Vertragsstrafe eine Sanktion gegen Vertragsbruch ist und Druck auf den Schuldner bezweckt, und dass die Schadenspauschalierung nur eine Vorabfixierung des zukünftigen materiellen Schadensbetrags des Gläubigers ist, jedoch sind die Zwecke, die Funktionen und die Entwicklungsgeschichten der Dichotomie in beiden Rechtssystemen unterschiedlich.

1. Zweiteilung im deutschen Recht

a. Das Institut der Schadensersatzpauschalierung und seine Entwicklung

Außer Vertragsstrafe gibt es in Deutschland einen weiteren Typ der Zahlungsklausel, nämlich die Schadenspauschalierung, die von der Justizpraxis entwickelt und 2002 in § 309 Abs. 5 BGB normiert wurde. Seit den 1970er Jahren wird ein vereinbarter Schadensersatz nicht als Vertragsstrafe, sondern als ein „eigenständiges" Institut betrachtet.[5] Nach der traditionellen Meinung ist eine Abgrenzung zwischen den beiden Begriffen wichtig, denn auf die Schadenspauschalierung soll das Herabsetzungsrecht des Richters in § 343 BGB keine Anwendung finden.[6] Nur wenn die Zahlungsklausel als Vertragsstrafe gilt, ist es zulässig, den Betrag nach § 343 BGB herabzusetzen. Das bedeutet aber nicht, dass der Gläubiger bei der Schadensersatzpauschalierung in einer besseren Lage wäre als bei der Vertragsstrafe. Vielmehr steht eine in AGB verwendete Schadensersatzpauschalierung nach § 309 Abs. 5 BGB unter strikter Kontrolle: Wenn die Pauschale den gewöhnlich zu erwartenden Schaden oder die gewöhnlich eintretende Wertminderung

---

4 Diese Dichotomie besteht auch in der schweizerischen Rechtslehre, die eine Schadenspauschalierung – auch als "unechte Konventionalstrafe" – bezeichnet, nicht als Konventionalstrafe betrachtet, weil sie keine Straffunktion hat. Vgl. *Bucher*, Schweizerisches Obligationsrecht, AT, 2. Aufl. 1998, S. 525; *Honsell* (Hrsg.), Basler Kommentar zum Obligaitonsrecht, 4. Aufl. 2007, Art. 160 OR, Rn. 12, *ders*, Schweizerisches Obiligationsrecht AT, 2. Aufl. 1998, S. 525; *Gauch/Schluep/Emmenegger*, Schweizerisches Obligationsrecht AT, 9. Aufl. 2008, N. 3853; *Schwenzer*, Schwerizerisches Obligationsrecht AT, 6. Aulf. 2012, 71.16, S. 500.

5 Vgl. z. B. *Beuthien*, Pauschalierter Schadensersatz und Vertragsstrafe, in FS: Karl Larenz (1973), S. 495–516; *Larenz*, Lehrbuch des Schuldrechts, Allgemeiner Teil, 14. Aufl. 1987, S. 383 ff.; Soergel-*Lindacher*, 12. Aufl. 1991, Vor § 339, Rn. 21; *Meidcus*, Schuldrecht I, 15. Aufl 2004, Rn. 462; *Looschelders*, Schuldrecht, AT, 10 Aufl. 2012, Rn. 812.

6 *Meidcus*, Schuldrecht I, Rn. 462; Staudinger-*Rieble*, Neubearbeitung 2009, Vor § 339, Rn. 57; *Fikenscher*, Schuldrecht, 10. Aufl. 2006, S. 87, Rn. 141; *Beuthien*, Pauschalierte Schadensersatz und Vertragsstrafe, S. 505; *Larenz,* Schuldrecht AT, S. 384.

übersteigt, oder wenn der anderer Vertragsteil im konkreten Fall nicht ausdrücklich nachweist, ein Schaden oder eine Wertminderung sei überhaupt nicht entstanden oder wesentlich niedriger als die Pauschale, dann ist die Schadenspauschalierung unwirksam. Es gibt also ein „Alles-oder-Nichts"-Prinzip. Im Vergleich dazu ist die Vertragsstrafe nur herabzusetzen, wenn der Strafbetrag *unverhältnismäßig hoch* ist. Dafür spricht, dass die Anerkennung des Begriffs der Schadenspauschalierung in der Praxis aus dem Bedürfnis nach besserem Schuldnerschutz bei der Verwendung von AGB stammt.[7]

Seit den 20er und 30er Jahren des letzten Jahrhunderts ist es üblich, in Allgemeinen Geschäftsbedingungen für den Fall der Nichterfüllung oder des Verzugs des Kunden schadensersatzrechtlich formulierte Zahlungsklauseln zu benutzen, die sich normalerweise durch einen dem entgangenen Gewinn entsprechenden Prozentsatz des Preises auszeichnet. Die Inhaltskontrolle solcher Klauseln ist dabei immer schärfer geworden. Während vor dem zweiten Weltkrieg eine solche Schadenspauschale beim Reichsgericht nur wegen einer „Monopolstellung des Verwenders" unter Inhaltskontrolle stand,[8] wurde in den 50er und 60er Jahrzehnten ein viel freieres Kriterium angenommen, nämlich der „Missbrauch der Vertragsfreiheit". Bis dahin waren sich die Instanzgerichte nicht darüber einig, ob eine derartige Zahlungsklausel als ein außer Vertragsstrafe stehendes eigenständiges Institut gelten soll.[9] 1966 wurde diese Dichotomie vom Bundesarbeitsgericht[10] zum ersten Mal ausdrücklich bejaht. Es hat auch darauf hingewiesen, dass bei einer angemessenen Schadensersatzpauschalierung weder ein „missbilligenden Eigennutz des Verkäufers noch eine ungerechtfertigte Benachteiligung des vertragsbrüchigen Käufers" vorliege, dass der Betrag nicht in einem Missverhältnis zu der Höhe des branchenüblichen Gewinns stehen dürfe. Der Unterschied zwischen Vertragsstrafe und Schadensersatzpauschalierung sei nicht entscheidend. Ausschlaggebend sei vielmehr, dass über die Schadenspauschalierung nicht nach § 343 BGB, sondern nach der allgemeinen richterlichen AGB-Inhaltskontrolle zu entscheiden sei. Dieser Ansicht ist der Bundesgerichtshof gefolgt, nach

7 Vgl. *Fischer*, Vertragsstrafe und Vertragliche Schadensersatzpauschalierung, 1981, S. 42 ff.

8 Vgl. *Raiser*, Das Recht der Allgemeinen Geschäftsbedingungen, 1935, S. 101 f.

9 In den 60er Jahrzehnten betrachtet OLG Hamm eine AGB-Zahlungsklausel, die 15% des Kaufpreises fordert, nicht als Vertragsstrafe, sondern als Schadensvereinbarung, aber das OLG Celle, das OLG München und das LG Göttingen sieht sie weiterhin als Vertragsstrafe. Das LG Tübingen, das LG Wuppertal und das LG Berlin waren aber der Ansicht, dass eine im Wortlaut als „Schadensersatz" bezeichnete Zahlungsabrede nicht als Vertragsstrafe angesehen werde. Vgl. *Fischer*, Vertragsstrafe, S. 47–49.

10 BAG, NJW 1967, 751.

dessen Urteil für die Unterscheidung zwischen den beiden Instituten der nach der Vertragsauslegung mit der Vereinbarung verfolgte Zweck entscheidet. Eine Vertragsstrafe bezwecke in erster Linie die Erfüllung des Hauptanspruchs zu sichern, während eine Schadensersatzpauschalierung nur die Rechnung eines als bestehend vorausgesetzten Schadensanspruchs erleichtern wolle und dürfe. Das Kontrollkriterium dafür sei die unangemessen Benachteiligung des Vertragspartners des AGB-Verwenders.[11] Ab der Mitte der 1970er Jahre wurde eine Schadensersatzpauschalierung in der Rechtpraxis oft als eine beweislastumkehrende Vereinbarung über die Schadensberechnung angesehen, die nur vorläufigen Reglungsgehalt hat.[12]

1977 ist das AGB-Gesetz in Kraft getreten, allerdings wurde es im Jahr 2002 durch das Schuldrechtsmodernisierungsgesetz aufgehoben, seine materiellrechtlichen Vorschriften wurden zusammen mit anderen Verbraucherschutzregelungen weitgehend inhaltsgleich in das BGB (§§ 305–310) überführt. Die Strafabrede gegen Nichtabnahme oder verspätete Abnahme der Leistung, Zahlungsverzug und Lösung vom Vertrag ist in den AGB gänzlich untersagt (§ 309 VI), während die anderen Typen der Vertragsstrafe nach § 307 unter die Inhaltskontrolle fallen, sodass eine den Vertragspartner des Verwenders von Treu und Glauben unangemessen benachteiligende Strafabrede als unwirksam gelten soll.[13] Auf der anderen Seite legte das AGB-Gesetz die Regelung für die Inhaltskontrolle der Schadensersatzpauschalierung in der Praxis durch Gesetzgebung fest: ihre Voraussetzung ist das Bestehen eines Schadensersatzanspruchs,[14] des Weiteren soll ihre Summe den branchentypischen Durchschnittsschaden normalerweise nicht übersteigen.[15] Selbst bei Erfüllung der beiden Voraussetzungen kann die Klausel durch Gegenbeweis des Schuldners, nämlich dass kein Schaden entstanden ist oder der Schaden wesentlich niedriger ist als die Pauschale, als unwirksam erwiesen werden. Dieser Kontrollmaßstab sei nach Meinung des

---

11 BGH, BGHZ 49, 84 (89); BGH, NJW 1970, 29 (32); BGH, NJW 1976, 1886 (1887); BGH, BGHZ 67, 312 (313); Staudinger-*Rieble*, Vor §§ 339 ff., Rn. 57.

12 Vgl. *Fischer*, Vertragsstrafe, S. 58 ff, 67.

13 Ein generelles Vertragsstrafverbot war im Referentenentwurf I (§ 8 Nr. 6E) und in § 18 EGAGB des Entwurfs der CDU/CSU-Bundestagsfraktion vorgesehen, wurde im Gesetz aber nicht angenommen. Vgl. *Fischer*, Vertragsstrafe, S. 95, Anm. 14. Die Herabsetzung nach § 343 BGB steht dem nicht entgegen, allerdings nur für eine verwirkte Vertragsstrafe. Hingegen knüpft die Inhaltskontrolle nach § 307 auch an die vereinbarte Strafabrede an. Vgl. *Stoffels*, AGB-Recht, 2. Aufl. 2009, S. 345.

14 BGH, NJW 2005, 1645 (1647); Erman-*Roloff*, § 309, Rn. 44.

15 BGH, NJW 1984, 2093 (2094).

Bundesministeriums der Justiz ein wirkungsvollerer Schutz für den Schuldner, denn die Schadenspauschale sei statt zuvor gemachter Erwägung nach jedem einzelnem Fall auf den Durchschnittsschaden beschränkt und die Beweislastverteilung funktioniere bereits vor dem Prozess.[16]

Der Grund für die Annahme der Zweiteilungslehre besteht darin, den im AGB-Gesetz schärfer niedergeschlagenen Kontrollmaßstab durchzusetzen, als das richterliche Herabsetzungsrecht des § 343 BGB, da es wegen der immateriellen Schadensersatzfunktion und der Sanktionsfunktion der Vertragsstrafe unmöglich ist, die Höhe der Vertragsstrafe stets auf den Schadensbetrag zu beschränken. Die Gültigkeit der Vertragsstrafe ist außerdem, anders als bei der Schadensersatzpauschalierung, davon abhängig, ob tatsächlich ein Schaden entstanden ist.[17] Um eine Umgehungsvereinbarung zu verhindern, sei nach Meinung der Bundesregierung die Vertragsstrafe untersagt, sonst bestehe die Möglichkeit, dass der Gläubiger statt der Schadenspauschale lediglich die Vertragsstrafe, die nicht dem scharfen Maßstab unterworfen ist, anwendet.[18] Das Bundesministerium der Justiz schließt sich dieser Vorstellung an.[19] Während der Entwurf des Bundesministeriums der Justiz ein allgemeines Verbot der Vertragsstrafe enthält, beschränken Bundesregierung und die Gesetzgeber das Verbot auf die oben genannten vier Fallgruppen, denn hier reiche eine Schadensersatzpauschalierung bereits aus, um den Gläubiger vor einem Vertragsbruch zu schützen, da es sich bei diesen Verletzungen seitens der Kunden um typische Vertragsbrüche handle, die zu einem Schaden des Gläubigers führten. Eine Vertragsstrafe, um den Kunden zur ordnungsgemäßen Erbringung der versprochenen Leistung anzuhalten, sei daher nicht notwendig.[20]

Was die Individualvereinbarungen der Schadensersatzpauschalierung betrifft, denen eine besondere Kontrollregel fehlt, ist es umstritten, nach welcher Norm der Angemessenheitskontrolle eine unmittelbare oder eine analoge Anwendung zu finden ist. Nach Meinung des Bundesgerichtshofs sei eine Anwendung von § 343 nur möglich, wenn eine Zahlungsklausel als Vertragsstrafe qualifiziert

---

16 BMJ, Vorschläge zur Verbesserung des Schutzes der Verbraucher gegenüber Allgemeinen Geschäftsbedingungen, Erster Teilbericht, 1974, S. 71.

17 So ausdrücklich Staudinger-*Rieble*, § 343, Rn. 112; MünchKomm-*Gottwald*, § 343, Rn. 20.

18 BT-Drucks, 7/3919, S. 30.

19 BMJ, Vorschläge, S. 71.

20 BT-Drucks, 7/3919, S. 30.

werde,[21] aber diese Ansicht wurde überwiegend abgelehnt.[22] Nach der Gegenansicht sei § 343 BGB für Vertragsstrafe und Pauschalierungsabrede ein „verallgemeinerungsfähige[r] Maßstab". [23] Die Regeln in der Schweiz scheinen sich dem deutschen Recht anzugleichen: In der Schweiz sind seit dem 5.4.1993 die unverhältnismäßig hohen oder einseitigen Entschädigungsbeträge in den Verbraucherverträgen unwirksam,[24] während in übrigen Verträgen eine Herabsetzung auch bei der Schadenspauschalierung in Analogie zu Art. 163 Abs. möglich sein soll, wenn der effektive Schaden deutlich kleiner ist als die Pauschale.[25]

b. Zweifel am Begriff der Schadensersatzpauschalierung

Daher stellt sich die Frage, ob die Differenzierung zwischen Vertragsstrafe und Schadensersatzpauschalierung überhaupt nötig ist, wenn § 343 BGB auf die beiden angewendet werden kann. Damit eine Differenzlehre durchgehalten werden kann, gibt es zwei Herangehensweisen: Zum einen wird zwischen beiden Instituten ein wesentlicher Unterschied anerkannt, sodass eine wegen ihres hohen Betrages als nichtig betrachtete Schadenspauschalierung nicht wieder als Vertragsstrafe bezeichnet und reduziert wird; Zum anderen soll eine ungewöhnlich hohe Schadenspauschale als Vertragsstrafe betrachtet und nach § 343 herabgesetzt werden, weil ein Sanktionszweck in der Natur des über den erwarteten Schadens hinausreichenden Betrages liegt. Die zweite Angabe scheint als von den höchstrichterlichen Rechtsprechungen angenommen. Bereits im Jahr 1909

---

21 BGH, NJW 1970, 29, 32: „Die Abrede über die Schadenspauschale nur der Kontrolle der Allgemeinen Geschäftsbedingungen durch die Gerichte im Rahmen der §§ 138, 242 BGB".

22 Vgl. *Fischer*, Vertragsstrafe, S. 71, Anm. 12.

23 So *Reich*, Zur Pauschalierung von Schadensersatzansprüchen bei Werkverträgen, NJW 1978, S. 1571. Ähnlich auch *Schlechtriem*, Richterliche Kontrolle von Schadensersatzpauschalierung und Vertragsstrafen, in: *Leser-v. Marschall* (Hrsg.), Das Haager Einheitliche Kaufgesetz und das deutsche Schuldrecht: Kolloquium zum 65. Geburtstag von Ernst v. Caemmerer, 1973, S. 57, 71; *Hager*, Die Rechtsbehelfe des Verkäufers wegen Nichtabnahme der Ware nach amerikanischem, deutschem und Einheitlichem Haager Kaufrecht, 1975, S. 82. Auch *Bötticher* (Wesen und Arten der Vertragsstrafe und deren Kontrolle, ZfA 1970, 35 ff, 38) und *Lindacher* (Phänomenologie der Vertragsstrafe, 1972, S. 170. Aber nur für nichtvollwertige Kaufleute) für eine analoge Anwendung des § 343 BGB auf Schadenspauschale, obwohl sie die Differenzierungslehre befürworten.

24 Vgl. *Jetzer/Zindel*, EG-Richtlinie über missbräuchliche Klauseln in Verbraucherverträgen, SJZ 1994, S. 432, 434.

25 *Bucher*, OR AT, 525; *Honsell/Vogt/Wiegand/Ehrat*, Art. 160 OR, Rn. 12; *Gauch/Schluep/Emmenegger*, OR AT, N. 3853; *Schwenzer*, Schweizerisches OR AT, 71.16, S. 500.

besagte eine Entscheidung des Reichsgerichts: Da der Betrag einer als Schadensersatz formulierten Zahlungsklausel wesentlich höher sei als der erwartete Schaden, könne es sich nicht mehr um eine Entschädigung handeln. Diese Klausel gelte eher als eine Strafabrede und deswegen sei § 343 anwendbar.[26] 1967 wurde vom Bundesgerichtshof zudem erkannt,[27] dass die ungewöhnliche Höhe des Betrages gegen die Annahme einer Schadensersatzpauschalierung spreche. Nur bei der Vertragsstrafe drohe das Risiko eines überschreitenden Zahlungsbetrages und sei die Inhaltskontrolle durch § 343 BGB nötig. Jedoch ist dieser Ansicht zu entnehmen, dass logischerweise keine Inhaltskontrolle für die als Schadensersatzpauschalierung bewertete Klausel benötigt wird, denn eine unangemessene Zahlungsklausel würde keinesfalls als vereinbarter Schadensersatz betrachtet. In diesem Fall verliert die Inhaltskontrolle über die Schadensersatzpauschalierung an Bedeutung.

Angesichts dieser Paradoxie wurde von *Beuthien* die obengenannte erste Angabe befürwortet, nach der die Rechtsfiguren beider Institute deutlich voneinander abzugrenzen sind.[28] Ihm zufolge sollte eine unangemessen hohe Schadenspauschale nicht unter den Begriff der Vertragsstrafe fallen und damit vom Richter in den übrigen Regelfällen nur gewiss, aber nicht auf den eingetretenen (Vermögens-)Schadensbetrag reduziert werden können.[29] Statt der Angemessenheitsprüfung des § 343 BGB, die für die Vereinbarung des Schadensersatzes zu weitmaschig sei, solle das Schadensersatzrechtliche Bereicherungsverbot, dessen Durchbrechung auch wegen Vertragsfreiheit nicht zulässig sei,[30] als zutreffender Kontrollmaßstab gelten, damit eine Schadenspauschale nur zutreffend oder unzutreffend sein könne. Nur eine dem Durchschnittsschaden entsprechende Schadenspauschale sei als zutreffend bzw. wirksam anzusehen, während eine falsch vorgesehene Pauschale als unwirksam – nicht reduzierbar – gelte.[31]

---

26 RG 21.5.1909, WarnRspr. 1909, Nr. 443.

27 BGH, BGHZ 49, 84. Ebenso *Reich*, NJW 1978, S. 1571. *Fikenscher*, Schuldrecht, 10. Aufl., Rn. 141; Larenz, Schuldrecht AT, 14. Aufl., S. 384 (eine verdeckte Vertragsstrafenabrede); Medicus, Schuldrecht I, 15. Aufl., Rn. 462: „Vertragsstrafe ist umso eher anzunehmen, je wahrscheinlicher und deutlicher die versprochene Leistung den zu erwartenden Schaden übersteigt. Wenig bedeutet demgegenüber die von den Parteien gewählte Bezeichnung."

28 *Beuthien*, in FS: Larenz 1973, S. 500.

29 Eine vom Richter reduzierte Vertragsstrafe soll auch noch höher sein als der tatsächliche Vermögensschaden, damit eine spürbare Strafe bleibt. So Staudinger-*Ribele*, § 343, Rn. 131.

30 *Beuthien*, in FS: Larenz 1973, S. 505.

31 *Beuthien*, in FS: Larenz 1973, S. 504 ff.

Dem stimmt *Larenz* zu, insoweit sich bei einer unangemessen hohen Schadenspauschale vom Schuldner auch nur das Ziel der Fixierung des zu erwartenden Schadens erkennen lasse, sodass sie vom Richter nicht als Vertragsstrafe herabgesetzt werden dürfe. Hier könne der Gläubiger nur den tatsächlichen Schaden verlangen, und somit stehe er im Ergebnis unter Umständen schlechter da, als wenn er von vornherein eine Vertragsstrafe offen verlangt hätte. Dies werde dadurch gerechtfertigt, dass der Gläubiger keinen ungerechten Vorteil hätte, wenn er sein Strafziel durch die Vereinbarung einer Schadensersatzpauschale verdecke und danach die Verletzungshandlung des Schuldners strafen wolle.[32]

Aber wie *Fischer* richtig bemerkt hat, führe *Beuthiens* Ansicht dazu, dass der schärfere Kontrollmaßstab für Schadensersatzpauschalierung notwendigerweise leerlaufen müsste und dass in der Praxis statt der Schadensersatzrechtlichen Formulierung eine eindeutige vertragsstrafrechtliche Wortwahl zum Einsatz käme.[33] Darüber hinaus sei nach *Fischer* das Schadensersatzrechtliche Bereicherungsverbot kein wirklicher Kontrollmaßstab, denn sonst könne der überzahlte Betrag gegen § 343 I 3 BGB und § 348 HGB vom Schuldner immer zurückgefordert werden.[34] Überdies hat *Canaris* verneint, dass in den individuellen Vereinbarungen der Grundsatz des Schadensersatzrechtlichen Bereicherungsverbots nicht durch Freiwillen der Vertragsparteien gebrochen werde, denn dieser Grundsatz sei nicht zwingend.[35]

Gegenüber der Zweiteilungslehre befürwortet auch ein großer Teil des Schrifttums die Einheitslehre, die eine wesentliche Unterscheidbarkeit zwischen Schadensersatzpauschalierung und Vertragsstrafe verneint. *Belke* hielt schon im Jahr 1969 den Begriff der Schadensersatzpauschalierung für unhaltbar, da die Schadenspauschalierung sämtliche Tatbestandsvoraussetzungen der Vertragsstrafe aufweise, und in beiden Instituten die Doppelfunktion von Schadensvergleich und Erfüllungssicherung anerkannt werde.[36] *Schlechtriem* ist der Meinung, bei einer Differenzierung zwischen beiden Instituten handele es sich nicht um „wesensverschiedene Rechtsfiguren", sondern es sei, gleich wie im Common Law-System, nur eine Frage der Angemessenheitskriterien.[37] Ob bei einer Zahlungsklausel der Anspruch auf die Höhe des Schadens abzuschneiden

---

32 Vgl. *Larenz*, Schuldrecht AT, 14. Aufl., S. 384.

33 *Fischer*, Vertragsstrafe, SS. 83–84.

34 *Fischer*, Vertragsstrafe, S. 84.

35 *Canaris*, Zivilrechtliche Probleme des Warenhausdiebstahls, NJW 1974, S. 527, Anm. 43.

36 *Belke*, Die Schadenspauschalierung in Allgemeinen Geschäftsbedingungen, DB 1969, S. 562. Ähnlich auch *Fischer*, Vertragsstrafe, S. 170 f.

37 *Schlechtriem*, Richterliche Kontrolle, S. 62 f.

sei, hänge von der Auslegung dieser Klausel ab, nicht aber von ihrer begrifflichen Qualifikation in Vertragsstrafe oder Schadensersatzpauschale.[38] Auch *Hager* verneint die Eigenständigkeit der Schadensersatzpauschalierung, denn er hält die elastische Kontrollmöglichkeit des § 343 BGB für ausreichend, um jede einzelne Zahlungsklausel nach ihren Besonderheiten richtig zu kontrollieren.[39] Auf der anderen Seite ist er der Ansicht, dass die Angemessenheitskontrolle diese Klauseln nicht gleich behandle, sondern in erster Linie darauf abzustellen sei, ob die Klausel nur die Vereinfachung der Schadensberechnung oder daneben auch die Erfüllungssicherung bezwecke. In der ersten Situation sei der erwartete Schaden für die Kontrolle maßgeblich, während in der zweiten jedes Interesse, auch das nichtvermögensrechtliche, berücksichtigt werden müsse.[40] *Fischer* hat ferner darauf hingewiesen, § 343 BGB sei ein geeigneter allgemeiner Kontrollmaßstab, auch für eine Vereinbarung über Schadensersatz. Die Drohfunktion bedeute nicht, dass die Vertragsstrafe höher sei als der tatsächliche Vermögensschaden. Vielmehr dürfe die Höhe der Vertragsstrafe auf den normalerweise zu erwartenden Durchschnittsschaden beschränkt werden, wenn für den Gläubiger in erster Linie die Gewinnerzielung wichtig sei und die Sachleistung des Schuldners keine eigenständige Bedeutung habe. Besonders in den Massengeschäften, in denen die AGB üblich sind, sei eine Pauschale über den zu erwartenden Vermögensschaden für eine dem Gläubigerinteresse entsprechende Drohwirkung ausreichend.[41] Wenn statt der Abgrenzung zwischen Vertragsstrafe und Schadensersatzpauschale ein einheitlicher Vertragsstrafbegriff angenommen wird, stellt sich nun die Frage, ob neben dem gesetzlichen Schadensersatz auch noch Zusatzbeträge für die Gewährleistung des Erfüllungssicherungsinteresses erforderlich seien.[42]

Da im angloamerikanischen Recht vor allem wegen des Verbots von „penalty" für die Zahlungsklauseln eine Zweiteilungslehre gilt, ist es bedenklich, im deutschen Zivilrecht, in dem die Drohfunktion und Überkompensation der Vertragsstrafe grundsätzlich zulässig ist, eine über den erwarteten Schaden hinausreichende Schadenspauschale – nur wegen ihres Klauselwortlauts – zu verbieten. Dass der Schuldner durch den Wortlaut einer Vertragsstrafe die Gefährlichkeit einer Überzahlung spüre und dies eine Abwehrbereitschaft hervorrufe,[43] sei aber

38 *Schlechtriem*, Richterliche Kontrolle, S. 52, Anm. 2.
39 *Hager*, Rechtsbehelfe, S. 182.
40 *Hager*, Rechtsbehelfe, S. 184.
41 *Fischer*, Vertragsstrafe, S. 179, 186.
42 *Fischer*, Vertragsstrafe, S. 181.
43 So z.B. *Beuthien*, in FS Larenz 1973, S. 508, 511 ff., *Larenz*, Schuldrecht AT, 14. Aufl., S. 384.

angesichts der Eigenart von AGB illusionär.[44] Selbst bei den individuellen Vereinbarungen, bei dem die Vertragsparteien über die Vertragsklauseln ernsthaft verhandeln können, ist dem Schuldner nicht die Formulierung, sondern die Höhe des Zahlungsbetrags wichtig. Er hat beim Vertragsabschluss weder ein Interesse, noch ist er in der Lage, den möglichen erwarteten Schaden bzw. den möglichen entgangenen Gewinn des Gläubigers zu ermitteln, und deswegen lehnt er den Vertrag nur wegen des hohen Betrags der Zahlungsklausel ab, auf keinen Fall aber wegen der vertragsstrafrechtlichen Formulierung des Gläubigers. Zudem ist auffällig, dass nach der Zweiteilungslehre ein Wertungswiderspruch vorliegt: Eine Schadensersatzpauschalierung, die den erwarteten Schaden vorhersieht, steht, im Vergleich zur Vertragsstrafe, die eine private Strafe auf den Schuldner ausübt, unter einem strengeren Kontrollmaßstab; dieser Wertungswiderspruch ist im kaufmännischen Geschäftsverkehr noch schärfer, insoweit die Vertragsstrafe unberührt bleibt. Dies gibt dem Gläubiger den Anreiz, einen höheren Betrag zu fordern, als er für seinen Zweck erforderlich hält. Damit wird diese Klausel nicht als Schadenspauschalierung qualifiziert,[45] Da in der Zweiteilungslehre sowohl dieser Wertungswiderspruch als auch ein unüberbrückbares Abgrenzungsproblem bestehen, erscheint die Einheitslehre vorteilhafter.

Wenn aber ein Verbot der Strafabrede vorliegt, ist die Zweiteilung zu überlegen. Offensichtlich sind in AGB Schadensersatzpauschalierung und Vertragsstrafe nach § 309 Abs. 5 und 6 voneinander abweichende Begriffe. Zudem sind sie unterschiedlichen Kontrollen unterstellt. Wäre Schadensersatzpauschalierung nur ein Unterbegriff der Vertragsstrafe, dann müsste sie nach § 309 Abs. 6 auch in den vier bestimmten Fällen verboten sein, aber der Gesetzgeber wollte in AGBG nur das Strafelement einer Zahlungsklausel beseitigen, nicht alle derartigen Vereinbarungen für nichtig erklären. Nach *Fischer* seien auch in AGBG eine einheitliche Bewertung und Beweisbelastungsregel anzunehmen, die für Zahlungsklauseln außerhalb des Verbotskatalogs des § 309 Abs. 6 BGB gelten. Nur in den vier bestimmten Fällen gemäß Abs. 6, für die Vertragsstrafe verboten ist, gelte eine Zweiteilungslehre, die aber nicht der h. M. gleich, sondern der Zweiteilungslogik des Common Law Systems ähnlich sei. Demnach sei die Abgrenzung mit der Angemessenheitskontrolle des § 309 Abs. 5 identisch: angemessene Klauseln seien pauschalierte Schadensersatzabrede; während unangemessene Klauseln als Vertragsstrafen zu bewerten seien.[46] Dieser Auffassung ist unter Umständen zu

44 *Fischer*, Vertragsstrafe, S. 84.
45 Vgl. *Fischer*, Vertragsstrafe, S. 185.
46 *Fischer*, Vertragsstrafe, S. 183 ff, 190.

entnehmen, dass da, wo sowohl Schadenspauschale als auch Vertragsstrafe zulässig sind, die Abgrenzung zwischen den beiden bedeutungslos ist. Nur wenn eine Strafabrede, die über den Schaden hinweggeht, verboten ist, ist es nötig, zwischen beiden Instituten zu differenzieren.

Außerhalb des Allgemeinen Rechts liegt in den einzelnen Vertragsverhältnissen überdies das Problem vor, ob Schadenspauschalierung von Vertragsstrafe differenziert werden soll. Beispielsweise ist sich das Schrifttum darüber uneinig, ob eine Pauschalierung des Schadensersatzanspruchs gemäß § 555 BGB in den Wohnraummietverträgen auch verboten werden soll,[47] da hier eine Vertragsstrafe wegen des Schutzes des Wohnraummieters unwirksam ist. Diese Meinungsverschiedenheit besteht vor allem in den unterschiedlichen Antworten auf die Frage, ob eine Pauschalabrede des Schadensersatzes auch eine Drohwirkung auf die Erfüllung des Schuldners hat und damit die gleiche oder eine ähnliche Gefahr wie eine Vertragsstrafe trägt,[48] oder ob sie nur eine Pauschale der zusätzlichen Kosten bedeutet, die aus Pflichtverletzung im Interesse des Mieters entsteht und deswegen dem Mieter aufzuerlegen ist.[49]

Es ist davon auszugehen, dass das Wesen des Streits darin besteht, ob nach § 343 BGB die Vertragsstrafe so herabgesetzt wird, dass der reduzierte Betrag immer höher ist als der zu erwartende Schadensersatz, oder ob sie auch auf den Vermögensschaden herabzusetzen ist. Da es nach h. M. nicht üblich ist, die Vertragsstrafe auf die Höhe des zu erwartenden oder des tatsächlichen (Vermögens-)Schadens herabzusetzen,[50] sei der Kontrollmaßstab nach § 343 BGB der die Zweiteilungslehre befürwortenden Autoren zufolge für die Schadenspauschalierung nicht geeignet. Jedoch ist die Herangehensweise, das Strafelement in der Vertragsstrafe gänzlich zu beseitigen, nicht unmöglich,[51] deswegen hält die Einheitslehre die Anwendung des § 343 BGB auf Schadenspauschale für

---

47 Für die Differenzierung von Schadensersatzpauschalierung und Vertragsstrafe: OLG Hamburg, NJW 1990, 909; MünchKomm-*Bieber*, § 555, Rn. 4; Bamberger/Roth-*Ehlert*, § 555, Rn. 7; Palandt-*Weidenkaff*, § 555, Rn. 1. Dagegen: Staudinger-*Emmerich*, § 555, Rn. 8. *Köhler*, Handbuch der Wohnraummiete, 6. Aufl. 2003, § 71 Rn. 2; *Kossman*, Handbuch der Wohnraummiete, 6. Aufl. 2002, S. 330; Schmidt-*Futter*, Wohnraumschutzgesetze, 7 Aufl. 2014, B 98.

48 So Staudinger-*Emmerich*, § 555, Rn. 8.

49 So OLG Hamburg, NJW 1990, 909, 910, für den Fall der vorzeitigen Mietvertragsaufhebung des Schuldners.

50 Staudinger-*Rieble*, § 343, Rn. 129–131; MünchKomm-*Gottwald*, § 343, Rn. 21.

51 Wie z.B. im Arbeitsrecht bei Vertragsbruch des Arbeitsnehmers, vgl. MünchKomm-*Gottwald*, § 343, Rn. 21.

möglich. Inwieweit zwischen den beiden Instituten ein Unterschied vorliegt, ist an die Voraussetzung gebunden, ob bei der Angemessenheitskontrolle der Vertragsstrafe und Schadenspauschalierung unterschiedliche Maßstäbe zuständig sind. Wenn es richtig wäre, bei der Angemessenheitsprüfung der Vertragsstrafe vor allem auf die Schwere und das Ausmaß der Zuwiderhandlung einzugehen,[52] dann wäre die Kontrolle der Vertragsstrafe für die Schadenspauschalierung ungeeignet. Wenn stattdessen bei der Abwägung „jedes Interesses des Gläubigers" die Elemente nicht unbedingt streng hierarchisch überprüft werden müssten, d. h. der Vermögensschaden auch eine wichtige, sogar die wichtigste Rolle spielen könnte, dann könnte die Kontrolle der Vertragsstrafe auch für die Schadensersatzpauschalierung geeignet sein.

2. *Zweiteilung im angloamerikanischen Rechtssystem*

a. *Strafverbot im Privatrecht*

Abweichend zum deutschen Recht gilt im angloamerikanischen Rechtssystem in diesem Bereich in der Tat keine wirkliche Zweiteilung, nach der verschiedene Typen der Zahlungsklauseln unter unterschiedlichen Kontrollen stehen. Stattdessen gibt es hier nur eine Angemessenheitsprüfung, nach der zu entscheiden ist, ob eine Zahlungsklausel als Schadenspauschalierung (liquidated damages) betrachtet wird und folglich als wirksam gilt. Wenn aber eine Zahlungsklausel eine Strafe oder Drohwirkung (*in terrorem*-effect) auf den Schuldner bezweckt, ist sie als penalty unwirksam.[53]

Die liquidated damages-Regel beruht auf dem Prinzip des Strafverbots im Vertragsrecht. Obwohl *punitive damages* im Deliktrecht des angloamerikanischen Rechtssystems gegen besonders verwerfliche Böswilligkeit und grobe Fahrlässigkeit generell anerkannt sind,[54] werden sie im Vertragsrecht üblicherweise verneint, auch bei einem vorsätzlichen Vertragsbruch.[55] Die wenigen Ausnahmen sind etwa Vertragsbruch bei einem Heiratsversprechen, Publikpflichtverletzung eines Unternehmens der öffentlichen Dienste und Verletzung

52 So Staudinger-Rieble, § 343, Rn. 104 ff.

53 Vgl. UCC 2–718 (1); Restatement (second) of Contracts, S 356 (1); E. Allan Farnsworth, Farnsworth on Contracts, 1990, Vol. 3, p. 283.

54 Für eine Sammlung der Fälle und eine Zusammenfassung der Kriterien vgl. *Dodge*, The Case for Punitive Damages in Contracts, 48 Duke L.J., 629, 689 & Fn. 325–327 (1999).

55 Vgl. *Thyssen, Inc.* v. *S. S. Fortune Star*, 777 F.2d 57, 62–63 (2d Cir. 1985), in dem dieses Kriterium als eine allgemeine Regel anerkannt wird.

der treuhänderischen Pflicht (*fiduciary duty*).[56] Eine böswillige Verletzung des Gutglaubens (*good faith*) und des gerechten Handels (*fair trading*) im Vertragsrecht sind nach der Rechtsprechung der letzten Jahrzehnte auch strafbar, aber es ist zu bemerken, dass die Aufwendung des punitive damages im Vertragsrecht nicht wesentlich erweitert wurde, denn die meisten Entscheidungen des punitive damages setzen voraus, dass ein derartiges Verhalten deliktisch ist,[57] oder sich wegen der Verletzung der treuhänderischen Pflicht auf publike Interessen oder auf Haftungsprobleme bezieht.[58] Es lässt sich beobachten, dass im angloamerikanischen Rechtssystem ein strafbares Verhalten, sei es deliktisch oder vertraglich, nach dieser Vorstellung unmoralisch gewertet wird und zu verhindern ist, jedoch hat die Pflichtverletzung im Vertragsrecht in den meisten Fällen nichts mit Moral zu tun. Die traditionelle Theorie hält die private Strafe zwischen Vertragsparteien für unzulässig.

b. Vermeidung der Effizienzverhinderung

Über das Verbot der Überkompensation und der privaten Strafe hinaus sind Vertragsbrüche auch wegen der Effizienz nicht zu verhindern; das Vertragsrecht garantiert nur, dass der Schaden von der den Vertrag verletzenden Partei angemessen ausgeglichen werden muss, und nicht, dass die Parteien die Pflicht korrekt erfüllen.[59] In letzten Jahrzehnten bietet die ökonomische Analyse des Vertragsrechts aus dieser Sicht für das Verbot der Vertragsstrafe eine weitere Rechtfertigung: eine Strafabrede sei wegen ihrer Drohwirkung auf Erfüllung nicht effizient. Ein Vertragsbruch sei dann effizient, wenn die den Vertrag brechende Partei mehr profitiere, als der Schaden der anderen Partei betrage, denn damit könnte der Schaden gänzlich ausgeglichen werden. Dadurch werde das Kriterium von Pareto-optimal erreicht: Beim Vertragsbruch würde mehr Wert

---

56 *Dodge*, 48 Duke L. J., at 636; *Mather*, Contract Law and Morality, 1999, pp. 117–118.

57 *Slawson*, Binding Promises, the Late 20th-Century Reformation of Contract Law, 1996, p. 122. Restatement (second) of Law § 355: "Punitive damages are not recoverable for a breach of contract unless the conduct constituting the breach is as a tort for which punitive damages are recoverable". Dagegen aber *Mather*, Contract Law, p. 132 ("Rather than tempt courts to invent new torts, ... it would be preferable to say that certain breaches of contract call for punitive damages, regardless of whether such breaches are tortious.")

58 E.g., *Rawlings* v. *Apodaca*, 726 P.2d 565 (Ariz. 1986).

59 *Holmes*, The Path of the Law, 110 Harv. L. Rev., 991, 995 (1997): "the duty to keep a contract at common law means a prediction that you must pay damages if you do not keep it, – and nothing else."

geschaffen als bei der Vertragserfüllung; und die verletzte Partei würde entschädigt, damit verhielte es sich so, als wäre der Vertrag erfüllt worden. In diesem Zusammenhang würde eine Strafabrede, deren Betrag unbedingt höher ist als der Schaden der anderen Partei, einen effizienten Vertragsbruch verhindern, denn sie hat die Kosten des Vertragsbruchs erhöht und dadurch einen möglichweise effizienten Vertragsbruch verhindert.[60] In diesem Zusammenhang sei eine *Penalty,* die höher ist als eine „gerechte Kompensation", zu verbieten.

3. *Zweiteilungslehre im Rechtsvergleich*

Der größte Unterschied zwischen dem deutschen Recht und dem angloamerikanischen Recht besteht darin, dass Drohwirkung und Straffunktion im deutschen Vertragsrecht wegen der Wichtigkeit der Leistungserfüllung zulässig ist. Üblicherweise ist eine unter dem objektiven Aspekt unangemessen hohe Strafabrede nicht unwirksam, sondern vom Richter zu reduzieren, die Drohwirkung der Vereinbarung wird also aufrechterhalten. Im angloamerikanischen Rechtssystem ist hingegen die Drohwirkung und private Strafe bei privaten Verträgen unzulässig, und deswegen gilt das „Alles-oder-Nichts"-Prinzip: Entweder ist der vereinbarte Schadensersatz eine wirksame liquidated damages-Vereinbarung oder eine unwirksame penalty.[61] Ein Mittelweg sieht das amerikanische Recht nicht vor, weshalb die Drohwirkung reduziert wird. Ein weiterer Unterschied zwischen dem deutschen Recht und dem amerikanischen Recht besteht darin, dass es unklar ist, ob im deutschen Recht die Zweiteilung von Schadensersatzpauschalierung und Vertragsstrafe nur auf die Verträge beschränkt ist, die die AGB verwenden,[62] während im amerikanischen Recht die Zweiteilung in allen Vertragstypen besteht.

---

60 Vgl. z. B. *Cavico*, Jr., Punitive Damages for Breach of Contract–A Principled Approach, 22 St. Mary's L. J., 357, 371 (1990); *DiMatteo*, A Theory of Efficient Penalty: Eliminating the Law of Liquidated Damages, 38 Am. Bus. L. J., 633, 677(2001).

61 *Le Goff*, Die Vertragsstrafe in internationalen Verträgen zur Errichtung von Industrieanlagen, 2005, S. 46.

62 Dies hängt davon ab, ob im deutschen Recht das Richterliche Ermäßigungsrecht für Vertragsstrafe auch für Schadensersatzpauschalierung in den Verträgen außer AGB-Gesetz anwendbar ist. Wenn ja, dann wird Schadensersatzpauschalierung niemals von den Vertragsparteien verwendet, und dann macht die Zweiteilung hier keinen Sinn. Dafür vgl. z. B. *Reich*, NJW 1978, S. 1571; *Fischer*, Vertragsstrafe, S. 71, *Schlechtriem*, Richterliche Kontrolle, SS. 57, 71; *Hager*, Die Rechtsbehelfe, S. 82; *Bötticher*, ZfA 1970, S. 35 ff, 38; *Lindacher*, Phänomenologie, S. 170. Dagegen *Meidcus*, Schuldrecht I, Rn. 462; Staudinger-*Rieble*, Vor § 339, Rn. 57; *Fikenscher*, Schuldrecht, S. 87, Rn. 141; *Beuthien*, Pauschalierte Schadensersatz und Vertragsstrafe, S. 505; *Larenz*, Schuldrecht AT, S. 384.

Es gibt jedoch auch für beide Rechtssysteme eine Gemeinsamkeit: Im deutschen Recht ist eine private Strafe in den vier genannten Situationen in den AGB-Verträgen durchaus verboten (§ 309 Abs. 6 BGB), da hier der Schuldnerschutz gegen AGB-Verwender wichtiger ist. Unter Umständen ähneln sich da, wo die Vertragsstrafe verboten ist, die Regeln im angloamerikanischen und deutschen Recht.

II. Monismus der Zahlungsklauseln

In vielen anderen Rechtssystemen werden die Zahlungsklauseln nicht geteilt und nach Typen unterschiedlich behandelt. Die Vereinbarung, dass der Schuldner im Fall der Pflichtverletzung eine bestimmte Geldsumme an den Gläubiger zahlen soll, wird unter einem einheitlichen Begriff behandelt, sei es eine Vorberechnung des erwarteten Schadens, um die Beweisbelastung des Schadensersatzes zu erleichtern, oder eine Strafabrede gegen die Vertragsverletzung, um die Leistungserfüllung zu sichern. Die Kontrolle über derartige Vereinbarungen basiert auf der gleichen Rechtsgrundlage, nach der die unangemessene Höhe einer Zahlungsklausel vom Richter auf einen nach der Rechtslage der Vertragsparteien angemessenen Betrag modifiziert werden darf. Lediglich die konkreten Kontrollmaßstäbe und -methoden können je nach Einzelfall verschieden verwendet werden. Diesem Rechtssystem folgen z. B. Frankreich (clause pénale), Österreich (Konventionalstrafe), die Niederlande (boetebeding), China (Vertragsbruchgeld). Überdies wurde diese Theorie in die einheitlichen Rechtslinien übernommen.

1. Der französische Code civil

Im Code civil de Français wird die clause pénale in zwei Vorschriften unterschiedlich definiert, nämlich einmal in Art. 1226 Cc, „La clause pénale est celle par laquelle une personne pour assurer l'exécution d'une convention, s'engage à quelque chose en cas d'inexécution". Hiermit ist die Drohwirkung der clause pénale auf die Leistungserfüllung anerkannt. Zum anderen besitzt in Art. 1229 Cc, „La clause pénale est la compensation des dommages et intérêts que le créancier souffre de l'inexécution de l'obligation principale", die clause pénale eine Schadensersatzrechtliche Eigenschaft. Es stellt sich die Frage, ob im französischen Recht auch zwei Institute von Zahlungsklauseln vorliegen, die unterschiedlich behandelt werden, oder ob die Vorschriften nur zeigen, dass die clause pénale, so wie im deutschen Recht, eine Doppelfunktion von Strafe und Ersatz hat.

In der Literatur vor der Kodifikation des Code civil befürwortet die h. M., insbesondere *Pothier*, dass die clause pénale in erster Linie als Ersatzbehelf des

Schadensersatzes gelte, und dass sich die Voraussetzungen der clause pénale ganz den gesetzlichen Schadensersatzvoraussetzungen anpasse.[63] *Pothiers* Lehre hat einen starken Einfluss auf die Gesetzgebung des Code civil. Die klassische These, „la peine est compensatrice des dommages et intérêts au le créancier souffre de l'inexécution de l'obligation principale",[64] wurde 1804 fast wörtlich von Art. 1229 Cc übernommen. Dennoch wurde seine Lehre teilweise abgelehnt, nämlich seine Betrachtung der clause pénale als eine zunächst widerlegbare Vermutung, die die Beweislastung erleichtert.[65] In dem Gesetzgebungsverfahren hat die Section de L'égislation du Tribunat eine Trennungsthese vorgebracht und die clause pénale scharf in zwei Institute – clause de dommages-intérêts und clause pénale sensu stricto – geteilt,[66] während das Tribunal de Montpellier die Auffassung einer Doppelfunktion der clause pénale vertrat, nach der eine Zahlungsklausel nach dem Parteiwillen gleichzeitig Schadensersatz- und Strafzweck dienen könne.[67] Die heutige h. M. lehnt die Zweiteilungslehre ab, jedoch wird auf der anderen Seite nicht erkannt, dass mit einer clause pénale zwei, einander gleichwertige Zwecke verfolgt werden.[68] Vielmehr wird allgemein anerkannt, dass die clause pénale vor allem von schadensersatzrechtlicher Natur sei – „En réalité, la clause pénale n'est pas d'autre chose que l'évaluation faite par les parties des dommages-intérêts auquel pourra donner lieu l'inexécution (dommages-intérêts compensatoires) ou le retard dans l'obligation (dommages-intérêts moratoires). Ainsi, dommages-intérêts conventionnels et clause pénale sont une seule et même chose".[69] Art. 1226 Cc hat, abweichend zu Art. 1229 Cc, keine

63 *Pothier*, Traité des obligations, selon les règles, tant du for de la conscience que du for extérieur, Tome premier, 1764, Nr. 345, pp. 422–425. Vgl. auch *Reinhard Zimmermann*, The Law of obligations: Roman Foundations of the civilian Tradition, Oxford University Press, 1996, p. 109; *Lindacher*, Phänomenologie, S. 42.

64 *Pothier*, Traité des obligations, Nr. 342, p. 418 (Englische Übersetzung: A Treatise on the Law of Obligations, or Contracts, translated by *W. D. Evans* 1806, p. 281).

65 *Pothier*, Traité des obligations, Nr. 345, pp. 422–423.

66 *Lindacher*, Phänomenologie, S. 39.

67 *Fenet*, Recueil complet des Travaux préparatoires du code civil, Paris 1827/28, Bd. IV, p. 443. So auch im heutigen Schrifttum, z. B. « La clause pénale a un double but: 1° Assur l'exécution de la convention à laquelle elle se rattache en la sanctionnant; 2° au cas où l'obligation ne serait pas exécutée, soustraire la fixation des dommages-intérêts à l'arbitraire du juge. » *Jaubert*, Juris-Classeur Civil, art. 1126–1227 Nr. 2. Zitiert nach *Lindacher*, Phänomenologie, S. 39, 40.

68 *Lindacher*, Phänomenologie, S. 40.

69 *Baudry-Lacantinerie/Barde*, Traité Théorique et Pratique de Droit Civil – Des Obligations, Des Obligations, Bd. 2, 3. Aufl., Paris 1907, Nr. 1343. Diese Auffassung wird von

eigenständige Bedeutung, es wird lediglich die Leistungssicherungsfunktion der clause pénale nicht abgelehnt.[70]

Zusammenfassend lässt sich die Schlussfolgerung ziehen, dass die clause pénale im französischen Recht nicht weiter in Unterkategorien geteilt, sondern einheitlich als eine Schadensersatzklausel, in der auch der Leistungssicherungszweck bedient werden kann, betrachtet wird. Nach dem gegenwärtigen Art. 1152 (2) Cc modifizieren die Richter den vereinbarten Betrag nur, wenn er erheblich höher oder niedriger ist, und dafür gibt es keine gesetzlichen, sich nach den Typen der Klauseln einander unterscheidenden, Unterkriterien.

2. Das chinesische Vertragsrecht

Die Zahlungsklausel bei Vertragsbruch wurde im chinesischen Recht als privates Rechtsinstitut erst 1981 im „Wirtschaftlichen Vertragsrecht", 1999 ersetzt vom Vertragsrecht, anerkannt und als „Vertragsbruchgeld" bezeichnet. Zuvor war der Begriff „Vertragsstrafe" gebräuchlich, jedoch im Sinn einer Anwaltsstrafe, da China damals der Planwirtschaft unterstand.[71] In der aktuellen Fassung finden sich der Begriff und die Kontrolle des Vertragsbruchgeldes im Art. 114 Vertragsrecht, er lautet:

„Die Parteien können vereinbaren, dass ein Vertragsteil dem anderen infolge seines Vertragsbruchs eine bestimmte Geldsumme als Vertragsbruchgeld gewähren soll, oder sie können die Berechnungsmethode des Schadensersatzes stipulieren.

Ist die Summe des Vertragsbruchgeldes *niedriger* als der Schadensersatzbetrag, kann der Gläubiger durch das Gericht oder die Schiedsinstanz fordern, das Vertragsbruchgeld zu erhöhen; ist die Summe *unverhältnismäßig höher* als der Schadensersatzbetrag, kann der Schuldner durch das Gericht oder die Schiedsinstanz fordern, das Vertragsbruchgeld auf einen angemessenen Betrag herabzusetzen.

Wird das Vertragsbruchgeld gegen Verzögerung der Leistung vereinbart, soll der Schuldner neben der Vertragsbruchgeldpflicht auch die primäre Schuldpflicht erfüllen."

Dem Gesetztext des Art. 114 Abs. 1 zufolge ist das Vertragsbruchgeld von derselben Natur der Vorausberechnung des Schadensersatzes, jedoch wird nicht

---

vielen Autoren vertreten, vgl. *Fischer*, Vertragsstrafe, S. 121, Anm.1; *Loksaie,* La Clause Pénale, 1985, p. 61–63.

70 *Lindacher*, Phänomenologie, S. 40.

71 *Jiafu Wang*, Schuldrecht, 1991, S. 248.

ausdrücklich gesagt, ob das Vertragsbruchgeld auch einen Sicherungszweck bedienen darf. Die Rechtslehre setzt sich mit diesem Problem auseinander. Die bisherige h. M., die sich weitgehend mit der h. L. in Frankreich deckt, ordnet das Vertragsbruchgeld in das Schadensersatzrecht zu, und räumt gleichzeitig auch die Funktion der Leistungssicherung bzw. den strafenden Parteiwillen ein.[72]

Es ist jedoch nicht eindeutig, ob die Zweiteilungslehre auch in China gilt. Eine bisher noch einflussreiche Ansicht, vertreten von *Guangxing Zhang* und *Jianyuan Cui*, teilt die Zahlungsklauseln in Art. 114 in zwei Kategorien. Sie halten das Vertragsbruchgeld in Art. 114 Abs. 1 und Abs. 2 nur für einen Ersatzbehelf des Schadensersatzes und das Vertragsbruchgeld in Abs. 3 für strafend, mit der Begründung, dass das Vertragsbruchgeld in Abs. 1 und 2 die primäre Schuldpflicht ausschließe während das auf das Vertragsbruchgeld in Abs. 3 nicht zutrifft.[73] Diese Argumentation ist m. E. nicht überzeugend, denn eine Strafabrede kann durchaus eine Schadensersatzfunktion erfüllen und die primäre Schuldpflicht ausschließen. Ebenso schließt ein Vertragsbruchgeld gegen Verzögerung der Leistung, obwohl daneben die primäre Schuldleistung noch angefordert werden kann, den durch die Verzögerung verursachten Schadensersatz aus. *Shiyuan Han* befürwortet einen anderen Typ der Zweiteilungslehre, nach der alle drei Absätze des Art. 114 die Schadenspauschale normieren, während die Vertragsparteien auch eine Strafabrede vereinbaren können, die den Erfüllungsanspruch und den Schadensersatzanspruch unberührt lassen und nicht im Vertragsrecht geregelt werden.[74] Unter dem Einfluss der japanischen Lehre über Vertragsstrafenversprechen ist er der Meinung, dass das Vertragsbruchgeld im Zweifelsfall vermutlich als Schadensersatzpauschalierung gelten solle und erst durch abweichende Vereinbarung oder durch den Beweis über einen Strafwillen als strafend betrachtet werden könne.[75] Allerdings scheint seine Zweiteilung wenig sinnvoll, da er der Meinung ist, dass für die Modifikation der Schadenspauschale nicht nur ein Schadensersatzbetrag, sondern auch weitere Faktoren bzw. die Schwierigkeit

72 *Liming Wang*, Die neuen Probleme im Vertragsrecht, 2003, S. 724; *Shiyuan Han*, Theoretische Probleme des Vertragsbruchgeldes, in „Jura Forschung", 2003 Vol. 4, S. 19.

73 Vgl. *Guangxing Zhang*, Vertragsrecht AT, 1999, S. 203; *Jianyuan Cui*, Vertragsrecht, 2. Aufl., 2003, S. 317.

74 Vgl. *Shiyuan Han*, Theoretische Probleme, S. 19.

75 Vgl. *Shiyuan Han*, Theoretische Probleme, S. 19; *Hongyan Wang*, Analyse der Strafabrede, in: „Zeitgenössisches Jura", 2004 Vol. 2, S. 85. *Han* hat auch in einem anderen Aufsatz – Rechtsvergleichende Forschung des Vertragsbruchgeldes, in „Journal der Tsinghua-Universität", 2003 Vol. 4, S. 74 – darauf hingewiesen, dass dies die h. L. in Japan(Art. 420 des japanischen Zivilrechts) ist.

des Ersatzgeschäfts, das Vertrauensinteresse des Gläubigers, das Verschulden des Schuldners usw. berücksichtigt werden solle.[76] In der Praxis besteht aber keine Zweiteilungslehre; auch die von *Liming Wang* vertretene h. L. hat darauf hingewiesen, dass ein Vertragsbruchgeld eine Schadensersatzvereinbarung sei, die eine mäßige Strafsumme enthalte. Sie sei auch dann wirksam, wenn kein Schaden auftrete.[77] Dies heißt aber nicht, dass vermutlich ein Strafwille in einer über die Höhe des Schadensersatzes hinausgehenden Zahlungsklausel besteht, sondern bedeutet nur, dass nur ein Typ von Vertragsbruchgeld vorliegt, für dessen Kontrolle Art. 114 Abs. 2 als einzige Rechtsgrundlage gilt.

3. *Beispiele aus anderen Ländern und aus den einheitlichen Rechtslinien*

In den meisten kontinentaleuropäischen Ländern wird ein einheitlicher Begriff auf die vereinbarte Geldzahlung im Fall eines Vertragsbruchs verwendet, sei es, dass sie den Leistungssicherungszweck bedient und die Vertragsverletzung straft, sei es, dass ein durch die Vertragsverletzung verursachter Schaden schon beim Vertragsschluss festgestellt werden soll. Dies ist implizit aus den Zivilgesetzbüchern vieler Länder abzuleiten, in denen keine abweichende Kategorie der Zahlungsklausel vorliegt. Im niederländischen BW wird sogar ausdrücklich bestätigt, dass solche Zahlungsklauseln allgemein als Vertragsstrafe betrachtet werden sollen, ohne Rücksicht darauf, ob sie einen ersetzenden oder einen sichernden Zweck bedienen.[78] Die Rechtslehre in den Niederlanden weist auch darauf hin, dass es sowohl unbrauchbar als auch schwierig sei, die Strafabrede und die Schadenspauschale abzugrenzen, denn die Vertragsparteien bedenken normalerweise sowohl den Zweck von Schadensersatz als auch der Leistungssicherung, und die beiden Typen der Zahlungsklauseln seien gleichermaßen wirksam und haben gleiche Auswirkungen.[79]

Auch außerhalb der kontinentaleuropäischen Länder hat die Einheitslehre großen Einfluss. Zunächst wird sie in den internationalen Vertragsrechtslinien beibehalten. In den meisten Dokumenten, so etwa die Resolution 78 vom Council Europas, PECL, PICC von UNITROIT wird wörtlich kein gefärbter Ausdruck von „Vertragsstrafe" oder „vereinbarter Schaden", sondern der Terminus

76 Vgl. *Shiyuan Han*, Theoretische Probleme, S. 23.

77 So *Liming Wang*, Die neuen Probleme im Vertragsrecht, S. 724, *ders.*, Lehre des Vertragsbruchs, 2003, S. 629–630, 637; aber er hat nicht ausdrücklich gesagt, dass das Vertragsbruchgeld vermutlich strafend ist.

78 Art. 6:91 BW.

79 Vgl. *Shiyuan Han*, Rechtsvergleichende Forschung des Vertragsbruchgeldes, S. 82.

„vereinbarte Zahlung wegen Nichterfüllung" benutzt. Es wurde sogar in PICC (Art. 7.4.13) ausdrücklich gesagt, dass die Regeln auf die Strafabrede und dem vereinbarten Schadensersatz gleichweise anzuwenden ist.[80] In Südafrika wurden über längere Zeit Auseinandersetzungen darüber geführt, ob die englische Zweiteilungslehre oder die roman-niederländische Einheitslehre beibehalten werden sollte, und 1934 wurde im Fall *Pearl Assurance Co v Union Goverment* von der Private Council das Recht in Südafrika mit dem englischen Recht in Einklang gebracht. Dies wurde jedoch wieder geändert, nachdem der Conventional Penalties Act 1962 in Kraft trat, in dem die Abgrenzung zwischen Schadensersatzpauschalierung und Strafabrede aufgehoben ist.[81] Zudem gibt es in Schottland einen Reformvorschlag gegen die von dem englischen Recht übernommene Zweiteilungslehre. Die schottische Law Commission hat 1997 und 1999 zwei Vorträge darüber publiziert, in denen vorgeschlagen wurde, dass der „genuine pre-estimate test" bei der Kontrolle der Vertragsstrafe aufgehoben werden solle. Stattdessen wurde empfohlen, dass das Vertragsstrafenversprechen allgemein wirksam bleiben soll, unabhängig davon, ob es sich um eine echte Schätzung des Schadens handle. Hiervon ausgenommen wird der Fall, wenn die vereinbarte Summe, die der Richter auf eine angemessene Höhe herabsetzen könne, „grossly excessive" sei.[82]

III. Die Geldzahlungsklauseln mit ähnlichen Wirkungen

In den einheitlichen Rechten, wie etwa in PECL, PICC und DCFR ist die „penalty clause" deutlich als Geldzahlungsklausel bei einer Vertragsleistungsstörung definiert;[83] hierauf wird der Aufwendungsbereich der Sonderkontrolle beschränkt. Hingegen müssen in den inländischen Zivilrechten auch die Anwendungsmöglichkeit der Sonderkontrolle andere frei von den Vertragsparteien vereinbarten Vertragsklauseln, die nicht unter die Kategorie typische Vertragsstrafe fallen, aber ähnliche Wirkungen wie die typische Vertragsstrafe haben, berücksichtigen.

---

80 So auch in den vorherigen Entwürfen, vgl. UNITROIT, Uninform Rules on Contract Clauses for an Agreed Sum Due upon Failure of Performance, A/38/17, annex I; A/CN.9/243, annex I.

81 Vgl. *R. H. Christie*, The Law of Contract in South Africa, Durban 1981, S. 538.

82 Vgl. Schottland Law Commission, Discussion Paper on Penalty Clauses 1997, S. 27; Report on Penalty Clauses, 1999, SS. 7, 22.

83 Art. 9: 509 Abs. 1 PECL; Art. 7.4.13 (1) PICC; Rule III.3.712 (1) DCFR.

1. *Andere ähnliche Rechtsinstitute*

a. *Die selbstständige Vertragsstrafe*

Bisher wird nur die „echte Vertragsstrafe" diskutiert, die als akzessorische sekundäre Pflicht die Erfüllung einer Verbindlichkeit gewährleistet. Hingegen gibt es weitere Strafabreden oder Schadensabreden. Als Erstes kommt die sogenannte „selbstständige Vertragsstrafe" in Betracht, die nicht akzessorisch zu einer geschuldeten primären Vertragspflicht verfällt, sondern auf jemanden, wenn er eine Handlung vornimmt oder unterlässt, ohne dazu verpflichtet zu sein. Dieses Rechtsinstitut stammt aus dem römischen Recht, in dem sich die unselbstständige *poena* und die selbstständige Vertragsstrafe aus unterschiedlichen Ursprüngen entwickelt haben.[84] Als Beispiel werden die Vertragsstrafen für ein außerrechtliches Verhalten, oder in Bezug auf ein Verhalten mit wirtschaftlicher causa, z.B. eine zulässige Kündigung[85] eines Arbeitsvertrags, oder die Nichterfüllung der nicht geschuldeten Leistung im Maklervertrag – der Abschluss eines Vertrags oder die Vermittlung eines Vertrags – diskutiert.[86] Überdies dient die selbstständige Vertragsstrafe dazu, die Handlung eines Dritten zu gewährleisten.[87]

Nach der h. M. wird die selbstständige Vertragsstrafe als ein eigenartiges Anhängsel der unselbstständigen Vertragsstrafe angesehen.[88] Aber auf der anderen Seite sind vielen Autoren davon übergezeugt, dass ein einheitlicher Begriff der Vertragsstrafe geschaffen werden solle. *Lindacher* ist z. B. der Meinung, dass die „ausgediente" Lehre der selbstständigen Vertragsstrafe heutzutage abgelehnt werde:[89] „Es gibt nicht zwei Arten von Vertragsstrafen, sondern nur verschiedene Arten von Rechtspflichten, deren Erfüllung durch Vertragsstrafen gesichert werden kann, nämlich Rechtspflichten stärkerer und minderer Zwangsintensität." So wird von ihm die von der selbstständigen Vertragsstrafe gesicherte Handlung

---

84 Vgl. MünchKomm/*Gottwald*, vor §§ 339, Rn. 2.

85 Auch wird die Vertragsstrafe gegen zulässige Kündigung (penalty clause for the termination other than breach) in Schottland diskutiert, und die Schottland law Commission ist der Meinung, dass das Modifikationsrecht auch auf diese Klauseln zu verwenden sei (Discussion Paper 1977, S. 30; Report, S. 14).

86 Vgl. *Bötticher*, ZfA 1970, S. 7 ff.

87 *K. Schmidt*, Unselbständige und selbständige Vertragsstrafeversprechen, in FS Heinrichs 1998, S. 536; *Palandt/Grüneberg*, § 339 BGB, Rn. 3; MünchKomm/*Gottwald*, § 343, Rn. 26; Staudinger-*Rieble*, vor §§ 339 ff., Rn. 6.

88 Vgl. statt vieler *Fikentscher*, Schuldrecht, 10. Aufl. 2006, S. 87; *Palant/Grüneberg*, § 339 Rn. 3; *Larenz*, Lehrbuch des Schuldrechts, Band 1, AT, 14. Aufl.,1984, S. 383; *Nodoushani*, Vertragsstrafe und vereinbarter Schadensersatz, Baden-Baden 2004, S. 56 f.

89 *Lindacher*, Phänomenologie, S. 68.

oder Unterlassung auch als eine Rechtspflicht und dazu „*rechtlich* gesolltes Verhalten" betrachtet.[90] und das führt dazu, dass auch die zur Einhaltung einer sonst sanktionierten Pflicht anhaltende Strafabrede eine akzessorische und echte Vertragsstrafe unter den § 339 ff. BGB sei.[91] Dieser Auffassung folgen auch *E. Schmidt*[92] und *Schaub.*[93] *Rieble* spricht ebenso gegen eine deutliche Abgrenzung zwischen selbstständiger und unselbstständiger Vertragsstrafe, da es zwischen der vollkommenen Primärpflicht und dem intendierten Verhalten auch die minder intensive Schuldnerpflicht gibt, z. B. die nicht klagbare Verbindlichkeit, die zwar klagbare, jedoch nicht vollstreckbare Schuld und die bloße Obliegenheit.[94]

Im Gegensatz zu *Lindachers* Auffassung, eine Primärpflicht auch für die selbstständige Vertragsstrafe und damit ihre Akzessorietät anzuerkennen, vertritt *K. Schmidt* die Ansicht, dass die selbstständige Vertragsstrafe nicht akzessorisch sei, obwohl auch bei der selbstständigen Vertragsstrafe eine Hauptpflicht bestehen könne. Wäre dem so, sei zu fragen, warum der Gläubiger und der Schuldner im Verletzungsfall eine erleichterte Schadloshaltung vereinbaren würden.[95] Der Unterschied zwischen beiden Instituten liege nicht im Bestehen oder Fehlen einer primären Vertragspflicht, sondern in der Akzessorietät bzw. in der Abhängigkeit zwischen der Strafabrede und der davon zu sichernden Leistung.[96] Hier werde die Akzessorietät als die Untrennbarkeit der Pflichten verstanden: Bei der unselbstständigen Vertragsstrafe müssten der Schuldner der Hauptpflicht und der Schuldner der Strafpflicht identisch sein. Zudem können die beiden Pflichten

---

90 *Lindacher*, Phänomenologie, S. 69.

91 *Lindacher*, Phänomenologie, S. 69, Soergel-*Lindacher*, vor § 339, Rn. 10.

92 *Esser/Schmidt*, Schuldrecht, Bd. I: AT, 8. Aufl. 2000, § 16 III 1 b.

93 Vgl. Erman-*Schaub*, Vor § 339, Rn. 2.

94 Staudinger-*Rieble*, Vor § 339, Rn. 9.

95 *K. Schmidt*, in FS Heinrichs 1988, S. 353 f.

96 *K. Schmidt*, in FS Heinrichs, S. 534, 542. Er ist auch der Meinung, dass die beiden Typen des Vertragsstrafeversprechens eben als Unterfall des gesetzlich nicht geregelten „Garantievertrags" einzuordnen seien, ähnlich *Fikentscher* (Schuldrecht, 10. Aufl. 2006, S. 86), der die Vertragsstrafe für ein besonderes Schuldverhältnis hält. Dagegen sind Staudinger-*Rieble*, vor § 339, Rn. 2; *Fischer*, Rechtsnatur und Funktionen der Vertragsstrafe im Wettbewerbsrecht unter besonderer Berücksichtigung der höchstrichterlichen Rechtsprechung, in: FS Piper (1996), S. 205, 207. *Gottwald* (MünchKomm/*Gottwald*, vor § 339, Rn. 2) sieht nur die selbstständige Vertragsstrafe als „nicht akzessorischen Garantievertrag" an.

nicht durch Abtretung auseinanderfallen.[97] Solche Verbindungen lägen hingegen bei der selbstständigen Vertragsstrafe aus Parteienwillen nicht vor. Es scheint, seine Definition der selbstständigen Vertragsstrafe ist nicht das, was § 343 Abs. 2 definiert, und stößt überdies allgemein nicht auf Akzeptanz.

Trotz der unterschiedlichen Auffassungen über die Definition der selbstständigen Vertragsstrafe ist die Doppelfunktion der beiden Vertragsstrafen üblicherweise anerkannt:[98] „Sie soll einmal als Druckmittel den Schuldner zur ordnungsgemäßen Erbringung seiner versprochenen Leistung anhalten; zum anderen soll sie dem Gläubiger im Verletzungsfall die Möglichkeit einer erleichterten Schadloshaltung im Verletzungsfall eröffnen." Diese Funktionsbeschreibung rechtgefertigt die Analoganwendung des richterlichen Herabsetzungsrechts auf die selbstständige Vertragsstrafe, was im § 343 Abs. 2 ausdrücklich normiert ist, und dadurch kann der Schuldner der Strafabrede vor Vermeidungsmaßnahmen geschützt werden[99]. Die selbstständige Vertragsstrafe und die Analoganwendung der Herabsetzungsmöglichkeit darauf werden kaum in den Gesetzen von anderen Ländern ausdrücklich normiert. In der Schweiz befindet sich keine gesetzliche Vorschrift darüber, allerdings ist die selbstständige Vertragsstrafe in der Rechtslehre anerkannt. Nach der h. M. findet das richterliche Herabsetzungsrecht auch auf die selbstständige Vertragsstrafe Anwendung.[100] In Österreich ist eine unechte Vertragsstrafe nur für den Fall gültig, dass die Parteien annähernd gleich behandelt werden,[101] und dafür gibt es die Analoganwendung des § 1336 Abs. 2.[102] Für den Fall einer Provisionsvereinbarung trotz fehlenden Vermittlungserfolgs im Maklervertrag, normiert § 15 Abs. 3 MaklerG. ausdrücklich, dass hierfür § 1336 ABGB gilt. In Frankreich hat der Cour de Cassation aber

97 Was den Gläubiger betrifft, wurde die These von *K. Schmidt* vorgebracht, dass vor Eintritt des Vertragsstrafefalls der Anspruch auf Zahlung, nicht aber das Recht auf Geltendmachung der Vertragsstrafe abtretbar sei, während es von der h. M. anerkannt sei, dass der Anspruch auf die verwirkte Vertragsstrafe isoliert abgetreten werden könne (S. 531).

98 BGHZ 105, 24, 27. Ferner auch BGH NJW 1988, 2536, MünchKomm/*Gottwald*, § 343, Rn. 24, *Bötticher*, ZfA 1970, S. 17.

99 Vgl. *Bötticher*, ZfA 1970, S. 14.

100 Vgl. *Bentele*, Die Konventionalstrafe nach Art. 160–163 OR (Diss. Freiburg), Freiburg 1994, S. 13 f.; *Bucher*, OR AT, S. 525; *Gauch/Schluep/Schmid/Emmenegger*, OR AT, N. 3849; Honsell/Vogt/Wiegand-*Ehrat*, Art. 160, Rn. 3.

101 *Dittrich/Tades*, Das Allgemeine Bürgerliche Gesetzbuch, 34. Aufl., Wien 1994, § 1336, E. 70, S. 1932; *Koziol/Welser*, Grundriss des Bürgerlichen Rechts, Bd 2, 13. Aufl., Wien 2007, S. 23.

102 Rummel-*Reischauer*, Kommentar zum ABGB, 3. Aufl. 2002, § 1336, Rz. 21.

deutlich gemacht, dass nur die Schadensabrede in Bezug auf eine bestimmte Leistungspflicht, nicht aber jede vertragliche Schadensabrede zum Begriff clause pénale gehört und damit in den Anwendungsbereich des Modifikationsrechts gemäß Art. 1152, Art. 1131 Cc fallen kann.[103] In diesem Sinn ist in Frankreich die selbständige Vertragsstrafe aus der Analoganwendung der Modifikation ausgeschlossen.

b. Draufgabe

Was die vergleichbaren Rechtsinstitute betrifft, ist die Draufgabe (oder Haft-, Drauf- und Angeld[104]) noch zu nennen, die beim Vertragsschluss gegeben und mit der Abrede verbunden wird, dass der Gläubiger diese Leistung bei Nichtdurchführung des Vertrages behalten darf. Auch in einigen Ländern, z. B. in China[105] und Österreich[106], kann der Geber bei einer Nichterfüllung des Empfängers den doppelten Betrag der Draufgabe zurückfordern.[107] Sie bedient vor allem die Funktion, den Vertragsschluss zu beweisen und zu stärken,[108] und bei ihrem Verfall, d. h. bei dem Behalten dieser Leistung seitens des Gläubigers, ist die Draufgabe funktionell zugleich Vertragsstrafe und deswegen nach der h. M. in Deutschland, Österreich und in der Schweiz analog dem Herabsetzungsrecht über die Vertragsstrafe zu

---

103 Cass. Com. 22.5.1978, Bull. Civ. 1978 IV. 121 (122), auch *Fischer*, Vertragsstrafe, S. 149.

104 In der schweizerischen OR wird Haftgeld als Oberbegriff von Drauf- und Angeld benutzt. Beim Draufgeld soll, so nicht anders bestimmt, dem Empfänger das Draufgeld ohne Abzug (d. h. kumulativ) von seinem Erfüllungsanspruch oder Schadensersatzanspruch verbleiben, während beim Angeld die vorherige Leistung an die Vertragsleistung anzurechnen ist. Vgl. Honsell/Vogt/Wiegand-*Ehrat*, Art. 158 OR, Rn. 5, 8. Kritisierend vgl. *Bucher*, OR AT, S. 516. In Österreich wird dieses Institut als Angeld bezeichnet, das wie im deutschen Recht auf die Vertragsleistung anzurechnen ist.

105 Art. 113 Vertragsrecht; Art. 89 Sicherungsrecht.

106 § 908 ABGB.

107 In Deutschland und in der Schweiz ist die Rückforderung des doppelten Betrages nicht normiert, und daher verliert die Draufgabe weitgehend an Bedeutung und wird in der Praxis sehr wenig genutzt (Staudinger-*Rieble*, § 336, Rn. 2; MünchKomm-*Gottwald*, § 336, Rn. 5; Jauernig-*Stadler*, §§ 336–338, Rn. 1; Soergel-*Lindacher*, Vor §§ 336–337, Rn. 1.), denn heute ist eine symbolische Vertragsbestätigung nicht mehr nötig, und die Draufgabe bietet beiden Vertragsparteien keinen ebenen Anreiz, da der Empfänger nicht bestraft wird (Staudinger-*Rieble*, § 336, Rn. 2.).

108 Vgl. Staudinger-*Rieble*, § 336, Rn. 1–2, § 337, Rn. 1; *Bucher*, OR AT, S. 516; Rummel-*Reischauer*, § 908 ABGB, Rz. 1.

reduzieren, wenn sie unverhältnismäßig hoch ist.[109] Im Common Law-System wird auch anerkannt, dass ein forfeiture of deposit ebenso hart wie eine penalty clause sein kann und deswegen unter Sonderkontrolle stehen soll.[110] Die Kontrollkriterien in Abs. 1 dürfen gemäß Art. 2–718 (2) UCC zudem auf die Deposit-Vereinbarung angewendet werden, die über Schadensersatz gegen Vertragsbruch stipulieren; und in anderen Fällen soll das Deposit auf den niedrigeren Betrag zwischen 20 % des Werts der Hauptleistung und $ 500 beschränkt bleiben. Jedoch ist in Frankreich die Analoganwendung der Modifikation auf le dépôt de garantie verboten.[111]

In der Tat kommt es jedoch nicht oft vor, dass die Draufgabe unverhältnismäßig hoch ist, weil sie im deutschen und österreichischen Recht immer ein Teil der Hauptleistung und im Vergleich damit geringwertig ist,[112] während in China die Höhe der Draufgabe auf bis zu 20 % des Werts der Hauptleistung begrenzt wird.[113] Ein weiteres Problem besteht darin, warum eine Herabsetzung der Draufgabe zulässig ist, nachdem die Strafe bereits entrichtet wurde. Die Möglichkeit einer nachträglichen Herabsetzung einer bereits geleisteten Konventionalstrafe ist in der Schweiz[114] und in Österreich[115] umstritten, und nach der h. L. ist die Herabsetzung bzw. die Rüchzahlung nur möglich, wenn die bei der Zahlung entstehende Vermutung der Anerkennung der Angemessenheit durch Nachweis irrtümlicher oder unfreiwilliger Zahlung (Art. 63) widergelegt wird.[116] In Deutschland ist diese Analoganwendung des Herabsetzungsrechts noch fraglicher, da die nachträgliche Herabsetzung bei der Vertragsstrafe nach § 343 Abs. 1 S. 3 BGB und die Zurückforderung des doppelten Betrages der Draufgabe nach § 336 ff. ausgeschlossen sind. Hier soll zumindest, wie im Schweizerischen OR, eine Beschränkung auf die Analoganwendung festgestellt werden.

---

109 Vgl. Staudinger-*Rieble*, § 338, Rn. 1; *Meidcus/Lorenz*, Schuldrecht I, 20. Aufl. 2012, Rn. 543; MünchKomm-Gottwald, § 338, Rn. 1; zum schweizerischen Recht, Honsell/Vogt/Wiegand-*Ehrat*, Art. 158 OR, Rn. 5; zum österreichischen Recht, Rummel-*Reischauer*, § 908 ABGB, Rz. 12.

110 Vgl. *Roberts & Cooper v Salvesen & Co* [1918] SC, 794, at 813–814 per Lord Skerrington, *Stockloser v Johnson* [1954] 1 QB, 476, at 491 per Denning LJ. Vgl. auch Schottland Law Commission, Discussion Paper on Penalty Clauses 1997, S. 33.

111 H. *Mazeaud/J. Mazeaud/Chabas/de Juglart*, Leçons de Droit Civil, Tome II, Obligations 8e Edition, Paris 1991, p. 786.

112 Vgl. Staudinger-*Rieble*, § 338, Rn. 3.

113 Art. 91 Sicherungsrecht; Art. 121 Justizinterpretation des Sicherungsrechts.

114 Vgl. BGE 88 II 511, in dem diese Frage offen gelassen wurde.

115 *Ehrenzweig* ist dagegen, während *Wolff* dafür zu sein scheint. Vgl. Rummel-*Reischauer*, § 1336 ABGB, Rz. 16.

116 Vgl. *Bucher*, OR AT, S. 532; Honsell-*Ehrat*, Art. 158 OR, Rn. 5, Art. 163, Rn. 12.

c. *Reugeld*

Die Vertragsparteien können ein Reugeld gegen Rücktritt vereinbaren, und durch die Entrichtung des Reugeldes kann der Reugeldberechtigte von dem Vertrag rücktreten. Das Reugeld greift nach der h. L. zwar auch bei Nichtdurchführung der Vertragspflicht, jedoch ist es weder eine Vertragsstrafe noch eine Draufgabe, denn es bedient nicht die Funktion der Sicherung der Vertragsbindung, sondern gilt als Preis des Rücktrittrechts[117] und schwächt die Vertragsbindung.[118] Im Übrigen ist das Reugeld als Gegenleistung und Voraussetzung des Rücktritts keine Vertragsauflösungsschadenspauschale, die wie die Vertragsstrafe an ein pflichtwidriges Schuldnerverhalten anknüpft und den vom Rücktritt verursachten Schaden liquidiert.[119]

Trotz der oben genannten theoretischen Differenz zwischen Reugeld und Vertragsstrafe ist es in der Praxis oft schwierig, die beiden Institute voneinander abzugrenzen, und dafür ist es auslegungsbedürftig, ob der Geldzahlende willkürlich durch die Geldzahlung ein Rücktrittsrecht erzielen kann,[120] sodass die Rücktrittserklärung nicht pflichtwidrig, sondern rechtmäßig ist.[121]

Da Reugeld und Vertragsstrafe nach der h. M. in Deutschland und in der Schweiz unterschiedliche Funktionen erfüllen, ist in den beiden Ländern die Analoganwendung des Herabsetzungsrechts auf das Reugeld nach der h. M. ausgeschlossen.[122] Über die Inhaltskontrolle des Reugeldes findet nur das allgemeine Recht bzw. § 138 BGB, oder im Fall der AGB § 307 BGB Anwendung.[123] In UK wird diese Differenzierung auch beibehalten, wenn es um die Kontrolle über penalty clause geht. Die Definition der penalty clause wird auf die

---

117 MünchKomm-*Gaier*, § 353, Rn. 1.

118 Rummel-*Reischauer*, § 909 ABGB, Rn. 6.

119 Staudinger-*Kaiser*, § 353, Rn. 6.

120 Vgl. Rummel-*Reischauer*, § 909 ABGB, Rn. 7; Honsell -*Ehrat*, Art. 158 OR, Rn. 13.

121 Vgl. Staundinger-*Kaiser*, § 353, Rn. 5.

122 Vgl. Staundinger-*Kaiser*, § 353, Rn. 5; MünchKomm-*Gaier*, § 353, Rn. 1; Bamberger/Roth-*Grothe*, § 353, Rn. 1; Erman-*Röthel*, § 353, Rn. 1; jurisPK-*Faust*, § 353, Rn. 3; Palandt-*Grüneberg*, § 353, Rn. 1; Soergel-*Lobinger*, § 353, Rn. 2; zum Schweizerischen Recht vgl. Honsell-*Ehrat*, Art. 158 OR, Rn. 11. Gegenansicht vgl. AnwKomm-*Hager*, Bonn: Anwaltverlag (2005), § 353, Rn. 1.

123 Vgl. Soergel-*Lobinger*, § 353, Rn. 2; Staudinger-*Kaiser*, § 353, Rn. 5; MünchKomm-*Gaier*, § 353, Rn. 1.

Zahlungsvereinbarung bei Verletzung der primären Vertragspflicht beschränkt, um Preisklauseln auszuschließen.[124]

Das Reugeld kann jedoch nach dem Parteienwillen mit einer Draufgabe oder einer Vertragsstrafe kombiniert werden. Die Draufgabe oder das Angeld ist ohne besondere Vereinbarung kein Reugeld, aber für den Fall, dass die Vertragsparteien die Funktion des Reugeldes in einer Draufgabenvereinbarung anerkennen (arrha poenitentialis), verfällt die Draufgabe beim Rücktritt.[125] In Österreich und in der Schweiz darf der Zahlende beim Rücktritt seines Gegners den doppelten Betrag zurückfordern.[126] Gleichfalls kann eine Vertragsstrafe auch bei anderweitiger Vereinbarung die Reugeldfunktion haben.[127] In diesen Fällen ist die Zahlungsabrede als Draufgabe oder Vertragsstrafe einzuordnen und deswegen ist das Herabsetzungsrecht anwendbar.

Zu beachten ist auch, dass in dem schweizerischen und österreichischen Recht das Reugeld nicht nur bei der Rücktrittserklärung des Reugeldberechtigten, sondern auch bei der von ihm vertretenen Verhinderung der Leistungserfüllung verfällt, sei es eine Unmöglichkeit oder ein Rücktritt seines Gegners.[128] Die Ratio besteht darin, dass die Ausübung des Reugeldrechts und die vom Reugeldberechtigten vertretene Verhinderung der Leistungserfüllung den Gegner in die gleiche Rechtslage stellen.[129] In Österreich ist das Reugeld in den Konsumentenverträgen gemäß § 7 KschG wie nach § 1336 Abs. 2 AGBG herabzusetzen, während das Reugeld in Nicht-Verbraucherverträgen nach der h. L. nur analog § 1336 herabgesetzt werden kann, wenn es wegen der vom Reugeldgeber fahrlässig verursachten Nichterfüllung verfällt. Diese Regelung gilt nicht für die Fälle, wenn der Reugeldberechtigte das Reurecht (vorsätzlich) ausübt oder die Nichterfüllung vorsätzlich verursacht.[130] Dafür spricht vielleicht der Grund, dass die Rechtslage bei der vom Reugeldberechtigten vertretenen Nichterfüllung ähnlich wie bei der vom Schuldner vertretenen Vertragsverletzung ist, aber nicht wie bei der durch „Preiszahlung" berechtigten Optionsausübung, vom Vertrag zurückzutreten.

124 The Law Commission (UK), Working Paper No 61, Penalty Clauses and Forfeiture of Monies Paid (1975), Para. 26; Schottland Law Commission, Discussion Paper on Penalty Clauses (1997), S. 30 f.

125 Staundinger-*Rieble*, § 336, Rn. 15.

126 § 910 S. 2 ABGB, Art. 158 Abs. 3 OR.

127 Rummel-*Reischauer*, § 909 ABGB, Rn. 7.

128 So § 911 ABGB, Honsell-*Ehrat*, Art. 158 OR, Rn. 12.

129 Vgl. Rummel-*Reischauer*, § 911 ABGB, Rn. 1.

130 Vgl. Rummel-*Reischauer*, § 911 ABGB, Rn. 2, *Koziol/Bydlinski/Bollenberger*, 2. Aufl. 2007, § 911, Rn. 2.

Dies hat auch die Schottland Law Commission bemerkt, als sie das purchase contract berücksichtigt hat, wonach der Käufer in Raten zahlen und durch eine Geldzahlung und die Rückgabe des Kaufgegenstandes den Kaufvertrag auflösen kann. Und sie geht noch einen Schritt weiter. Die Richter in Schottland haben bereits darauf hingewiesen, die Geldzahlung soll wie penalty clause unter einer besonderen Kontrolle stehen, sonst könne der Käufer, der den Preis nicht zahlen könne, statt der Ausübung der Auflösungsoption die Zahlungspflicht verletzen, damit die Zahlungsklausel als penalty clause betrachtet und kontrolliert werde.[131] Angesichts dieser Situation hat die Schottland Law Commission vorgeschlagen, dass die beiden Typen an Zahlungsklauseln in gleicher Weise kontrolliert werden sollen, unabhängig davon, ob eine Partei willkürlich von dem Vertrag zurücktritt.[132]

2. *Wahlpflicht- und Gratifikationsvereinbarungen*

Über die selbstständige und unselbstständige Vertragsstrafe hinaus gibt es auch Vereinbarungen, die im Wortlaut keine Strafabreden gegen die Pflichtverletzung sind, sondern eine Wahlpflicht anbieten, oder eine Gratifikation für eine „bessere" Leistung festlegen. Als Beispiel sei der Abschluss eines Bauvertrags genannt, bei dem der Marktpreis 100.000 € beträgt. Der Unternehmer und der Auftraggeber setzen den 01.04. als Schlusstag für die Arbeiten fest und eine Vertragsstrafe von 10.000 € für eine Verzögerung von zehn Tagen. Die Vertragsparteien haben, um z.B. eine gesonderte Kontrolle der Vertragsstrafe zu umgehen, eine spezielle Vereinbarung getroffen, wonach der Unternehmer sich verpflichtet, die Bauarbeiten bis zum 11.04. abzuschließen, mit einer Vergütung von 90.000 €. Er könnte jedoch 100.000 € erhalten, wenn er die Arbeiten 10 Tagen früher, also am 01.04., einstellen kann. Demnach sind 10.000 € als Gratifikation für den „vorzeitigen" Arbeitsabschluss zu verstehen.[133] In ähnlicher Weise können die Parteien auch, wenn sie eine besondere Leistungsstörung z.B. einen Sachmangel vermeiden wollen, statt der Vertragsstrafe gegen den Sachmangel einen Kaufvertrag

---

131 *Mercantile Credit Co Ltd v McLachlan,* 1962 SLT (Sh Ct) 58, 59; *Mercantile Credit Co Ltd v Brown,* 1960 SLT (Sh Ct) 41, 43; *Campbell Discount Co Ltd v Bridge* [1961] 1 QB 445, 458. Vgl. auch Schottland Law Commission, Report on Penalty Clauses (1999), S. 13, Fn. 1.

132 Schottland Law Commission, Discussion Paper (1997), S. 30 ff; ders., Report on Penalty Clauses (1999), S. 13 ff.

133 Schottland Law Commission, Discussion Paper (1997), S. 29; ähnlich auch Report of the Secretary-General: Liquidated Damages and Penalty Clauses, A CN.9/161, Yearbook of the United Nations Commission on International Trade Law (1979, Vol. X), S. 41.

über den mängelbehafteten Gegenstand abschließen und dafür einen sehr niedrigen Preis festsetzen, während der Käufer dem Verkäufer eine Gratifikation für die Lieferung einer mängelfreien Ware zusagt.

Natürlich kann die Rechtsgeschäftskontrolle auf solche Vereinbarungen angewendet werden, allerdings ist die Analoganwendung der Sonderkontrolle über Vertragsstrafen fraglich, da diese Vereinbarung im Wortlaut keine Vertragsstrafe ist. Das Problem ist, dass die tatsächliche Ungerechtigkeit der Vereinbarung in der niedrigen Höhe des Preises der mängelbehafteten Leistung besteht, nicht die Höhe des Gratifikationsbetrags, so dass die Preisfeststellung bzw. der Inhalt eines Rechtsgeschäfts normalerweise von der Billigkeitskontrolle ausgenommen werden soll.

B. Kontrollkriterien und -methoden

Nicht nur die unter Sonderkontrolle stehenden Typen der Zahlungsklauseln, sondern auch die konkreten Kontrollkriterien und -methoden in den verschiedenen Rechtssystemen weisen infolge unterschiedlicher Entwicklungsgeschichten und Anerkennungen in der Natur der Vertragsstrafe sehr viele Unterschiede auf. Im Allgemeinen gibt es zwei Arten von Kontrollmethoden, nämlich einmal das richterliche Gestaltungsurteil[134] über den vereinbarten Betrag, und zum anderen die Annullierung der Klausel. Während die Richter in kontinentaleuropäischen Ländern üblicherweise ein Herabsetzungsrecht auf die unverhältnismäßig hohen Zahlungsklauseln haben, können die Common Law-Richter die penalty clause nur annullieren, wenn in ihnen ein unreasonable large Betrag stipuliert wird. Bei den Zahlungsklauseln, deren Höhe niedriger ist als der Schadensersatz, können die Kontrollregeln ebenfalls divergieren: In manchen Ländern können die Richter die vereinbarte Summe auf eine nach ihrer Ansicht angemessenen Höhe festsetzen, während in anderen Ländern die Zahlungsklauseln nicht geändert werden können und dabei die gesetzlichen Schadensersatzregeln als bindend gelten, oder in diesem Fall die gesetzlichen Schadensersatzregeln ausgeschlossen werden. Innerhalb der Länder, in denen der vereinbarte Betrag vom Richter geändert werden kann, entsprechen sich die Voraussetzungen und das Änderungsmaß des Modifikationsrechts auch nicht immer.

---

134 Vgl. *Bötticher*, ZfA 1970, 3, 34; *Lindacher*, phänomenologie, S. 103; Soergel-*Lindacher*, § 343, Rn. 8; Staudinger-*Rieble*, § 343, Rn. 50 ff., MünchKomm-*Gottwald*, § 343 BGB, Rn. 1.

I. Kontrolle über die übergehende Vertragsstrafe

1. *Richterliche Herabsetzung*

a. *Die Beurteilung der Unangemessenheit*

Obwohl in den meisten Gesetzen die maßgebenden Kriterien für die Beurteilung der Unangemessenheit der Vertragsstrafe und ihr Rangverhältnis nicht genau festgelegt sind, werden die konkreten maßgeblichen Anhaltspunkte in der Praxis entwickelt, die im Übrigen Rücksicht auf alle Interessen[135] des Gläubigers nehmen, aber sich je nach Definition ihrer Natur stark unterscheiden. In den Ländern, z. B. in Deutschland, in denen Vertragsstrafe vor allem als Druckmittel der Leistungserbringung und Strafe der Vertragsverletzung betrachtet wird, richte sich nach der h. M. die Angemessenheitsprüfung primär nach Schwere und Ausmaß der Zuwiderhandlung und nach der Gefährlichkeit der Zuwiderhandlung für den Gläubiger, während die Höhe des Schadens ein sekundäres Kriterium sei.[136] „Die Strafe ist nur angemessen, wenn sie unter dem Erfüllungssicherungsaspekt erforderlich war".[137] In der Schweiz wird das Erfüllungsinteresse des Gläubigers betont, während die Schadensersatzfunktion an zweiter Stelle steht.[138] Im Gegensatz dazu legen die Richter in den Ländern, in denen die Vertragsstrafe deutlicher von schadensersatzrechtlicher Natur ist, mehr Wert auf den tatsächlich entstandenen Schaden, und halten die Vorwurfbarkeit der Vertragsverletzung nicht für wichtig. Beispielsweise soll die Beurteilung der Unverhältnismäßigkeit der Vertragsstrafe in China auf dem tatsächlichen Schaden beruhen.[139] In Frankreich hat das Cour de Cassation einige Prinzipien niedergelegt, nach denen das Instanzgericht den tatsächlichen Schaden feststellen und andeuten muss, unter welchen Aspekten die Vertragsstrafe „manifestement excessive" ist.[140] Die zweite Vorgehensweise wird auch von ABGB Österreichs, PECL und PICC angenommen, nach denen die Unangemessenheit nach der

---

135 So ausdrücklich § 343 BGB und s. 3 South African Conventional Penalties Act 1962; implizit Art. 29 die zweite Justizinterpretation des Vertragsrechts Chinas, Art. 9:509 PECL, Art. 7.4.13(2) PICC; von den Rechtsprechungen abzuleiten Art. 163 OR in der Schweiz, Art. 1336 (2) Österreichs, Art. 1152 (2) Frankreichs usw.

136 Vgl. BGH NJW 1994, 45, 46 f.; MünchKomm-*Gootwald*, § 343 BGB, Rn 18; Staudinger-*Rieble*, § 343 BGB, Rn. 104, 106 ff.; Palant-*Grünberg*, § 343, Rn. 6.

137 Soergel-*Lindacher*, § 343, Rn. 13, Lindacher, Phänomenologie, S. 110 ff.

138 Vgl. *Honsell*-Wiegand, Art. 163 OR, Rn. 17.

139 Vgl. Art. 19 die Zweite Justizinterpretation des Vertragsrechts.

140 Vgl. *Treitel*, Remedies for Breach of Contract, Oxford 1991, p. 226; Cass. Civ. 24.7.1978, J.C.P. 1978, Jur. 301, *Fischer*, Vertragsstrafe, S. 148, Anm. 15.

Differenz zwischen der Höhe der Vertragsstrafe und des Schadens des Gläubigers zu bestimmen ist. In den Niederlanden wird nur im Art. 6:94 BW geregelt, dass der Richter die Strafe herabsetzen kann, wenn die Einhaltung der Gerechtigkeit dies erfordert. In der Praxis werden mehrere Elemente berücksichtigt, z. B. der Verschuldensgrad, die Natur und Schwere der voraussichtlichen Schäden und die Differenz zwischen Schadensersatz und Strafhöhe.[141] Es wird aber überall angenommen, dass die Gültigkeit der Vertragsstrafe nicht das Bestehen des Schadensersatzes voraussetzt.[142]

Auf der anderen Seite haben die Rechtssysteme auch Gemeinsamkeiten in Bezug auf die konkret berücksichtigten Gesichtspunkte. Was die durch Vertragsverletzung verursachten Schäden betrifft, geht es üblicherweise um Schäden diverser Art, dazu gehören nicht nur die nach dem Schadensersatzrecht ausgleichbaren Schäden, sondern auch die nicht beim Vertragsschluss vorhersehbaren aber tatsächlich eingetretenen Schäden[143], die immateriellen Schäden[144], und die nur ungewissen oder wahrscheinlichen Feststellung nicht zugänglicher Nachteile.[145] In fast allen Ländern, sogar da wo die Vertragsstrafe hauptsächlich ein Ersatz ist, werden nicht alle über den Schaden hinweggehenden Vertragsstrafen als herabsetzungsbedürftig angesehen. Auch Faktoren in Bezug auf die Interessen der Vertragsparteien, besonders des Gläubigers, sind allgemein anerkannt. Dazu gehören ein Verschulden des Schuldners und die Möglichkeit, eine Vertragsverletzung zu vermeiden,[146] um weitere Zuwiderhandlungen

---

141 *Busch/Hondius/van Kooten/Schelhaas/Schrama*, The Principles of European Contract Law and Dutch Law, 2002, p. 430.

142 Zum deutschen Recht vgl. MünchKomm-Gottwald, § 343 BGB, Rn. 21; Staudinger-*Rieble*, § 343 BGB, Rn. 112; zum österreichischen Recht vgl. Rummel-*Reischauer*, § 1336 ABGB, Rz 5a; zum französischen Recht vgl. *Fischer*, Vertragsstrafe, S. 149.

143 Der Rechtsvergleich, vgl. *Treitel*, Remedies, pp. 224–227.

144 So z.B. zum deutschen Recht vgl. Staudinger-*Rieble*, § 343 BGB, Rn. 104; zum chinesischen Recht vgl. Art. 29 die zweite Justizinterpretation des Vertragsrechts; zum österreichischen Recht vgl. Rummel-*Reischauer*, Kommentar zum ABGB, 3. Aufl. 2002, § 1336, Rz. 9, 17, dagegen aber *Drittrich/Tades*, Das Allgemeine Bürgerliche Gesetzbuch, Wien: Manz, 34. Aufl. 1994, § 1336, E. 70, S. 1932.

145 So. z. B. zum deutschen Recht vgl. MünchKomm-*Gottwald*, § 343, Rn. 18, Staudinger-*Rieble*, § 343, Rn. 114; zum österreichischen Recht vgl. Rummel-*Reischauer*, § 1336, Rz. 14, S. 649; *Schwimann* (Hrsg.) Praxiskommentar zum AGBG, 2. Aufl. 1997, § 1336, Rz. 31; zum schweizerischen Recht vgl. Honsell-*Wiegand*, Art. 163 OR, Rn. 17.

146 So z.B. zum deutschen Recht vgl. MünchKomm-*Gottwald*, § 343 BGB, Rn 18; Staudinger-*Rieble*, § 343, Rn. 104; zum schweizerischen Recht vgl. Honsell/Vogt/*Wiegand*, Art. 163 OR, Rn. 16; zum chinesischen Recht vgl. Art. 29 die zweite Justizinterpre-

zu verhüten,[147] die wirtschaftliche Lage der Parteien bzw. die wirtschaftliche Abhängigkeit des Verpflichteten vom Berechtigten[148] usw. Beim Mitverschulden des Gläubigers sei der Strafbetrag zu mindern, da der Grad der Vorwurfbarkeit gemildert werde, und dazu seien auch die anderen Faktoren zu berücksichtigen, um die gerechte Höhe der Vertragsstrafe im Einzelfall festzustellen.[149] In Österreich werden die Fälle der Rettungspflicht und des Mitverschulden im Sinn bloßer Mitverursachung unterschiedlich behandelt. Bei der Rettungspflicht gilt der nach Berücksichtigung der Rettungspflicht geminderte tatsächliche Schaden als Maßstab der Mäßigung der Konventionalstrafe, während im Fall des Mitverschuldens, wenn das Verschulden des Gläubigers am Schaden mitgewirkt hat, die Konventionalstrafe zunächst nach dem Verhältnis der Mitverschuldensanteile zu korrigieren und danach der geminderte tatsächliche Schaden maßgebend zu einzugrenzen ist.[150]

Auf welchen Zeitpunkt genau die Beurteilung abzustellen ist, wird aber in keinem Gesetz ausdrücklich normiert, und auch wenig diskutiert. In Deutschland ist es strittig, ob der maßgebende Zeitpunkt auf die Verwirkung der Vertragsstrafe,[151] die Geltendmachung durch den Gläubiger[152] oder den Zeitpunkt der die letzten Tatsachen klärenden mündlichen Verhandlung[153] abzustellen ist. Allerdings wird es wenig befürwortet, dass der Zeitpunkt der Beurteilung der Unangemessenheit auf den Vertragsschluss abgestellt werden soll,[154] und so reicht für

---

tation des Vertragsrechts; zum französischen Recht vgl. Carbonnier IV 294, *Fischer*, Vertragsstrafe, S. 148, Anm. 14, aber dieser Faktor wird in der Diskussion über das richterliche Herabsetzungsrecht nicht allgemein betont (*Treitel*, Remedies, p. 227); zum österreichischen Recht vgl. Rummel-*Reischauer*, § 1336, Rn.14, S. 650.

147 So z.B. zum deutschen Recht vgl. Staudinger-*Rieble*, § 343 BGB, Rn. 104;

148 So z.B. zum deutschen Recht vgl. MünchKomm-*Gottwald*, § 343 BGB, Rn 18; zum schweizerischen Recht vgl. Honsell-*Wiegand*, Art. 163 OR, Rn. 16; zum österreichischen Recht vgl. Rummel-*Reischauer*, § 1336, Rn.14, S. 649–650; in Frankreich wurde dies von *Hubrecht* angebracht, aber nicht allgemein akzeptiert, vgl. *Fischer*, Vertragsstrafe, S. 143 ff.

149 Vgl. Staudinger-*Rieble*, § 339, Rn. 349, § 343, Rn. 109.

150 Vgl. Rummel-*Reischauer*, § 1336, Rz. 15.

151 Erman-*Schaub*, § 343, Rn. 4. So auch die h. M in der Schweiz, vgl. Honsell-*Wiegand*, Art. 163 OR, Rn. 15; *Gauch/Schluep/Schmid/Emmenegger*, OR AT, N. 3849.

152 *Bötticher*, ZfA 1970, 3, 25; Palant-*Grüneberg*, § 343, Rn. 8.

153 Staudinger-*Rieble*, § 343, Rn. 123, MünchKomm-*Gottwald*, § 343, Rn. 19.

154 In Belgien ist der Oberste Gerichtshof aber der Meinung, dass das für die Beurteilung der Unangemessenheit der Vertragsstrafe maßgebende Kriterium nicht der tatsächliche, sondern der im Zeitpunkt des Vertragsschlusses vorhersehbare Schaden ist. Vgl.

die allgemeine Anerkennung der maßgebliche Schaden, also nicht der beim Vertragsschluss vorhersehbare Schaden, sondern der tatsächlich eingetretene Schaden.[155] Eine Feststellung des maßgebenden Zeitpunkts ist nicht notwendig, wenn der Richter alle möglichen Interessen des Gläubigers berücksichtigen soll.

Über die Unangemessenheitsprüfung besteht im französischen Recht zudem eine Herabsetzungsmöglichkeit der Vertragsstrafe, wenn der Schuldner die Leistung zum Teil erfüllt. Dies wird im Art. 1231 Cc normiert, der vor dem Inkrafttreten des Art. 1152 Abs. 2 Cc eine wichtige Rolle spielt. Art. 1231 Cc wurde sogar in der Krise nach dem Zweiten Weltkrieg mehrfach auf die unangemessene clause pénale in Leasingverträgen angewendet, aber dies wurde von der Rechtslehre und dem Cour de Cassation abgelehnt, denn Art. 1231 diene keiner Angemessenheitskontrolle, sondern der Durchsetzung des wahren Parteiwillens.[156] Beim Art. 1231 ist das Verhältnis von Gesamterfüllung zur Teilerfüllung für die Reduktion maßgeblich, die neben Art. 1152 Abs. 2 verwendet werden kann, sodass der der Teilerfüllung entsprechende Teilstrafbetrag von dem nach Art. 1152 Abs. 2 bereits reduzierten Gesamtstrafbetrag noch einmal gesenkt wird.[157] In China wird, nach § 29 Abs. 2 der zweiten Justizinterpretation des Vertragsrechts 2009, eine Vertragsstrafe, die mehr als 130 % des tatsächlichen Schadensersatzes beträgt, in den meisten Fällen als unangemessen hoch angesehen.[158]

Darüber hinaus gibt es in vielen Ländern bei Sonderverträgen, entweder in den Gesetzestexten oder in den Rechtsprechungen, wegen der Sonderschutzbedürftigkeit eines Vertragsteils Sonderkriterien für die Kontrolle der Vertragsstrafe, und dafür können einige Beispiele genannt werden. In Deutschland gilt ein Vertragsstrafen-Versprechen in vier Situationen bei den AGB-Verträgen und in den Mietverträgen gegen den Mieter als unwirksam.[159] In Arbeitsverträgen ist der Betrag der Vertragsstrafe gegen den Arbeitnehmer auf seine Leistungsfähigkeit

---

von Bar/Zimmermann, Grundregeln des Europäischen Vertragsrechts, Art. 9:509, Anm. 3, S. 555.

155 Der Rechtsvergleich dazu vgl. Schottland Law Commission, Discussion Paper on Penalty Clauses 1997, S. 42.

156 Vgl. *Fischer*, Vertragsstrafe, S. 127, Anm. 9, 10.

157 Vgl. *Fischer*, Vertragsstrafe, S. 135 f.

158 Dieses Kriterium kommt vermutlich aus der Regel des Art. 16 von der Justizinterpretation um die Probleme der Immobilienkaufverträge aus dem Jahr 2003, die auch die Vertragsstrafen auf 130 % des Schadensersatzes beschränkt.

159 §§ 309 Abs. 6, 555 BGB.

und damit auf die Höhe seines monatlichen Bruttoarbeitsentgelts abzustellen.[160] In Frankreich wurden bestimmte Höchstbeträge gemäß Art. 19–22 Verbraucherschutzgesetz Nr. 78–22 für Strafklauseln gegen Verbraucher in Kreditgeschäften, Mietkaufverträgen und Abzahlungsgeschäften festgelegt.[161]

b. Das Ausmaß der Herabsetzung

Da im kontinentaleuropäischen Recht die Sanktionsfunktion bzw. Leistungssicherungsfunktion der Vertragsstrafe üblicherweise anerkannt ist, ist eine übersteigende Vertragsstrafe normalerweise nicht auf den (Vermögens-)Schadensersatzbetrag herabzusetzen, sodass noch eine absolute – jedoch geringere – Strafe bleibt.[162] Auf der anderen Seite darf die Vertragsstrafe zu keiner Zeit unter den Betrag des wirklichen Schadens fallen.[163] Die Herabsetzung auf die Schadensersatzhöhe, nämlich die Auslöschung der eigentlichen Strafe, ist sehr selten, allerdings auch nicht gänzlich ausgeschlossen.[164] In Deutschland ist nach der h. M. die Strafe „auf den höchsten angemessenen Betrag" herabzusetzen, und dazu wird die Ansicht vertreten, dass die Herabsetzung auf die Höhe des Schadens möglich sei, besonders bei Massengeschäften, ausgenommen AGB-Verträge, für die die Sanktionsfunktion weitgehend ausgeschlossen und die Leistungssicherungsfunktion dadurch bedient werde, dass die Vertragsstrafe auf die Höhe der Durchschnittsschäden beschränkt wird.[165] Auch in Österreich, wo der primäre Zweck der Konventionalstrafe die Schadenspauschalierung ist, ist die Herabsetzung auf die Schadenshöhe der Ausnahmefall und nur unter Umständen, wenn „der Vertragsbruch nicht ein allzu schwerer und ein den Partner nicht allzu sehr schädigender war."[166] Der Richter reduziert die Strafe normalerweise nicht auf null, selbst wenn tatsächlich kein Vermögensschaden auftritt,

---

160 MünchKomm/*Gottwald*, § 343, Rn. 18.

161 Vgl. *Fischer*, Vertragsstrafe, S. 137.

162 Zum deutschen Recht, Staudinger-*Rieble*, § 343, Rn. 131 („… damit eine spürbare Strafe bleibt"); zum französischen Recht vgl. *Calleros*, Punitive Damages, 32 Brooklyn J. Int'l L. 67, 106–107 (2006).

163 Palant-*Grünberg*, § 343, Rn. 6; Staudinger-*Rieble*, § 343, Rn. 129; MünchKomm-*Gottwald*, § 343, Rn. 21; Rummel-*Reischauer*, § 1336, Rz. 14; *Dittrich/Tades*, Das Allgemeine Bürgerliche Gesetzbuch, Wien: Manz, 34. Aufl. 1994, § 1336, E. 70, S. 1932.

164 Dagegen vgl. *Gernhuber*, Das Schuldverhältnis, Begründung und Änderung, Pflichten und Strukturen, Drittwirkungen, Tübingen 1989, S. 778, der die gänzliche Stornierung der Strafe ausschließt.

165 Vgl. *Fischer*, Vertragsstrafe, S. 179, 186.

166 Rummel-*Reischauer*, § 1336, Rz. 14. Als Beispiel dafür gilt ein nicht ernst zu nehmender Verstoß eines Konkurrenzverbots, bei dem eine Konventionalvertragsstrafe

da es auch ungewisse, einer Feststellung nicht zugängliche, oder immaterielle Schäden,[167] oder andere Gläubigerinteressen[168]gibt, es sei denn, dass bei Bagatellverstößen „jede Bestrafung unangemessen wäre".[169] In China soll die Herabsetzung angemessen sein, dementsprechend ist die Vertragsstrafe normalerweise nicht auf den bloßen Schadensbetrag zu reduzieren.

2. *Ungültigkeit der penalty clause im angloamerikanischen Recht*

Die Abgrenzung zwischen liquidated damages und penalty ist seit längerem ein schwieriges Problem für die Richter.[170] Die bisher in der Praxis verwendete Abgrenzungsmethode, die 1914 im Fall *Banta v. Stamford Motor Co.* explizit genannt wurde, enthält drei Kriterien: (1) Unbestimmbarkeit des Schadensersatzes oder die Schwierigkeit, den Beweises für den Schadensersatz zu erbringen (Uncertainity); (2) Absicht der Vertragsparteien (Intention); (3) Angemessenheit der Summe im Vergleich zu dem Betrag des Schadens (Reasonableness).[171]

a. *Intention und Uncertainty*

In den vorherigen richterlichen Auffassungen stellte die Intention der Vertragsparteien das wichtigste Kriterium dar.[172] Im 19. Jahrhundert hatte man sich schon darüber geeinigt, dass es bei dem Prüfungsresultat nicht auf die Begleitumstände ankommt,[173] sondern allein auf den Vertragswortlaut. Bei den Verträgen, die „penalty" aufwiesen, wurde die Absicht allein durch das Wort laut zu bestimmen, denn hier lag eine penalty-Vermutung vor.[174] Allerdings war im Vertrag meistens der Wortlaut „liquidated damages" zu verwenden, und bei diesen Verträgen wurde die Intention der Vertragsparteien nochmals überprüft. Mit Beginn des 20. Jahrhunderts hat sich die Betonung auf Intention allmählich auf die anderen

gegen Konkurrenz von 10 Monatsgehältern auf null gemäßigt wurde, weil die Zuwiderhandlung nicht schwer war und der Dienstleister dies hingenommen hat.

167 Rummel-*Reischauer*, § 1336, Rz. 13.

168 MünchKomm-Gottwald, § 343, Rn. 21.

169 Staudinger-*Rieble*, § 343, Rn. 130.

170 „the ablest judges have declared that they felt themselves embarrassed in ascertaining the principle on which the decisions (distinguishing penalties from liquidated damages) were founded." See *Cotheal v. Talmadge*, 9 N. Y. 551, 553 (1854).

171 *Banta v. Stamford Motor Company*, 89 Conn. 51, 55, 92 A. 667 (1914).

172 See *Linton Cobin*, Cobin on Contracts, 1964, Vol. 5, § 1058, p. 339.

173 *Cotheal v. Talmage*, 5 N. Y. 518, 520 (1854); *Jaquith v. Hudson*, 5. Mich. 123, 130 (1858).

174 Vgl. *Nodoushani*, Vertragsstrafe und vereinbarter Schadensersatz, S. 75.

Kriterien verlagert,[175] und die kritische Haltung gegen die Zahlungsklausel hat sich verändert. Damit stellt sich die Frage, ob die subjektive Absicht der Vertragsparteien wirklich wichtig ist, wenn die Summe objektiv angemessen ist.[176] In der Rechtsprechung im Fall *Truck Rent-A-Center, Inc. V Puritan Farms 2 ND, Inc.* aus dem Jahr 1977 wurde gesagt, die Intention habe keinen Einfluss auf die Abgrenzung zwischen liquidated damages und penalty, die ausschließlich von den unascertainability und unreasonableness abhängen solle.[177] Dies entspricht auch der Kodifizierung des Vertragsrechts in den USA. Weder im UCC (§ 2–718) aus dem Jahr 1962 noch im Restatement (second) of Contracts (§ 356 (1)) aus dem Jahr 1979 gibt es bei der Abgrenzung zwischen liquidated damages und penalty eine Prüfung über die Intention.

Hinsichtlich der uncertainty werden im UCC §2–718 zwei Elemente genannt, nämlich die uncertainity der Summe des Schadens und die Schwierigkeiten der Beweisführung. Nach *Patterson* enthält diese Prüfung fünf Schwierigkeiten: (1) die Existenz des Schadens zu beweisen, (2) die Relation zwischen Schaden und Vertragsbruch festzulegen, (3) bei Vertragsschluss den konkreten Schaden zu bestimmen, (4) den Schaden zu bewerten und zu berechnen, (5) alle durch Vertragsbruch möglicherweise verursachten Schäden bei Vertragsschluss vorherzusagen.[178] Hier liegt auch der Zweifel vor, ob dieses Kriterium mit den anderen gleichwertig oder überhaupt nötig sein ist. Bereits im Jahr 1935 hat *McCormick* darauf hingewiesen, es sei nicht wichtig, ob die Vorausberechnung des vom Richter bestimmten Schadensersatzes einfach oder schwierig ist, da der einzige Grund dafür, die Vereinbarung der Parteien nicht durchzuführen, in der Gefährlichkeit der Unterdrückung besteht, eine Partei gegenüber der anderen mit einer im Vergleich mit dem möglichen Schaden unangemessenen Summe zu belasten. Deswegen habe die Gültigkeit der Klausel nichts mit der certainity zu tun.[179] Diese Haltung gegen das Kriterium der uncertainity wird in der Rechtslehre bejaht.[180]

175 See Farnsworth on Contracts, p. 286.

176 See Farnsworth on Contracts, p. 287; *Wassenaar v. Panos*, 111 Wis. 2d 518, 331 N.W. 2d, 357 (1983).

177 *Truck Rent-A-Center, Inc. V Puritan Farms 2 ND, Inc.*, 393 N.Y.S. 2d 365, 369 (1977). So auch *Walker v. Graham*, 706 P. 2d 278, 281 (Wyo. 1985).

178 *Patterson/Goble/Jones*, Cases on Contracts, 4. ed 1957, p. 853, from *Ian R. Macneil*, Power of Contract and Agreed Remedies, 47 Cornell L. Q., 495, 502 (1962).

179 *McCormick*, Handbook on the Law of Damages, 1935, § 148, p. 605.

180 See Farnsworth on Contracts, p. 289; *Macneil*, 47 Cornell L. Q., at 503 (Aber sein Argument weicht ab von dem von McCormick. Er denkt, der Grund für die Haltung der Gültigkeit bestehe nicht darin, die Gefährlichkeit der Unterdrückung zu beseiti-

Dennoch wird die Praktikabilität dieses Kriteriums bezweifelt. In den Fällen, in denen die Parteien dazu neigen, eine Zahlungsklausel gegen Vertragsbruch zu vereinbaren, sind die Schäden meistens nicht exakt vorherzusagen.[181] In der Praxis wurde uncertainity von vielen Gerichten nicht als selbstständiges Kriterium, sondern als Hilfskriterium von reasonableness betrachtet: Je größer die Schwierigkeit der Schätzung oder des Beweises des Schadensersatzes ist, desto wahrscheinlicher ist es, dass die Zahlungsklausel „reasonable" ist.[182] Bei dem UCC und dem zweiten Restatement of Contract aus dem Jahr 1979 wurde das Kriterium der uncertainity beibehalten.[183]

b. Reasonableness

Am wichtigsten ist das resonableness-Kriterium. Wenn eine Disproportionalität zwischen dem vereinbarten und dem voraussichtlichen Schaden vorliegt, dann ist die Zahlungsklausel als penalty ungültig. Das bedeutet aber nicht, dass die beiden Beträge mathematisch identisch sein sollen.[184] Stattdessen reicht es aus, dass keine „grob unverhältnismäßige (extraordinary disproportional,[185] grossly dispropotional[186])" Differenz zwischen den beiden Beträgen vorliegt, damit die Vereinbarung keine Druckwirkung (*in terrorem*-Wirkung) auf den Schuldner hat.[187]

---

gen, sondern darin, die Vertragsfreiheit der Parteien zu beschränken, damit sie nicht strenger als die rechtlichen Behelfe vereinbaren können. Deswegen sei die Tendenz zum Einräumen der Gültigkeit der liquidated damages clause verständlich, obwohl durch andere Aspekte die Vertragsfreiheit immer mehr beschränkt werde).

181 *Clarkson/Miller/Muris*, Liquidated Damages v. Penalties: Sense or Nonsense, 1978 Wis. L. Rev., 351, 356 (1978).

182 „(uncertainity) is generally viewed as helpful in assessing the reasonableness of the clause, ... The greater the difficulty of estimating or proving damages, the more likely the stipulated damages will appear reasonable." *Wassenaar v. Panos*, 111 Wis. 2d 518, 530–531, 331, N.W. 2d 363 (1983); anschließend auch *Koenings v. Joseph Schlitz Brewing Co.*, 126 Wis. 2d 349, 337, N. W. 2d 593 (1985).

183 2. Restatement of Contract § 356(1). Im UCC 2–718 wird dieses Kriterium beibehalten, aber auch dies wird von der Rechtslehre kritisiert, da diese Vorschrift nur auf Verträge über Sachen anzuwenden ist, bei dem die Bestimmung des Schadens nicht schwierig sein soll.

184 *McCormick*, Handbook on the Law of Damages, 1935, p. 604.

185 *United States v. Bethlehem Steel Co.*, 205 U. S. 105, 121 (1907).

186 *Truck-Rent-A-Center Inc. V. Puritan Farms 2 ND*, 339 N. Y. S. 2d 365, 369 (1977).

187 *McCormick*, Law of Damages, p. 606; *Cobin* on Contracts, § 1059, p. 346; *Clarkson/Miller/Muris*, 1978 Wis. L. Rev., at. 356; *Nodoushani*, Vertragsstrafe und vereinbarter Schadensersatz, S. 86.

Um dieses Ziel zu erreichen, müssen die Parteien bei der Vorhersage des Schadensersatzes auch den Schaden mindern, den der Gläubiger vermeiden könnte. Ob und wie stark der Schaden gemindert werden soll, hängt von dem konkreten Vertrag ab. Beispielsweise konnte eine Mietwagenfirma nach Vertragsbruch des Mieters nur 50 % der Mietsumme fordern, da der übrige Schaden normalerweise durch Weitervermietung von der Firma hätte vermieden werden können.[188] Aber ein Hotelmanager konnte als Arbeitnehmer den Betrag der Zahlungsklausel in Höhe des vollen Erfüllungsinteresses (Höhe des Gehalts) bei Kündigung durch den Arbeitgeber fordern, weil er so schnell keine neue Anstelle finden und den Schaden dadurch hätte vermeiden oder mindern können.[189] Wenn sich der Vertragsgegenstand speziell für eine Partei anbietet, dann wird bei der Schätzung des Schadens das volle Erfüllungsinteresse angenommen. Hingegen wird eine derartige Schätzung abgelehnt, wenn der Vertragsgegenstand für weitere Verträge noch nützlich ist.[190] Eine Zahlungsklausel wird auch dann als Penalty betrachtet, wenn im Vertrag verschiedene Pflichten mit unterschiedlichen Wirkungen und Wichtigkeiten vorliegen und eine Pauschalsumme vereinbart wird, für deren Verfall irgendeine oder mehrere Pflichtverletzung(en) ausreichend sind (die lump-sum-rule). Demgemäß führt ein beliebiger Vertragsbruch, sei es eine Verletzung der Hauptpflicht oder eine Verletzung der Nebenpflichten, zu dem gleichen Resultat, nämlich eine bestimmte Höhe des vereinbarten Schadensersatzes zu zahlen. Das ist keine „reasonable forecast" des Schadens.[191]

Da die Kontrolle über die Zahlungsklausel den Zweck verfolgt, ihre *in terrorem*-Wirkung zu beseitigen, ist nach der traditionellen Ansicht die Beurteilung der Disproportionalität auf den Zeitpunkt des Vertragsabschlusses abzustellen, d.h. der Vergleich bezieht sich auf den Schaden, den eine objektive Person beim Vertragsschluss vorhersehen kann, nicht aber auf den tatsächlich vorliegenden Schaden (actual loss). Dies ist der sogenannte „look forward"-Ansatz.[192] Auf der anderen Seite wird der tatsächliche Schaden auch von manchen Courts und in

188 *Truck-Rent-A-Center Inc. v. Puritan Farms 2 ND*, 339 N. Y. S. 2d 365, 370 (1977).

189 *Wassenaar v. Panos*, 111 Wis. 2d 518, 534, 331 N. W. 2d, 357 (1983).

190 *Nordwest Collectors, Inc. v. Enders*, 74 Wash. 2d 585, 594 (1968). Dazu *Nodoushani*, Vertragsstrafe und vereinbarter Schadensersatz, S. 90 ff.

191 *Cobin* on Contracts, Vol. 5, §1066, p. 379 ff; *McCormick*, Law of Damages, S. 601 ff; *Lindacher*, Phänomenologie der Vertragsstrafe, S. 29 ff.

192 *Banta v. Stamford Motor Company*, 89 Conn. 51, 56, 92 A. 667 (1914); *Truck-Rent-A-Center Inc. v. Puritan Farms 2 ND*, 339 N. Y. S. 2d 335, 369 (1977). Siehe ferner *Cobin* on Contracts, Vol. 5, §1059, p. 347; *Farnsworth* on Contracts, pp. 289–290.

der Kodifizierung des UCC wie auch des Restatement Second berücksichtigt, jedoch unter unterschiedlichen Perspektiven.

Eine der Pespektiven verfolgt den Ansatz, die Vertragsfreiheit weiter zu beschränken. Dem „look forward"-Ansatz hingegen bleiben manche Courts bei der sogenannten „no actural harm defense"-Regel, nach der eine Zahlungsklausel als penalty ungültig ist, wenn der Schuldner beweisen kann, dass tatsächlich kein Schaden aufgetreten ist. In diesem Fall wird der vereinbarte Schadensersatz von diesen Courts als „windfall" betrachtet, das dem just-compensation-Prinzip widerspricht.[193] Im Kommentar § 356 des Restatement (second) wird die no-harm-rule angenommen, nach der dem Schuldner eingeräumt wird, die Schuld zu entlasten, wenn tatsächlich kein Schaden aufgetreten ist. In der Praxis gibt es jedoch bisher keine einvernehmliche Lösung.[194] Normalerweise berücksichtigen die Courts folgende Faktoren: (1) ob sich der Vertrag auf das öffentliche Interesse bezieht (public interest); (2) ob der Court in der Lage ist, einen Beweis über den tatsächlichen Schaden zu erbringen; (3) wie angemessen der vereinbarte Schadensersatz im Vergleich zu dem tatsächlichen Schaden ist; (4) weiterer Faktor von equity; (5) die Intention der Parteien.[195] In der Rechtslehre wurde der traditionelle „look forward"-Ansatz von der Mehrheitsmeinung begrüßt,[196] der ermöglicht, dass die Kosten der Verhandlung, der Druck im Prozess und die Beweislast der Parteien reduziert werden könne.[197] Dies entspricht auch der Tendenz, dass die Vertragsfreiheit weniger eingeschränkt wird, da dies das ursprüngliche

---

193 *Massman Constr. Co. v. City Council*, 147 F. 2d 925 (5.th Cir. 1945); *Norwalk Door Closer Co. v. Eagle Lock & Screw Co.*, 153 Conn. 681, 220 A. 2d 263 (1966); *Grand Bissell Towers v. Joan Gagnon Enters.*, 657 S. W. 2d 378 (Mo. App. 1983). Dazu *Farnsworth* on Contract, pp. 290–291. Ferner auch Comments, Liquidated Damages and the "No Harm Rule", 9 Stan. L. Rev., 381, 381 (1957); *Weisfield*, "Keep the Change!": A Critique of the No Actual Injury Defense to Liquidated Damages, 65 Wash. L. Rev., 977, 977–978 (1990).

194 Beispielsweise war Judge *Hand* 1933 im Fall *Frick Co. v. Rubel Corp.* der Mindermeinung, die der no-harm-rule zustimmt. Seine Meinung wurde 1989 von App. Court Washington im Fall *Lind Building Corp. v. Pacific Bellevue Developments* angenommen. Aber der Supreme Court Washington hat 1994 im Fall *Wallace Real Estate Investment, Inc., v. Groves* die Entscheidung von App. Court Washington abgelehnt. Dazu *Nodoushani*, S. 94.

195 *Olazabal*, Formal and Operative Rules in Overliquidation Per Se Cases, 41 Am. Bus. L.J. 503, 536–537 (2004).

196 Vgl. z. B. *McCormick*, Law of Damages, p. 609; *J. Fischer*, Understanding Remedies, 1999, p. 757. Dagegen *Cobin* on Contracts, § 1063, p. 368.

197 *Olazabal*, Overliquidation Per Se, 41 Am. Bus. L. J., at 558.

Risikoarrangement der Parteien respektiere und den Prozess erleichtere, während no-harm-defense den immateriellen Schaden des Gläubigers und die von den Parteien durch die Vertragsklauseln arrangierte Rechtslage vernachlässige.[198]

Auf der anderen Seite hat das UCC den tatsächlichen Schaden auch für einen Vergleichsanhaltspunkt gehalten. Ein nach dem „look forward"-Ansatz dem vorhersehbaren Schaden nicht entsprechender vereinbarter Schadensersatz muss nicht als ungültig gelten, insofern er nach dem „look backward"-Ansatz im Vergleich zu dem tatsächlichen Schaden angemessen ist. Diese Regel, die auch von dem Restatement (second) of Contract angenommen wurde, bezweckt eine größere Flexibilität bei der Beurteilung über die Zahlungsklauseln. Allerdings besteht das Problem noch darin, wie man „actual harm" interpretiert, damit diese Vorschrift einen Sinn ergibt, da es auch die von dem vorhersehbaren Schadensersatz ausgeschlossenen Schäden einschließen soll. Demzufolge können auch der vermeidbare Schaden, der unbestimmte Schaden und der unerwartete Schaden berücksichtigt werden. Manche Courts halten den höchsten Wert des unbestimmten Schadens für die Höhe des „actual harm", doch das wurde von der Rechtslehre kritisiert, denn der Gläubiger könnte nach dieser Ansicht seinen Schaden nicht präzise belegen, sondern nur eine vermutete Summe vorbringen.[199] Der vermeidbare Schaden kann ebenso wenig als Teil des „actual harm" betrachtet werden, sonst hätte der Gläubiger keinen Anreiz, den Schaden zu mindern.[200] Deswegen soll „actual harm" als vorhersehbarer Schaden unter Einschluss des unerwarteten Schadens interpretiert werden.

3. *Rechtsvergleich in den Kontrollkriterien mit dem kontinentaleuropäischen Rechtssystem*

Zwischen dem angloamerikanischen Recht und dem kontinentaleuropäischen Recht besteht ein prinzipieller Unterschied in Bezug auf die Kontrollkriterien: Die penalty rule im angloamerikanischen Recht fokussiert sich nur auf die Differenz zwischen Schadensbetrag und stipulierter Summe, während im kontinentaleuropäischen Recht alle diesbezüglichen Gesichtspunkte in Betracht gezogen

198 *Weisfield*, "Keep the Change", 65 Wash. L. Rev., at 991–996.

199 *Crespi*, Measuring „Actual Harm" for the Purpose of Determining the Enforceability of Liquidated Damages Clause, 41 Hous. L. Rev., 1579, 1593 ff. (2005).

200 *Crespi*, „Actual Harm", 41 Hous. L. Rev., at 1591–1592, 1603. *Clamari* und *Perilo* sind der gleichen Meinung, aber ihr Argument besteht darin, die Interpretation des „actual harm" und dem „look forward"-Prinzip in Einklang zu bringen. *John D. Calamari/ Joseph M. Perilo*, The Law of Contracts, 1987, p. 593.

werden. Jedoch haben die konkreten Regeln auch Gemeinsamkeiten oder Ähnlichkeiten. Um zu beurteilen, ob eine Zahlungsklausel der Sonderkontrolle untersteht, reicht im angloamerikanischen Recht nicht jede Differenz zwischen den Beträgen des Schadensersatzes und der Zahlungsklausel, sondern, wie in den kontinentaleuropäischen Ländern, eine grob unverhältnismäßige Diskrepanz. Der für die Beurteilung maßgebende Schaden kann nach UCC und Restatement (sceond) of contract nicht nur der mutmaßliche, sondern auch der tatsächliche Schaden sein, und dies wird auch in den kontinentaleuropäischen Ländern angenommen. Weitere Ähnlichkeiten bestehen in der Berücksichtigung eines Mitverschuldens seitens des Gläubigers.

Es ähneln sich auch die liquidated damages rule und die Kontrollregeln über die Schadensersatzpauschalierung in Deutschland. Im angloamerikanischen Recht hängt die Beurteilung darüber, ob die Zahlungsabrede ein liquidated damages clause oder ein penalty ist, vor allem davon ab, ob der vereinbarte Schadensersatz im Vergleich mit dem vorhersehbaren Schaden oder dem „actual harm" ‚reasonable' ist. Die Intention der Vertragsparteien und die Schwierigkeit der Feststellung und des Beweises des Schadensersatzes werden zwar berücksichtigt, sind aber nicht entscheidend bzw. gelten nur als Hilfskriterien des reasonableness. Im deutschen Recht ist das wesentlichste Beurteilungskriterium der Wirksamkeit der Schadensersatzpauschalierung, ähnlich wie im angloamerikanischen Recht, die Differenz zwischen dem vorhersehbaren Schadensersatz und der Zahlungsklausel; der Wortlaut des Vertrags spielt wiederum nur die Rolle eines Hilfskriteriums. Auf der anderen Seite scheint es, dass die Kontrolle im deutschen AGB-Gesetz wegen ihres Anwendungsbereichs ein wenig schärfer ist: Die Zahlungsklausel, deren Höhe den vorhersehbaren Schadensersatz übersteigt, gilt gleich wie das amerikanischen Recht als ungültig. Aber es gibt im amerikanischen Recht keine klaren Sonderregeln für die sogenannte „adhersion contracts"; es ist nicht überzeugend, dass die Verbraucher einen höheren Schutz in Bezug auf die liquidated-damages-rule genießen.[201] Darüber hinaus kann der Schuldner nach dem deutschen AGB-Gesetz beweisen, dass kein oder ein wesentlich niedriger Schaden entstanden ist, um die Schadensersatzvereinbarung

201 *Olazabal*, Overliquidation Per Se, 41 Am. Bus. L. J., at 537. Manche Autoren sind der Meinung, dass selbst die Existenz von liquidated damages clause von der unbilligen Ausnutzung der stärkeren Stellung des Verwenders des adhesion contract zeuge, weil die schwächere Partei sich im Zustand von „lack of choice" befinde. Aber diese Auffassung wird nicht akzeptiert. In der Praxis wird die *reasonableness*-Prüfung auch in den „adhesion contracts" durchgeführt. Vgl. *Nodouschani*, S. 102 f.

abzulehnen; während im amerikanischen Recht die „no-harm-rule“ nur von der Minderheitsmeinung vertreten wird.

II. Kontrolle über die unterhalb des Schadens liegenden Zahlungsklauseln

Solche Zahlungsklauseln können in zwei Typen unterteilt werden, einmal die Freizeichnungsklausel, die die Schadensersatzansprüche limitiert, und zum anderen die Klauseln, deren Betrag beim Vertragsschluss dem voraussichtlichen Schadensbetrag entspricht oder ihn übersteigt, aber beim Verfall z. B. wegen einer Preisschwankung niedriger ist als der Betrag des tatsächlich entstandenen Schadens. Bei den Zahlungsklauseln, deren Zweck es ist, die Schadensersatzansprüche zu limitieren, ist es kaum vorstellbar, dass ihre Höhe niedriger ausfällt als der voraussichtliche Schadensbetrag, weil kein vernünftiger Gläubiger eine solche benachteiligende Vertragsstrafe vereinbaren würde. Vielmehr wird häufig eine Vereinbarung des Höchstschadens getroffen, die aber dem oben genannten, zweiten Typ ähnelt. In diesem Sinn werden die beiden Typen in vielen Ländern einheitlich behandelt, jedoch wird bei den verschiedenen Rechtsystemen unterschieden, ob und wie diese Vertragsstrafe kontrolliert wird.

1. Richterliche Erhöhung

Ein richterliches Gestaltungsurteil über der unterhalb des Schadens liegenden Vertragsstrafe besteht nicht in vielen Ländern, zu nennen sind hier Frankreich, China und die Niederlande, deren Rechte auch Unterschiede aufweisen. Eine richterliche Erhöhung ist nur nötig, wenn die Vertragsstrafe die Parteien nicht auch nach oben bindet, sodass kein weiterer Schadensersatz gefordert werden kann. Nach Art. 1152 (2) Cc darf ein französischer Richter die mit dem tatsächlichen Schaden unverhältnismäßig niedrige vergleichbare clause pénale auf einen angemessenen Betrag, der höher ist als die vereinbarte Summe jedoch niemals höher als der tatsächliche Schadensbetrag, festsetzen.[202] Die Voraussetzung für eine Erhöhung der Strafe besteht darin, dass der Gläubiger mit der vereinbarten Summe keine seriöse Kompensation erhalten könnte.[203]

Der chinesische Richter kann aber gemäß Art. 141 Abs. 2 S. 1 jede Vertragsstrafe, die niedriger ist als der Schadensbetrag, auf Antrag des Gläubigers

---

202 Vgl. *Treitel*, Remidies, p. 234.

203 „le caractère « dérisoire » apparaît lorsqu'il est démontré que le chiffre de l'indemnisation fait perdre au créancier toute garantie sérieuse d'exécution.“ *Viney/Jourdain*, Traité de Droit Civil, les Effets de la Responsabilité, 3e édition, Paris 2012, p. 598.

erhöhen, unabhängig davon, ob die Differenz manifest ist. Unklar war im chinesischen Recht, ob der erhöhte Betrag genauso hoch wie der Schadensbetrag sein soll,[204] da die Vertragsstrafe sich nach dem Wortlaut des Art. 141 Abs. 2. S. 1 „erhöht", und nicht etwa, wie im S. 2 festgehalten, die unverhältnismäßige höhe Strafe „angemessen" herabzusetzen ist. Dazu hat 2009 die zweite Justizinterpretation des Vertragsrechts im Art. 28 deutlich erklärt, dass der tatsächliche Schadensbetrag, gleich wie im französischen Recht, nur als Obergrenze der Erhöhung gilt, während weitere Schadensersatzansprüche neben der Erhöhung unzulässig sind.

In den Niederlanden gestaltet sich das Problem der Charakterisierung des Rechtsbehelfs bei der niedrigen Strafe komplizierter. Der Richter darf nach Art. 6:94 (2) BW dem Gläubiger eine zusätzliche Kompensation gewähren, wenn die Strafe niedriger ist als der Schadensersatz und die Gerechtigkeit dies so fordert. Hierbei handelt es sich aber um ein richterliches Erhöhungsrecht, wobei der Richter kein Ermessensrecht hat über die Bestimmung der konkreten Summe, die nur nach der gesetzlichen Berechnungsregel des Schadensersatzes festzustellen ist.[205] Auf der anderen Seite gilt die Vertragsstrafe nicht, wie im deutschen Recht, als Mindestschaden, da für die zusätzliche Kompensation vorausgesetzt wird, dass die Gerechtigkeit dies so fordert. Die konkreten Kriterien werden nicht im Gesetz niedergeschlagen, aber der gleichen Formulierung der zwei Absätze von Art. 6:94 ist zu entnehmen, dass die Kriterien der Straferhöhung denen der Strafreduzierung gleichzustellen sind. Darüber hinaus kann die Möglichkeit einer zusätzlichen Kompensation von der Vertragspartei zuvor ausgeschlossen werden.[206]

---

204 Dafür z. B. *Xiangjun Kong*, Lehre des Vertragsrecht, 1999, S. 487; *Lixin Yang*, Forschung über die Haftung des Vertragsbruchs, in „Blatt Henan School of Goverment" 2000 Vol. 1, S. 23. Dagegen, vgl. *Shiyuan Han*, Theoretische Probleme des Vertragsbruchgeldes, S. 22; *Liming Wang*, Haftung der Vertragsbruchs, 2003, S. 639.

205 In diesem Sinn ist *Steltmanns* Auffassung unzutreffend, wonach das Recht in den Niederlanden dem richterlichen Erhöhungsrecht in Frankreich ähnelt. Vgl. *Steltmann*, Die Vertragsstrafe in einem Europäischen Privatrecht: Möglichkeiten einer Rechtsvereinheitlichung auf der Basis eines Rechtsvergleichs der Rechtsordnungen Deutschlands, Frankreichs, Englands und Schwedens, 2000, S. 206 f.

206 *Busch/Hondius/van Kooten/Schelhaas/Schrama*, The Principles of European Contract Law and Dutch Law, p. 431.

2. *Vertragsstrafe als Mindestschaden*

In Deutschland darf der Richter die Vertragsstrafe niemals erhöhen, weil das gegen den Numerus clausus der Gestaltungsklagen verstößt, nach dem eine Gestaltungsklage nur in den gesetzlich vorgesehenen Fällen zulässig ist.[207] Auf der anderen Seite ist ein richterliches Erhöhungsrecht nicht notwendig, denn der Schadensersatzanspruch wird nach § 340 Abs. 2 nicht durch die Vereinbarung einer Vertragsstrafe ausgeschlossen, d.h. der Gläubiger kann sowohl den die anderen Interessen bedienenden als auch den die Vertragsstrafe übergehenden Schaden geltend machen. Hier gilt die Vertragsstrafe als Mindestbetrag des Schadens.[208] Aber diese Regel ist abdingbar, und daher ist eine abweichende Vereinbarung zulässig, wonach neben der Strafe keine Schadensersatzansprüche geltend gemacht werden können.[209] Ähnlich wie das deutsche Recht darf der Gläubiger nach Art. 161.2 des schweizerischen OR auch den die Strafe übersteigenden Schadensbetrag fordern, jedoch nur wenn er das Verschulden des Schuldners nachweist. Da nach Art. 97 OR die Beweislast bei dem Schuldner liegt, dass ein Verschulden fehlt, wird die Beweislastverteilung in Art. 161.2 OR von der Rechtslehre kritisiert.[210]

Anders als in Deutschland wird die Vertragsstrafe in den meisten europäischen Ländern vermutungsweise als Höchstschaden betrachtet.[211] Diese Vorgehensweise wird z. B. in Österreich angenommen, wo die Konventionalstrafe wie in Frankreich vor allem als Schadensersatzpauschalierung gilt. In den ABGB besteht hier kein Sonderschutz für den Schädiger, allerdings wird die Vertragsstrafe ein Pauschalbetrag, der die Parteien nicht nur nach unten, sondern auch nach oben bindet.[212] In Österreich gibt es keine Erhöhungsmöglichkeit, aber weitere Schadensersatzansprüche dürfen für den Fall gestellt werden, wenn die Konventionalstrafe ausdrücklich oder schlüssig als Mindestbetrag vereinbart wurde.[213]

207 Vgl. *Bötticher*, ZfA 1970, S. 34 f.; Staudinger-*Rieble*, § 340, Rn. 76, § 343, Rn. 28, 145.

208 *Bötticher*, ZfA 1970, S. 35; Staudinger-*Rieble*, § 340, Rn. 73, § 343, Rn. 28, 145; MünchKomm-*Gottwald*, § 340, Rn. 15. *Rieble* hält die von BGH vertretende Auffassung, dass die Vertragsstrafe ein auf den Schadensersatz anzurechnender nachweisfreier Mindestschaden (so auch *Gottwald*) ist, für unzutreffend.

209 Vgl. Staudinger-*Rieble*, § 340, Rn. 76; MünchKomm-*Gottwald*, § 340, Rn. 17.

210 Vgl. *Bucher*, OR AT, S. 531; Honsell/Vogt/Wiegend-*Ehrat*, Art. 161 OR, Rn. 6.

211 Vgl. Staudinger-*Rieble*, vor § 339, Rn 118 ff.

212 Rummel-*Reischauer*, § 1336 ABGB, Rn. 7.

213 Rummel-*Reischauer*, § 1336 ABGB, Rn. 7; *Koziol/Welser*, Schuldrecht AT, S. 20 f.

3. *Beibehalten der underliquidation*

Im amerikanischen Recht stellt sich auch die Frage, ob die liquidated damages beibehalten oder für unwirksam erklärt werden, wenn ihre Höhe niedriger ist als der Betrag des tatsächlich erlittenen Schadens. Dieses Problem hat nichts mit der Entwicklung der penalty doctrine zu tun, die den Schuldner vor privater Strafe und krasser Benachteiligung schützt,[214] daher ist fraglich, ob das Kriterium von reasonableness auch darauf anwendbar ist.[215] In der Praxis vieler Staaten, z. B. North Dakota, Illinois und Utah, wird die vereinbarte Summe beibehalten, wenn der tatsächliche Schaden wegen Schwankung des Marktpreises höher ist, weil der Zweck der liquidated damages, bereits bei Vertragsschluss den zu zahlenden Schadensersatz festzulegen, trotz der Schwankung des Marktpreises nicht aufgehoben ist.[216] Dementsprechend verhält es sich mit dem „look forward"-Ansatz und der Ablehnung der no-harm-defense bei der übergangenen Vertragsstrafe. *Fritz* spricht aus der Perspektive der Haftungseinschränkung für diese Regel, weil diese Vereinbarung gerade den Schuldnerschutz bediene, sodass er damit rechnen kann, dass er einen die Vertragsstrafe übersteigenden Schaden nicht ersetzen müsse.[217] Die liquidated damages darf, anders als in den kontinentaleuropäischen Ländern, nicht als Mindestschaden vereinbart werden, sonst wird ihre Funktion beeinträchtigt. Solch eine Vereinbarung wird als „have a cake and eat it clause" bezeichnet, und gilt als unwirksam.[218]

Es ist nicht eindeutig, ob UCC Art. 2–718 darauf Anwendung finden kann, wenn Art. 2–718 (1) S. 2 ausdrücklich vorschreibt, dass eine unangemessen hohe Vertragsstrafe als unwirksam gilt. Nach *Burgess* wird die Anwendung des Art. 2–718 abgelehnt, stattdessen finde Art. 2–719, der die Modifikation und Limitation der Rechtsbehelfe normiert, darauf Anwendung, denn eine underliquidation gehöre zur Haftungslimitation.[219] In diesem Sinn ist ein

---

214 *Fritz*, Underliquidated Damages as Limitation of Liability, 33 Texas L. Rev., 196, 197 (1954).

215 Vgl. *Fritz*, Underliquidated Damages, 33 Texas L. Rev., at 198; *McCormick*, Damages, S. 608.

216 Vgl. *Nodoushani*, Vertragsstrafe und vereinbarter Schadensersatz, S. 98 ff.

217 Vgl. *Fritz*, Underliquidated Damages, 33 Texas L. Rev., at. 220. Dagegen aber *McCormick* (Damages, S. 608), der der Meinung ist, dass ein Beibehalten der underliquidation gegen das just-compensation-Prinzip verstieße.

218 Vgl. *Nodoushani*, Vertragsstrafe und vereinbarter Schadensersatz, S. 98 ff; *Calamari/Perilo*, Contracts, S. 594.

219 Vgl. *Burgess*, Consumer Adhesion Contracts and Unfair Terms: A Critique of Current Theory and a Suggestion, 15 Anglo-Am. L. Rev. 255, 260–262 (1986).

unterliquidierte Betrag wirksam, soweit sie den Gläubiger nicht in die Lage versetzt, dass er keinen minimalen Schadensersatz erhalten würde,[220] während in anderen Fällen, z. B. bei Ausschluss der Folgeschäden, die Haftbeschränkungsklausel wirksam ist, denn die Parteien dürfen über eine vom Recht abweichende Verteilung des Verlustrisikos verhandeln.[221] Dieses Kriterium ist viel strenger als das der Regel gegen penalty clauses. Manche Autoren sind daher der Meinung, dass das Kriterium der unconscionability in Art. 2–302 auf die underliquidation anzuwenden sei.[222]

C. Zusammenfassung

In fast allen Ländern gibt es eine Sonderkontrolle zur Vertragsstrafe, sei es die richterliche Modifikation in den kontinentaleuropäischen Rechtssystemen oder die Unwirksamkeitserklärung im angloamerikanischen Recht. Bislang ist die richterliche Modifikation der Vertragsstrafe die bevorzugte Kontrollmethode, da sie nicht nur in den einheitlichen Richtlinien, sondern auch außerhalb Europas allgemein angenommen wird. Im Vergleich zu der Modifikation durch ein Gestaltungsurteil ist das Alles-oder-nichts-Prinzip im angloamerikanischen Recht strenger, auf der anderen Seite greifen die Richter in private Verträge weniger ein, denn es liegt nicht in ihrer Zuständigkeit, eine angemessene Höhe der Vertragsstrafe festzulegen. Was das richterliche Modifikationsrecht betrifft, besteht in vielen Ländern, z. B. in Deutschland, Österreich und in der Schweiz, nur das einseitige Herabsetzungsrecht, während in Frankreich, China und in den Niederlanden auch ein kontrollierendes Heraufsetzungsrecht für eine zu niedrige Vertragsstrafe gilt.

Für die richterliche Modifikation der Vertragsstrafe ist nicht die Mängel der Willenserklärung, sondern die Billigkeit im Verhältnis zwischen der Vertragsstrafe und den Interessen des Gläubigers ausschlaggebend. Bei der Billigkeitskontrolle sollen nicht nur der tatsächliche oder vorhersehbare Schadensersatz, sondern alle Interessen berücksichtigt werden. Im Vergleich dazu ist im angloamerikanischen Recht nur die Differenz zwischen dem Schadensersatzbetrag und dem Strafbetrag wichtig. Überdies werden, um die Angemessenheit zu beurteilen, weitere Faktoren betrachtet, die aber weitgehend die Feststellung des Schadensersatzes betreffen.

220 Official Commentary 1 to UCC 2–791.

221 Golden Reward Min. Co v. Jervis B. Webb Co., 772 F. Supp. 1118, 1124 (D. 1991).

222 Vgl. *DiMatteo*, A Theory of Efficient Penalty, 38 Am. Bus. L. J., at 712 ff.

Die Sonderkontrolle wird nicht nur auf die Vertragsstrafe angewendet, sondern auch auf andere ähnliche Rechtsinstitute, so findet etwa die Kontrolle Analoganwendung bei der Schadensersatzpauschale außerhalb von AGB-Verträgen, der selbstständigen Vertragsstrafe, der Draufgabe und sogar in bestimmten Fällen beim Reugeld. Zudem findet sich keine deutliche Abgrenzung zwischen Vertragsstrafe und Preisvereinbarung.

2. Teil: Die Entwicklungsgeschichte der Kontrolle von Vertragsstrafen

Das richterliche Ermäßigungsrecht in Bezug auf die unangemessenen Vertragsstrafen ist zwar heute in kontinentaleuropäischen Ländern weit verbreitet, hat es sich jedoch nicht parallel zu oder kurz nach der Entstehung der Vertragsstrafe entwickelt. Feststellbar ist, dass im römischen Recht keine allgemeine Angemessenheitskontrolle enthalten war,[223] und es lässt sich sogar beobachten, dass es im ersten Entwurf zum BGB aus dem Jahr 1887 auch noch keine Ermäßigungs- oder Begrenzungsvorschrift gab, sie tauchte erst 1895 im zweiten Entwurf auf. Darüber hinaus wurde bereits im Abschnitt 1 erwähnt, dass die Modifikationsvorschrift über Vertragsstrafen in Frankreich erst 1975 in Kraft trat. Somit stellen sich die Frage, wie sich die Situation geändert und was diese Änderung gefördert und gerechtfertigt hat. Um hierauf eine Antwort zu finden, bedarf es einer ausführlichen Beschreibung über die Entwicklungsgeschichte der gesetzlichen Beschränkungen der Vertragsstrafen und auch der theoretischen Begründungen dafür.

A. Die Vertragsstrafe im römischen Recht

I. Das Aufkommen der Vertragsstrafe

Im antiken Recht war die Vertragsstrafe kein einheitliches Rechtsinstitut. Bemerkungswert ist, dass das antike Recht bei einem Schaden hauptsächlich Buße anwendete, ganz selten aber Schadensersatz (Interesse).[224] Strafklauseln wurden nicht nur für die Sicherung einer Vereinbarung eingesetzt. Im griechischen Recht wurde oft eine bestimmte Strafe vereinbart, um eine deliktische Geldbuße festzustellen; in diesem Fall wirkte jedoch keine reine Vertragshaftung, obwohl das Strafversprechen die Grundlage der Klage darstellte, vielmehr war ein konkretes Unrecht in Verletzung einer Person oder ihres Vermögens zu berücksichtigen. Auch bei Vertragsstrafen, die wegen Verletzung oder Verspätung der Vertragspflichten verfielen, war eine Bindung an einen materiellen Schaden, also nicht die Nichteinhaltung des bloßen Konsenses, das Wesen der Klage. Dadurch wird

223 Vgl. *Schwind*, Römisches Recht, 1950, S. 282; *Lindacher*, Phänomenologie der Vertragsstrafe, 1972, S. 53; *Knütel*, Stipulatio Poenae, 1976, S. 184; *Zimmermann*, The Law of Obligation, 1992, S. 107.

224 *Honsell*, Römisches Recht, 7. Aufl., 2010, S. 88.

deutlich, dass die Vertragshaftung im antiken griechischen Recht stets einen deliktischen Charakter behielt.[225] Im Vergleich dazu wurde im römischen Recht die Klage auf eine Vertragsstrafe, die eine Geldbuße aus Deliktgrund feststellte, und die Vertragshaftung, die Bindung mit der die Entschädigung bezweckende Delikthaftung, gelöscht. Allerdings war die Vertragsstrafe im römischen Recht auch kein abgeschlossenes Institut und wurde einfach nur als *poena* bezeichnet und an verschiedenen Stellen des römischen Rechtssystems erwähnt.[226] Ob ein „*poena*“ eine vereinbarte Strafe oder eine vom Richter bestimmte Strafe bedeutet, kann jeweils nur aus dem Kontext abgeleitet werden.[227]

Die Vertragsstrafen konnten, als Rechtsgeschäft, durch zwei Rechtsformen verabredet werden, und zwar in der Regel durch *stipulatio* und als Ausnahme durch *pactum adiectum* bei einem Konsensualkontrakt.[228] Eine *stipulatio* war ein mündliches, förmliches Leistungsversprechen, durch das eine strengrechtliche Klage (*indicia stricta*) entstehen konnte, bei der es dem Richter nicht gestattet war, die Urteilssumme zu bemessen. Er konnte lediglich entscheiden, ob der nach der förmlichen *stipulatio* geltend gemachte Anspruch bestand oder nicht.[229] Demnach darf der Richter die Summe der *stipulatio poena* nicht verändern. Wurde hingegen eine Vertragsstrafe durch *pactum adiectum* verabredet, wurde die Strafe nach dem Prozess *iudicia bonae fidei* verhandelt[230], wo der Richter die beklagte Leistungspflicht nach dem Gesichtspunkt von Treu und Glauben ermessen konnte und entschied, wie viel der Beklagte leisten sollte,[231] und daher war auch die Höhe einer Strafe zu ermessen.

Auf der anderen Seite durften die gesicherten Obligationen auch in unterschiedlichen Formen in Erscheinung treten. Wurde sie auch durch *stipulatio*

---

225 *Knütel*, Stipulatio Poenae, S. 5.

226 *Knütel*, Stipulatio Poenae, S. 4–5, 25, 34.

227 *Sossna*, Die Geschichte der Begrenzung von Vertragsstrafen: Eine Untersuchung zur Vorgeschichte und Wirkungsgeschichte der Regel des § 343 BGB, 1993, S. 6.

228 *Berger*, Encyclopedic Dictionary of Roman Law, 1953, p. 634; *Knütel*, Stipulatio Poenae, S. 26; *Zimmermann*, The Law of Obligation, S. 95. Eine Vertragsstrafe konnte nicht durch Litteralkontrakt begründet werden, denn die Forderungsumschreibung (*expensilatio*) war bedingungsfeindlich und das Faktum einer Auszahlung konnte nicht von einem künftigen ungewissen Ereignis bedingt werden (*Knütel*, Stipulatio Poenae, S. 26–27.).

229 *Honsell*, Römisches Recht, S. 34, 84–85; *Christovich/Stadnik:* Judicial Modification of Penal Clauses—A Survey of Recent Developments, 53 Tul. L. Rev., 523, 524(1979).

230 *Zimmermann*, The Law of Obligation, S. 95, Anm. 3; *Christovich/Stadnik*, judicial Modification of Penal Clauses, 53 Tul. L. Rev., at 525.

231 Iust. I. 4, 6, 30; *Honsell*, Römisches Recht, S. 85–86.

vereinbart, sollte die Vertragsstrafe in der Form der *stipulatio* sein, sodass eine Struktur der Doppelstipulation gebildet wurde; ansonsten war bei den Konsensualkontrakten nicht nur *stipulatio*, sondern auch *pactum adiectum* möglich.[232] Bei der Fällen, hauptsächlich bei den Doppelstipulationen und den durch *stipulatio poena* gesicherten *bonae fidei*-Verträgen, wo der Gläubiger nicht nur auf die Strafe, sondern auch auf die von *stipulatio poena* gesicherte Leistung Anspruch geltend machen konnte[233], lag ein weiteres Problem von Anspruchskonkurrenz vor. Nach *Paulus* solle, anders als die zuvor geltende Ansicht von elektiver Konkurrenz, bei einer Doppelstipulation die Strafklage der Klage auf die Hauptleistung sukzedieren:[234] Bis zum Verfall der Vertragsstrafe dürfe man nur Anspruch auf die Hauptleistung geltend machen; danach werde die Hauptpflicht durch die Strafklage absorbiert und existiere nicht mehr, auch wenn die Strafe das Vermögensinteresse der Hauptleistung unterschritt.[235] Wenn aber eine Strafe einem *bonae fidei*-Kontrakt hinzugefügt wurde, dann waren die beiden Ansprüche selektiv. Der Gläubiger durfte nicht neben dem einen Anspruch einen anderen geltend machen; er konnte aber, neben einer Strafklage, das den Betrag der Strafe übersteigende Vermögensinteresse durch einen Anspruch gemäß dem *bonae fidei*-Kontrakt geltend machen, und auf der anderen Seite auch einen zusätzlichen Anspruch erheben, falls die Strafe höher war und er sie zuerst gemäß dem *bonae fidei*-Kontrakt begehrt hatte.[236]

II. Die Funktionen der Vertragsstrafe

1. Die Erzwingungsfunktion

Im römischen Recht wurde die Beugefunktion der Vertragsstrafe betont. Ein Hinweis bestand im C. 2.55.1:

232 *Knütel*, Stipulatio Poenae, SS. 30–31.

233 Bei den durch *pactum adiectum* gesicherten *bonae fidei*-Kontrakten bestand keine Klagenkonkurrenz, da keine eigenständige Strafklage zulässig war. Auch durfte bei den strafsichernden *pacta* keine Klage, sondern nur eine *exceptio*, insofern die Strafe mit der echten Strafe vergleichbar war, auf die Hauptleistung geltend gemacht werden, die mit der Strafklage konkurrieren konnte. Vgl. *Knütel*, Stipulatio Poenae, S. 32 f.

234 Paul. D. 44, 7, 44, 6; *Zimmermann*, The Law of Obligation, p. 101.

235 Art. 1229 Cc und §1336 I ABGB sind dieser Denkweise gefolgt, im Gegensatz zum BGB (§ 340 II) und OR (Art. 116 II).

236 *Zimmermann*, The Law of Obligation, pp. 101–102.

Ex sententia arbitri ex compromisso iure perfecto aditi appellari non posse saepe rescriptum est, quia nec iudicati actio inde praestari potest et ob hoc invicem poena promittitur, ut metu eius a placitis non redatur…

Es ist oft reskribiert worden, dass gegen das Urteil eines (von den Parteien) in Gemässheit eines Rechte nach vollkommen gültigen Compromisses angegangen Schiedsrichters nicht appelliert werden könne, weil auch die Klage auf Erfüllung des Urteils aus demselben nicht erteilt werden kann, und deshalb gegenseitig eine Strafe versprochen wird, damit man aus Furcht vor derselben nicht von dem Vertrage abgehe.[237]

Darin wird festgelegt, dass eine Appellation gegen gültige Schiedssprüche in Bezug auf Vertragsstrafen abzulehnen war, denn die Vertragsstrafen bezweckten eine Abschreckung von der Nichteinhaltung der Entscheidung, die nicht durch Appellation erschwert werden durfte.[238]

Die Beugefunktion der Vertragsstrafe war im römischen Recht sehr wichtig, da sehr viele Abreden, insoweit der Gläubiger daran kein Vermögensinteresse hatte, wegen des Prinzips von „*Omnis condemnatio pecuniaria*" nicht durchsetzbar waren, sondern nur in eine Geldsumme umgerechnet wurden.[239] Das hatte eine immense Bedeutung auf insbesondere die sogenannte selbstständige Vertragsstrafe oder die unechte Vertragsstrafe, die die früheste Form der *stipulatio poena* war und eine nicht als Pflicht vereinbarte Handlung oder Unterlassung sicherte, weil viele gesicherten Handlungen oder Unterlassungen, in Abweichung zur Gegenwart unter dem Prinzip der Vertragsfreiheit, nicht als Vertragsleistung durchsetzbar waren und nur durch *stipulatio poena* mittelbar gesichert wurden.[240] Dazu gehören die Verträge zugunsten Dritter, die kein geldwertes Interesse für den Stipulator vorsahen und deswegen nichtig waren. Eine Ausnahme bestand bei den Verträgen zugunsten Dritter nur dann, wenn die Vertragspartei an der Leistung an den Dritten ein „Haftungsinteresse" hatte, das durch die Vereinbarung einer *stipulatio poena* entstehen konnte.[241] Hierfür findet sich eine Begründung in D. 45.1.38.17, in der *Ulpian* schreibt:

Alteri stipulari nemo potest, praeterquam si servus domino, filius patri stipuletur: inventae sunt enim huiusmodi obligationes ad hoc, ut unusquisque sibi adquirat quod

237 *Otto/Schilling/Sinteinis* hrsg., Das Corpus Iuris Civilis, Band 5, S. 385–386.

238 *Knütel*, Stipulatio Poenae, S. 51; *Zimmermann*, The Law of Obligation, p. 96.

239 Vgl. *Zimmermann*, The Law of Obligation, p. 97.

240 *Knütel*, Stipulatio Poenae, S. 46; *Zimmermann*, The Law of Obligation, pp. 98–99.

241 *Knütel*, Stipulatio Poenae, S. 46. Eine Strafe zugunsten Dritter fanden, abgesehen von der Strafe zugunsten der Stattkasse, im römischen Recht grundsätzlich keine Anerkennung (*Küntel*, S. 47 ff.).

sua interst: ceterum ut alii detur, nihil interest mea. Plane si velim hoc facere, poenam stpulari conveniet, ut, si ita factum nonsit, ut comprenhensum est, committetur stipulatio etiam ei, cuius nihil interest: poenam enim cum stipulatur quis, non illud inspicitur, quid intersit, sed quae sit quantitas quaeque condicio stipulationis.

For obligation of this kind were devised in order that each man should acquire of himself what is of benefit to him; but it is of no benefit to me that something should be given to another. Clearly, if I wish to do this, it is right to stipulate a penalty, so that, if things are not done just as was specified, the stipulation should apply even to the man who does not benefit; for when someone stipulates a penalty, the question under consideration is not what benefit there may be, but the extent and the condition of the stipulation.[242]

Darüber hinaus fanden Vertragsstrafen bei den Fällen der *stipulatio habere licere*, nach denen ein Verkäufer eine Garantie zugesprochen wurde, dass kein Eingriff in das *habere* des Käufers – auch nicht von einem Dritten – vorgenommen werden sollte. Während die *stipulatio habere licere* nach *Ulpian* wegen der Vereinbarung einer fremden Handlung unwirksam sei, haben die Juristen diese Einstandspflicht für das Verhalten Dritter anerkannt, insofern eine Vertragsstrafe für den Verstoß stipuliert wurde.[243]

Auf diese Weise spielte die selbstständige Vertragsstrafe wegen ihrer Erzwingungsfunktion eine große Rolle im römischen Recht, weil der Beugeeffekt der *poena* die ursprünglich unwirksamen Vereinbarungen indirekt durchsetzbar machte und auch die Entwicklung des Obligationsrechts inhaltlich stark beeinflusste, da dieses Nichtvermögensinteresse als Objekt eines Vertrags zulässig wurde und diese Nichtvermögensstipulation allmählich Anerkennung gewann.[244] Nur wenn der Erzwingungseffekt einer Strafe mit dem Wesen der gezwungenen Handlung – typischerweise die Eheschließung und das Erbteilungsabkommen – im Widerstreit stand, wurde die Strafe missbilligt.[245]

2. *Die Ersatzfunktion*

In der Frühzeit haben sich die Juristen auf die *in terrorem*-Funktion der Vertragsstrafe fokussiert, jedoch hat die Ersatzfunktion allmählich immer mehr an Beachtung gewonnen.[246] Im *corpus iuris* wurde die Ersatzfunktion mehrmals erwähnt, z. B. in Inst. 3.15.7:

---

242 *Mommsen/Krueger/Watson* ed., The Digest of Justinian, Vol. 4, 1985, p. 656.

243 *Knütel*, Stipulatio Poenae, S. 49 f.

244 *Zimmermann*, The Law of Obligation, p. 99.

245 *Knütel*, Stipulatio Poenae, S. 52; *Zimmermann*, The Law of Obligation, p. 96.

246 *Knütel*, Stipulatio Poenae, S. 55; *Zimmermann*, The Law of Obligation, p. 95; *Fischer*, Vertragsstrafe, S. 20. Eine ähnliche Entwicklung lässt sich, nach *Knütel*, auch bei den

Non sulum res in stipulatum deduci possunt, sed etiam facta: un si stipulemur fieri aliquid vel non fieri. et in huiusmodi stipulationibus optimum erit poenam subicere, ne quantitas stipulationis in inceto sit ac necesse sit actori probare, quid eius intersit.

Nicht nur Sachen können in die Stipulation aufgenommen werden, sondern auch Handlungen; so, wenn wir uns ein Tun oder ein Unterlassen versprechen lassen. Und bei solchen Stipulationen ist es das Beste, eine Vertragsstrafe hinzuzufügen, damit der Geldwert der Stipulation nicht im Ungewissen bleibt und der Kläger nicht gezwungen ist nachzuweisen, auf wieviel sich sein Interesse beläuft.[247]

Und daneben auch *Venuleius* in D. 46.5.11:

In eiusmodi stipulationibus, quae, quanti ea res est´ promissionem habent, commodius est certam summam comprenhendere, quoniam plerumque difficilis probatio est, quanti cuiusque intersit, et ad exiguam summam deducitur.

In the kind of stipulation which comprises a promise for „whatever the matter be worth," it is more advantageous to envisage a specific sum, since it is often difficult to establish what is the value and a trifling sum may be the consequence.

Diesen Fragmenten ist zu entnehmen, dass die Ersatzfunktion der Vertragsstrafe weitgehend auf die Beweisbefreiung der Gläubiger beruhte. Die Anerkennung einer Ersatzfunktion im römischen Recht, bedeutet nicht, zumindest nicht in der klassischen Zeit, eine den Schadensbetrag überstreitende Strafe auszuschließen. Die beiden konkreten Summen wurden bis dahin noch nicht ganz assoziiert,[248] wie *Ulpian* in D. 45.1.38.17 angemerkt:

...poenam enim cum stipulatur quis, non illud inspicitur, quid intersit, sed quae sit quantitas quaeque condicio stipulationis.

Zu bemerken ist aber, dass das „*interest*" nicht dem modernen Schadensersatz entspricht, denn der ist durch die Differenz zwischen der hypothetischen und dem wirklichen Vermögen des Geschädigten zu berechnen. Ursprünglich war

---

Deliktklagen beobachten, wo die Schadenspauschalierungsfunktion der privaten Strafe (typischerweise: ein *duplum* des Streitwerts), anerkannt als die Bedeutung der Bußfunktion, allmählich verblasst, denn es kam zu Anerkennung, dass der Handelnde nicht immer verwerflich und strafbar war.

247 *Behrends/Knütel/Kupisch/Seiler* hrsg., Corpus Iuris Civilis, Text und Übersetzung, Band I Institutionen, 2. Aufl., S. 176.

248 Dies bleibt sogar bis zum Mittelalter. *Lange* hat darauf hingewiesen, „weder Glossatoren noch Kommentatoren haben Bedenken getragen, aus der Ausgestaltung der Schadensberechnung bei pönalen Ansprüchen Rückschlüsse auf reipersekutorische und umgekehrt zu ziehen." *Lange*, Schadensersatz und Privatstrafe in der mittelalterlichen Rechtstheorie, 1955, S. 3.

der Terminus von *quod interest* als juristischer Fachbegriff in der vorklassischen Zeit die Bezeichnung eines Leistungsinhalts und wurde von den Frühklassikern auch in diesem Sinn verwendet, aber danach war er nicht mehr im Gebrauch. Erst zur Zeit Justinians trat *interest* wieder auf und wurde im Sinn des Schadensersatzes aufgefasst.[249] Jedoch war den Römern ein Vermögensvergleich und eine Berechnung des Schadensersatzes durch Subtraktion fremd,[250] vielmehr lehnte sich das *quod interest* weitgehend an die jeweiligen objektiv bestimmten Geldwerte an, z.B. an den Kaufpreis oder den Minderwert.[251] Da die Vermögensdifferenz nicht allgemein berücksichtigt wurde, kam auch ein Vorteilsausgleich nicht in Betracht.[252] Zusammenfassend lässt sich beobachten, dass kein einheitlicher und auf die Vermögensdifferenz begründender Schadensersatzbegriff im römischen Recht entstanden ist, und daher war es nicht vorstellbar, die Vertragsstrafe im römischen Recht auf den Schadensbetrag zu beschränken. Die Erfüllung des Ersatzzwecks schloss wahrscheinlich nicht aus, dass die Strafe höher oder niedriger als das Interesse des Gläubigers sein konnte.

III Die Beschränkung auf die Vertragsstrafe

1. Die einzelnen Beschränkungen

Dass es im römischen Recht keine allgemeine Billigkeitsprüfung der Vertragsstrafe gab, wird von den meisten heutigen Autoren bejaht und mit zwei Fragmenten belegt: In D. 4.8.32 pr. hat Paulus vorgebracht, dass die Vertragsstrafe bei den Schiedsverträgen nicht mit Streitwert zu vergleichen sei; und in D. 45.1.38.17 hat *Ulpian* darauf hingewiesen, dass die Vertragsstrafe unabhängig vom Interesse des Gläubigers sei. Die Begründung für diese Stellungnahme des römischen Rechts kann sich möglicherweise in der Befürwortung des Prinzips der Vertragsfreiheit finden.[253] Auf der anderen Seite standen die Vertragsstrafen im römischen Recht aber nicht

249 *Medicus*, Id Quod Interest, 1962, S. 296 f.

250 *Honsell*, Quod Interest im bonae-fidei-iudicium: Studien zum römischen Schadensersatzrecht, 1969, S. 64.

251 *Medicus*, Id Quod Interest, S. 302 ff. Hingegen ist *Honsell* aber der Meinung, dass das quod interest, im Vergleich mit der rein objektiven *quanti ea res est*, auch subjektive Bedeutung habe, die sich durch Ersatz des entgangenen Gewinns reflektiere (*Honsell*, Quod Interest, XIV; Römisches Recht, S. 88). Für die Analyse der entsprechenden Fragmente vgl. *Medicus*, S. 305. Die beiden Autoren sind sich aber darin einig, dass sich im römischen Recht Interesse von Schaden unterscheidet.

252 *Medicus*, Id Quod Interest, S. 310.

253 So *Sossna*, Die Geschichte der Begrenzung von Vertragsstrafen, S. 13.

außerhalb jeder Kontrolle, sondern sie waren auch in gewisser Weise beschränkt, wenn die römischen Juristen darin eine Gefahr oder Ungerechtigkeit erkannten.

a. *Vertragsstrafe bei der Geldschuld*

Da eine Geldleistung nicht unmöglich werden kann, ist der Schaden der Nichtleistung von Geld immer nach dem Verzugsschaden zu rechnen. Im römischen Recht wurden, anders als in den modernen Rechten, bei der Verletzung der Geldschuld nur die Verzugszinsen berücksichtigt.[254] Um die Umgehung dieser Regel zu verhindern, war eine Vertragsstrafe, die das gesetzlich zulässige Zinsmaß übersteigt, unzulässig.[255] *Modestinus* in D. 22.1.44 bestätigt diesen Umstand ausdrücklich:

> Poenam pro usuris stipulari nemo supra modum usurarum licitum potest.
>
> Niemand kann sich anstelle von Zinsen eine Vertragsstrafe über den erlaubten Zinsfuß hinaus versprechen lassen.[256]

Diese Beschränkung galt nicht nur in den Darlehensverträgen, sondern auch in anderen Verträgen, beispielsweise in den Kaufverträgen, in denen eine Geldschuld bestand. So hat *Ulpian* in D. 19.1.13.26 angemerkt:

> Ibidem Papinianus respondisse se refert, si convenerit, ut ad diem pretio non soluto venditori duplum praestaretur, in fraudem constitutionum videri adiectum, quod usuram legitimam excedit.
>
> An der gleichen Stelle berichtet *Papinian*, er habe gutachtlich entschieden, wenn vereinbart worden sei, dass der Käufer dem Verkäufer den doppelten Kaufpreis zu zahlen habe, falls der Kaufpreis nicht zu dem (in der Stundungsabrede bestimmten) Termin gezahlt worden sei, dann sei das, was über den gesetzlichen Zinssatz hinausgehe, ersichtlich in Umgehung der (die Zinshöhe regelnden) Kaiserkonstitutionen vereinbart worden.[257]

b. *Ausnahme von „semel commissa poena non evanescit"*

Nach dem Prinzip von „*semel commissa poena non evanescit*" durfte eine verfallende Vertragsstrafe nicht nachträglich erlöst oder rückgängig gemacht werden, wenn ihre Verfallsvoraussetzungen nachträglich entfielen. Doch war

---

254 Vgl. *Medicus*, Id Quod Interest, S. 18 ff.

255 Vgl. *Medicus*, Id Quod Interest, S. 24; *Sossna*, Die Geschichte der Begrenzung von Vertragsstrafen, S. 14.

256 *Knütel/Kupisch/Seiler/Behrends* hrsg., Corpus Iuris Civiliis, Text und Übersetzung, Band IV Digesten 21–27, S. 106.

257 *Behrends/Knütel/Kupisch/Seiler* hrsg., Corpus Iuris Civilis, Text und Übersetzung, Band III Digesten 11–20, S. 532–533.

die Interpretation dieses Prinzips „grob and flexible".[258] Es haben sich ein paar Ausnahmen im römischen Recht entwickelt, die erlaubten, dass eine bereits verfallende Vertragsstrafe nachträglich wegfallen konnte. Zwei Darstellungen von *Ulpian* deuten auf diese Ausnahmen hin:

D. 4.8.21.12
...quod ubi praeterierit (sc. modicum tempus), poena statim peti potest: et tamen, inquit, et si dederit ante acceptum iudicium agi ex stipulatu non poterit.

...Sobald diese verstrichen ist, kann die Strafe sofort eingeklagt werden. Doch kann, sagt Celsus, wenn der Schuldner noch vor der Prozeßbegründung geleistet hat, aus der Stipulation nicht mit Erfolg geklagt werden.[259]

D. 4.8.23 pr.
Celsus ait, si arbiter intra kalendas Septembres dari iusserit nec datum erit, licet postea offeratur, attamen semel commissam poenam compromissi non evanescere, quoniam semper verum est intra kalendas datum non esse: sin autem oblatum accepit, poenam petere non potest doli exceptione removendus, contra, ubi dumtaxat dare iussus est.

Wenn, sagt Celsus, ein Schiedsrichter angeordnet hat, dass bis zum 1. September eine Leistung zu erbringen sei, und diese nicht erbrachtet ist, dann fällt, selbst wenn die Leistung später angeboten wird, die einmal verwirkte, im Schiedsvertrag festgesetzte Strafe dennoch nicht weg, da es wahr bleibt, dass vor dem Ersten nicht geleistet worden ist. Hat der Gläubiger aber die angebotene Leistung angenommen, kann er die Strafe nicht einklagen, weil er mit der Einrede der Arglist abzuwehren ist. Anders verhält es sich, wenn nur die Leistung (ohne Terminbestimmung) angeordnet ist.[260]

Auch Paulus macht im D. 21.2.35 einen entsprechenden Vermerk:

Evictus autem a creditore tunc videtur, cum fere spes habendi abscisa est: itaque si Serviana actione evictus sit, committitur quidem stipulatio: sed quoniam soluta a debitore pecunia potest servum habere, si soluto pignore venditor conveniatur, poterit uti doli exceptione.

Ein (verpfändeter) Sklave ist durch den Pfandgläubiger ersichtlich (erst) dann evinziert worden, wenn die Aussicht, ihn zu behalten, (für den Käufer) so gut wie ausgeschlossen ist. Wenn deshalb der Sklave mit der servianischen Klage evinziert worden ist, verfällt zwar die Stipulation. Da aber der Käufer, sobald der Schuldner das geschuldete Geld gezahlt hat, den Sklaven wieder im Besitz haben kann, kann der Verkäufer von der Einrede

258 *Zimmermann*, The Law of Obligation, p. 111.

259 *Behrends/Knütel/Kupisch/Seiler* hrsg., Corpus Iuris Civilis, Text und Übersetzung, Band II Digesten 1–10, Heidelberg 1995, S. 444.

260 *Behrends/Knütel/Kupisch/Seiler* hrsg., Corpus Iuris Civilis, Text und Übersetzung, Band II Digesten 1–10, S. 445.

der Arglist Gebrauch machen, wenn er nach Auslösung des Pfandes gerichtlich (wegen Eviktion) belangt wird.[261]

Da in dem Stipulationsformular normalerweise keine Verfallszeit der Vertragsstrafe niedergeschlagen wurde, sollte sie durch einen Schiedsspruch festgestellt werden. Fehlte eine solche Zeitangabe, dann verfiel die Strafe nach dem Ablauf eines *modicum tempus*, aber in diesem Fall durfte der Schuldner bis zur *litis contestatio* durch eine nachträgliche Leistung von der Strafe befreit werden (durch eine *ipso iure*-Befreiung), denn eine Leistungsfrist war nicht im Stipulationsformular ausgedrückt worden und für den Nichtverfall der Strafe genügte es, dass der Schuldner seine Leistung nach dem Verstreichen des *modicum tempus*, aber vor dem *litis contestatio* erbringen würde.[262] Wenn auf der anderen Seite eine Zeitbestimmung des Strafverfalls durch Verurteilung festgestellt wurde, dann war eine nachträgliche Bereinigung der Strafe nicht zulässig, es sei denn, dass der Gläubiger die nachträgliche Leistung annahm und eine *exceptio doli* gewährt wurde,[263] oder, dass ein Leistungsverzug das Interesse des Gläubigers nicht wesentlich beeinflusste.[264]

c. *Ermäßigung bei der Teilleistung*

Den römischen Juristen war eine Ermäßigung der Vertragsstrafe nicht fremd, jedoch bestand sie nicht bei den Fällen einer exzessiven Strafhöhe, sondern bei den Fällen teilweiser Erfüllung. Dies zeigt sich in Ulp. D. 2.11.9.1:

> Si plurium servorum nomine iudicio sistendi causa una stipulatione promittatur poenam quidem integram committi, licet unus status non sit, Labeo ait, quia verum sit omnes statos non esse: verum si pro rata unius offeratur poena, exceptione doli usurum eum, qui ex hac stipulatione convenitur.

> Wenn im Hinblick auf die Gestellung mehrerer Sklaven vor Gericht eine einzige Stipulation erteilt wird, so verfällt zwar, wie Labeo sagt, wenn auch nur einer nicht gestellt worden ist, dennoch die ganze Strafe, weil es zutrifft, dass nicht alle gestellt worden sind. Wenn die Strafe aber in Höhe des Anteils, der auf den einen (nicht Erschienenen) entfällt, angeboten werde, könne derjenige die Einrede der Arglist geltend machen, der aus dieser Stipulation (auf die ganze Strafe) verklagt wird.[265]

---

261 *Knütel/Kupisch/Seiler/Behrends* hrsg., Corpus Iuris Civiliis, Band IV, S. 61.

262 *Knütel*, Stipulatio Poenae, S. 148; *Zimmermann*, The Law of Obligation, p. 111.

263 *Knütel*, Stipulatio Poenae, S. 149.

264 *Zimmermann*, The Law of Obligation, p. 112, Fn. 108.

265 *Behrends/Knütel/Kupisch/Seiler* hrsg., Corpus Iuris Civilis, Text und Übersetzung, Band II Diesten 1–10, S. 209–210.

Zwar sollte nach der strikten Interpretation der Verfallsbedingungen die Strafe ganz verfallen, aber angesichts der Gerechtigkeit wollte *Ulpian* eine *exceptio doli* gewähren, wenn der Schuldner seiner Leistung teilweise nachgekommen war, sodass nur der Anteil des Nichtgeleisteten an der Gesamtsumme mit einer Strafe belegt werden durfte.[266] Dieser Gedanke wurde von Art. 1231 Cc, jedoch nicht in anderen kontinentaleuropäischen Ländern angenommen.

2. Die allgemeine Beschränkung in der nachklassischen Zeit

Abgesehen von den oben genannten einzelnen Beschränkungen ist es zudem zweifelhaft, ob die klassische Stellungnahme, dass es im römischen Recht keine allgemeine Beschränkung auf Vertragsstrafen gab, durch C. 7.47.1 von Konstitution Justinians aus dem Jahr 531 geändert wurde.

> Cum pro eo, quod interest dubitationes antiquae in infinitum productae sunt, melius nobis visum est, huiusmodi prolixitatem prout possible est in angustum coarctare. Sancimus itaque in omnibus casibus, qui certam habent quantitatem vel naturam, veluti in venditionibus et locationibus et omnibus contractibus, hoc quod interest dupli quantitatem minime excedere. in aliis autem casibus, qui incerti esse videntur, iudices, qui causas dirimendas suscipiunt, per suam subtilitatem requirere, ut, quod re vera inducitur damnum, hoc reddatur et non ex quibusdam machinationibus et immodicis perversionibus in circuitus inextricabiles redigatur, ne dum in infinitum computatio reducitur, pro sua impossibilitate cadat. cum scimus esse naturae congruum eas tantummodo poenas exigi, quae cum competenti moderatione proferumtur vel a legibus certo fine conclusae statuuntur. Et hoc non solum in damno, sed etiam in lucro nostra amplectitur constitutio, quia et ex eo veteres quod interest statuerunt: et sit omnibus, secundum quod dictum est, finis antiquae prolixitatis huius constitutionis recitatio.

> Da über das Interesse eine unendliche Zahl alter Zweifel vorhanden sind, so hat es Uns wünschenswert geschienen, diese Mannigfaltigkeit nach Möglichkeit in engere Grenzen einzuschließen. Wir befehlen daher, dass in allen Fällen, wo eine bestimmte Summe zur Sprache gebracht ist, oder die Natur der Sache eine solche mit sich bringt, z. B. bei Kaufen, Pachten und allen Contracten, das Interesse den doppelten Betrag nicht übersteigen solle. In den übrigen Fällen aber, welche als unbestimmt (dem Betrage nach) erscheinen, sollen die Richter, welche die Schlichtung der Sache übernehmen, mit umsichtiger Aufmerksamkeit danach forschen, dass der in der Tat wirklich entstandene Schaden ersetzt und nicht durch Kunstgriffe und übertriebene Verdrehungen in unauflösbare Verwirrungen versetzt werde, damit nicht, während sich die Berechnung ins Unendliche zieht, dieselbe durch ihre eigene Unmöglichkeit von selbst zerfalle, indem Wir wissen, dass es der Vernunft angemessen ist, nur diejenige Strafe einzuziehen, die entweder mit einer

266 Vgl. *Zimmermann*, The Law of Obligation, p. 112; *Sossna*, Die Geschichte der Begrenzung von Vertragsstrafen, S. 10.

> gebührenden Mäßigung bestimmt, oder von den Gesetzen in bestimmte Grenzen eingeschlossen sind. Dies verordnet Unsere Constitution nicht bloß beim Schaden, sondern auch beim Gewinn. Dieselbe soll nur für Jedermann, demnach, wie gesagt worden, die Grenze der alten Uneingeschränktheit bestimmen.[267]

Das primäre Ziel der C. 7.47.1 war, eine Beschränkung auf das ersatzfähige Interesse einzustellen.[268] Bei den Fällen, die eine bestimmte Menge oder Sache behandelten *(qui certam habent quantitatem vel naturam)*, so etwa bei Kauf-, Miet-, Dienst- und Werkvertrag, war das *quod interest* auf den doppelten Wert zu begrenzen, während der Richter bei den anderen Fällen, deren objektiver Wert unbestimmt war, den wirklich entstandenen Schaden (*quod revera inducitur damnum*) ermitteln sollte. Aber hier stellt sich die Frage, ob die Beschränkungen gemäß C. 7.47.1, die unter dem Titel *„de sententiis quae pro eo quod interest proferuntur"* stehen, auch auf die Vertragsstrafen verwendet werden konnten, denn die *„poena"* wurde am Ende dieser Vorschrift ausdrücklich erwähnt: eine Strafe konnte nur eingeklagt werden, wenn sie unter einer angemessenen Beschränkung oder unter bestimmten gesetzlichen Grenzen stand. Außerdem ist bereits oben erwähnt, dass die Ersatzfunktion der *stipulatio poena* im römischen Recht allmählich mehr Betonung gewann, womit eine Anknüpfung zwischen Schadensersatz und Vertragsstrafe hergestellt ist.

Diese These ist aber in mehreren Aspekten zu bezweifeln. Vor allem behandelte diese Vorschrift hauptsächlich die Begrenzung des Schadensersatzes. Zudem ist im Text nicht explizit geschrieben, dass die Begrenzung des *quod interest* auf *„dupli quantitatem"* oder auf *„quod revera inducitur damnum"* auch auf *poena* zu verwenden war. Nach *Medicus* zeige der Satz *„cum scimus esse naturae congruum eas tantummodo poenas exigi, quae cum competenti moderatione proferumtur vel a legibus certo fine conclusae statuuntur"* deutlich den strafrechtlichen Gedanken Justinians, von dem das von *„competens moderatio"* beschränkte Interesse des Geschädigten abzuleiten sei.[269] Dieser Ansicht ist zu entnehmen, dass die Beschränkung der Strafe nicht die Analoganwendung, sondern die Begründung der Begrenzung des *quod interest* war. Darüber hinaus gab es für die Begrenzung in C. 7.47.1 keinen historischen Anhaltspunkt,[270] vielmehr gilt sie im *corpus iuris* als isoliert, wo viele mit C. 7.47.1 widersprüchliche Fragmente aus der klassischen Zeit unverändert niedergeschlagen wurden, nach denen der

---

267 *Otto/Schilling/Sinteinis* hrsg., Das Corpus Iuris Civilis, Band 6, Leipzig 1832=1985, S. 99.

268 *Medicus*, Id Quod Interest, S. 289.

269 *Medicus*, Id Quod Interest, S. 292 f.

270 *Medicus*, Id Quod Interest, S. 292.

Schadensersatz das *duplum* notwendigerweise überschreitet.[271] In der Tat stellt C. 7.47.1 im *corpus iuris* einen Fremdkörper dar, und es wurde nicht ordentlich durchgeführt, dass dies sowohl die Beschränkungen für Vertragsstrafe als auch die für den Schadensersatz betrifft. Das erlaubt die Schlussfolgerung, dass auch in der nachklassischen Zeit im römischen Recht keine allgemeine Begrenzung auf Vertragsstrafen bestand.

B. Die Vertragsstrafe im Mittelalter

I. Die Zweiteilungslehre in der Glossatoren- und Kommentatorenzeit

Die Konstitution C. 7.47.1 wurde in der Folgezeit sowohl im Osten als auch im Westen des römischen Reiches weiterhin ignoriert, auch im nachjustinianischen Vulgarrecht fand sie keine Anwendung.[272] Die einzige ausdrückliche Vorschrift für die allgemeine Begrenzung der Vertragsstrafen bestand im *Lex Visigothorum* der Westgoten, das auf das 7. Jahrhundert zurückgeht. Nach dieser Vorschrift durfte eine Vertragsstrafe „nicht höher festgesetzt (werden), als Verdoppelung der zu leistenden Sache oder die Verdreifachung der Geldstücke."[273] Darüber hinaus war derzeit keine sich an C. 7.47.1 anlehnende Vorschrift zu finden, jedoch wurde später die Auseinandersetzung darüber, ob die Begrenzung der C. 7.47.1 auf Vertragsstrafen verwendbar war, im Mittelalter und sogar danach bis zur Gesetzgebung des BGB wesentlich für die Diskussionen über Vertragsstrafen.[274] Die theoretische Auseinandersetzung setzte in der Glossatorenzeit ein, die *v. Gierke* „Ausgangspunkt der modernen Rechtwissenschaft" genannt hat.[275]

Mit der allmählichen Wiederentdeckung der verlorenen Stücke des *corpus iuris* im 12. Jahrhundert wurden auch Rechtsschulen eingerichtet, von denen die der Universität in Bologna die erste und berühmteste war. So begann die

---

271 Z. B. mit D. 21.2.56 pr., D.4.8.32 pr., D. 45.1.38.17 und I. 3.19.19. *Lange*, Schadensersatz und Privatstrafe in der mittelalterlichen Rechtstheorie, S. 56; *Medicus*, Id Quod Interest, S. 291; *Sossna*, Die Geschichte der Begrenzung von Vertragsstrafen, S. 17.

272 *Levy*, Weströmisches Vulgarrecht. Das Obligationsrecht, 1956, R. § 89; *Wieling*, Interesse und Privatstrafe, vom Mittelalter bis zum Bürgerlichen Gesetzbuch, 1970, S. 97; *Sossna*, Die Geschichte der Begrenzung von Vertragsstrafen, S. 19, 21.

273 Vgl. *Wohlhaupter* hrsg., Gesetze der Westgoten: Germanenrechte, Texte und Übersetzungen XI, 1936, S. 55.

274 Vgl. *Coing*, Europäisches Privatrecht, Band I Älteres Gemeines Recht (1500 bis 1800), 1985, S. 440; *Zimmermann*, The Law of Obligation, p. 111.

275 Vgl. *Lange*, Schadensersatz und Privatstrafe, S. 1.

sogenannte „Rezeption (usu receptum)", die das römische Recht durch Gerichtsgebrauch und Gewohnheit in Geltung brachte.[276] In dieser Zeit wurden auch die „Summen", die die Glossen und Kommentationen zusammenfassten, als herrschende Lehre eine wichtige Rechtsquelle, und mit der Systematisierung des Rechtsstoffs der Kommentatoren hat sich das Gemeine Recht entwickelt.[277] Da zu den Wiederentdeckungen auch C. 7.47.1 gehörte, waren die Fragen, ob die Beschränkung der C. 7.47.1 auf Vertragsstrafen anzuwenden und wie C. 7.47.1 mit den anderen widersprüchlichen Fragmenten zu harmonisieren sei, unvermeidlich.

Während nach dem *Summa Trecensis*, der Mitte des 12. Jahrhunderts entstand und als die älteste bekannte Codexsumme gilt, die Vertragsstrafen auf den Doppelwert beschränkt werden durften,[278] folgten die meisten nachfolgenden Glossatoren, deren Gedanken stark von der aristotelischen Kategorienlehre geprägt wurde,[279] dieser Ansicht nicht. Sie haben dieses Problem meist unter dem Kontext der C. 7.47.1 diskutiert. *Placentinus* (?-vermutlich 1192) aus Bologna hat in seiner Codexsumme zu C. 7.47.1 darauf hingewiesen, dass eine Vertragsstrafe weder Qualität noch Quantität, sondern eine Substanz sei („*quis & quae, non quantitas vel qualitatis, sed substantiae sunt designativa*"), die nichts mit dem Interesse des Gläubigers zu tun habe, und dass die Strafsumme, die das Wesen der Vereinbarung ausmache, auch nicht durch C. 7.47.1 begrenzt werden solle, denn eine Begrenzung würde diese Vereinbarungssubstanz verändern.[280] Gleicherweise hat auch *Azo* (ca. 1150–1235) in seiner Summa Codicis den Strafbetrag als Substanz statt als Quantität oder Qualität betrachtet, der nicht durch C. 7.47.1 beschränkt werden solle, und er hat das Argument befürwortet, dass die von den Parteien vereinbarten Vertragsstrafen immer angemessen seien, ausgenommen die Zinsen, die durch das zulässige Zinsmaß begrenzt werden müsse.[281] Anschließend hat sich *Accursius* (ca. 1183–1263) als *Azos* Schüler seiner Lehre angeschlossen, jedoch nicht uneingeschränkt. Er sah, im Widerspruch zu der Ansicht *Azos*, die völlige Vertragsfreiheit auf alle Vertragsstrafen in seinem Sammelwerk,

---

276 Vgl. *Coing*, Europäisches Privatrecht, Band I, S. 7. f.

277 Vgl. *W. Brauneder*, Europäische Privatrechtsgeschichte, 2014, S. 41.

278 Vgl. Buch VII, Kap. 31 Rn. 9 Summa Trecensis: „et si aliquid promissum est immoderate propter penam, et illud est coartandum, quia hee demum pene exigende sunt que competenti moderatione promisse sunt", zitiert nach *Sossna*, Die Geschichte der Begrenzung von Vertragsstrafen, S. 28.

279 Vgl. auch *Coing*, Europäisches Privatrecht, Band I, S. 9.

280 Vgl. *Sossna*, Die Geschichte der Begrenzung von Vertragsstrafen, S. 29 ff.

281 Vgl. *Sossna*, Die Geschichte der Begrenzung von Vertragsstrafen, S. 32 ff.

das *Glossa ordinaria*, das man als eines der bisherigen Glossen zusammenfassenden Werks mit Abschlusswirkung versteht,[282] als einen Unterschied in der Art der Strafvereinbarung: Wenn eine bestimmte Summe verabredet wurde, dann sei dieser Betrag eine Substanz und nicht zu beschränken; wenn aber ein Strafe in der Art eines Vielfachen der Hauptleistung festgestellt wurde, dürfte sie nach I. 4.6.21 nicht das Vierfache der Hauptleistung überschreiten.[283] Zusammenfassend lässt sich beobachten, dass die Glossatoren statt einer Erwägung der Vertragsfreiheit und der Gerechtigkeit nur eine rein formalbegriffliche Erwägung durch die grundsätzlich aristotelische Kategorienlehre gemacht haben: Die Einordnung einer Strafsumme zu Substanz lässt nicht zu, diese Summe zu begrenzen oder zu verändern.

Eine Veränderung in der Methodologie trat in der Kommentatorenzeit ab Mitte des 13. bis zum Beginn des 16. Jahrhunderts ein. In dieser Zeit wurde die Zweiteilungsansicht von *Accursius* allgemein verfolgt, jedoch haben sich die Begründung und sogar das Zweiteilungskriterium allmählich verändert. Das Teilungskriterium der Lehre von *Accursius*, d. h. die Art der Vereinbarung, wurde von vielen Kommentaren befürwortet, so etwa von *Jacobus de Ravanis* (?-1296), *Baldus de Ubaldis* (1320/27–1400), *Angelus de Ubaldis* (?-1407), *Alexander Tartagnus de Imola* (?-1477). *Baldus* hat eine andere Argumentation dafür vorgebracht, nämlich dass der Schuldner bei einer Strafe in der Art eines Vielfachen die Strafhöhe nicht mit dem Wert der Hauptleistung vergleichen könne und daher keine konkrete Vorstellung habe, wie viel er beim Strafverfall leisten müsste.[284] Im Vergleich dazu lehnten auch Autoren, z.B. *Petrus de Bellapertica* (?-1308) und *Cinus da Pistoia* (1270–1336), die Zweiteilungslehre ab. *Cinus* hat ausdrücklich die Vertragsfreiheit und Privatautonomie dadurch begründet, dass die Parteien der Lenker und Richter (*moderator et arbiter*) eigenes Interesses verfolgten, und er dachte auch, dass die unterschiedliche Behandlung wegen Vereinbarungsarten dazu verleiten würde, das Recht auf die Wörter und nicht das Wesen (*verbis, non rebus*) der Strafklauseln zu relativieren.[285] Anschließend war einer seiner Schüler, *Bartolus* à *Saxoferrato* (1313–1357), der als Jurist große Bedeutung für dieses Zeitalter errang, im Prinzip auch für eine Freihöhe der Vertragsstrafen, da kein Unterschied zwischen einer Strafsumme und einer Strafabrede eines Vielfachen bestehe, wenn der Wert der Hauptleistung bestimmbar war; nur in dem Fall, wenn der Wert der Hauptleistung nicht eindeutig war, sei die Strafe

282 *Brauneder*, Europäische Privatrechtsgeschichte, S. 42.
283 Vgl. *Sossna*, Die Geschichte der Begrenzung von Vertragsstrafen, S. 36 ff.
284 Vgl. *Sossna*, Die Geschichte der Begrenzung von Vertragsstrafen, S. 46 f.
285 Vgl. *Sossna*, Die Geschichte der Begrenzung von Vertragsstrafen, S. 50 f.

nach C. 7.47.1 auf das Doppelte des Interesses zu begrenzen (nicht aber wie nach *Accursius* gemäß I. 4.6.21 auf das Vielfache), denn hier bestehe die Gefahr, dass eine Strafe zu exzessiv höher als das Voraussehen durch den Schuldner ausfallen könnte.[286] So lässt sich beobachten, dass die Kommentatoren statt rein formaler Erwägung begonnen haben, materielle Wertungsanalysen durchzuführen, und zwar mit substantialen Argumentationen wie etwa Privatautonomie und Schuldnerschutz.

Zusammenfassend kann man sagen, dass die Zweiteilungslehre in der Glossatoren- und Kommentatorenzeit im Allgemeinen befürwortet wurde, und darüber hinaus fand die Lehre der freien Strafhöhe auch bei einigen Juristen Zustimmung. Da die Vereinbarungsart eines Vielfachen des Werts der Hauptleistung in der Praxis relativ wenig auftrat, war der Unterschied zwischen beiden Lehren in der Tat nicht so groß. Im Großen und Ganzen haben die Juristen in dieser Zeit mit Ausnahme der Zinsbegrenzung der Geldschuld keine allgemeinen Beschränkungen der Vertragsstrafe erwähnt, ganz zu schweigen von einem Ermäßigungsrecht des Richters.

II. Die Begrenzungslehre der Kanonischen Rechtslehre

Über das römische Recht hinaus hat sich eine andere wichtige Rechtsquelle entwickelt, nämlich das Kirchenrecht. Ähnlich wie beim römischen Recht gab es auch hier ein umfangreiches Gesetzbuch, das Corpus iuris canonici, das im Jahr 1500 publiziert wurde und die 5 vorherigen Gesetzbücher der klassischen Zeit (1140–1350) zusammenfasste, diese sind: *Concordia discordantium canonum (Decretum), Decretales Gregorii IX, Liber sextus, Constitutiones Clementae* und *Extravagantes.*[287] Im 12. Jahrhundert entstand die kanonische Rechtswissenschaft, die nicht zufällig in die Verfassung der Gesetze fällt.[288] Eine sehr große Bedeutung des kanonischen Rechts und der kanonischen Rechtslehre für die Rechtsentwicklung besteht darin, dass sich allgemeine Rechtsgrundsätze, wie *aequitas, bona fides* und Vertrauen auf das Versprochene, ausbildeten.[289] In diesen

286 Vgl. *Sossna*, Die Geschichte der Begrenzung von Vertragsstrafen, S. 53 f.

287 Vgl. *Brauneder*, Europäische Privatrechtsgeschichte, p. 45. Das *Decretum* wurde von Gratian (ca. 1090–1159) in der Mitte der 12. Jahrhunderts verfasst, und sein Inhalt, zusammen mit dem zwischen 1187–1226 erscheinenden *Quinque complilationes antiquae* im 1234 erlassenen *Decretales Gregorii IX* wieder herausgearbeitet, jedoch galt das *Decretum* danach auch noch als eine individuelle Rechtsquelle.

288 *Wieacker*, Privatrechtsgeschichte der Neuzeit: unter besonderer Berücksichtigung der deutschen Entwicklung, 2. Aufl., 1967, S. 71, 73.

289 *Brauneder*, Europäische Privatrechtsgeschichte, p. 47.

Gesetzen gab es kaum Vorschriften über die Beschränkung der Vertragsstrafe,[290] jedoch haben einige kanonische Juristen aus dem Prinzip von *aequitas* darüber ihre Ansichten festgehalten.

Der Kernpunkt der kanonischen Rechtslehre bestand darin, Vertragsstrafe und Schadensersatz miteinander zu verbinden. Dieser Gedanke wurde erstmals von *Raymundus de Penafort* (ca. 1175–1275), dem Verfasser der *Decretales Gregorii IX*, vorgebracht, um das Wucherproblem im Darlehensvertrag zu lösen.[291] Dem folgend erkannte *Guillaume de Rennes* (ca. 1085–1148) einen Unterschied zwischen Schadensersatz bezweckende Vertragsstrafen und Strafen, und dies wurde von dem berühmten Bischof *Hostiensis* (?-1270) übernommen und weiterentwickelt.[292] Nach *Hostiensis* sollten die Schadensersatz vertretenden Vertragsstrafen (*poena adiiciatur gratia declarandi interest*), gleich wie der Schadensersatz, gemäß C. 7.47.1 nicht die Doppelung zu überschreiten, während die reinen Strafabreden (*loco poena pure ponatur*) nicht begrenzt werden dürften, und beim Darlehensvertrag sei es nicht zulässig, Vertragsstrafen zu verwenden, deren Höhe ins richterliche Ermessen gestellt werden müsse.[293] Zudem gilt *Hostiensis* als jener Jurist, der das richterliche Ermäßigungsrecht erstmals erwähnt.[294]

Die Lehre von *Hostiensis* hat große Bedeutung für die folgende Zeit, und dieser Gedanke, die Vertragsstrafe auf die Höhe des Schadensersatzes zu relativieren, wurde später verallgemeinert und nicht mehr nur auf die Darlehensverträge beschränkt.[295] Auch wurde nach dem Prinzip der *aequitas canonica* eine den Schadensersatz übersteigende Vertragsstrafe als unzulässige Bereicherung für die Gläubiger betrachtet.[296] Die folgenden Kanonisten, so etwa wie *Honoratius Leotardus*, *Luis Molina* (1535–1600) und *Ioan de Lugo* (1583–1660) haben diesen Gedanken übergenommen, und zwar vertraten *Luis Molina* und *Ioan de Lugo* die Meinung, dass die Strafhöhe auch dem Verschulden zu entsprechen habe.[297]

---

290 Außer X. 5.37.9, ein Rechtsbescheid des Papstes Innozenz III, der, ähnlich wie Ulp. D. 2.11.9.1, eine Ermäßigung der Vertragsstrafe bei der Teilleistung normiert.

291 *Fliniaux*, L'evolution du conception du clause penale chez les canonistes du Moyen Age, in Melanges Paul Fournier, Societe d'histoire du droit ed. 1929, 242–243; *Christovich/Stadnik*, Judicial Modification of Penal Clauses, 53 Tul. L. Rev., at 527.

292 Vgl. *Sossna*, Die Geschichte der Begrenzung von Vertragsstrafen, S. 80.

293 Vgl. *Sossna*, Die Geschichte der Begrenzung von Vertragsstrafen, S. 76 ff.

294 *Fischer*, Vertragsstrafe, S. 21.

295 *Fliniaux*, L'évolution du conception du clause pénale chez les canonistes du Moyen Age, S. 233/242–245; *Sossna*, Die Geschichte der Begrenzung von Vertragsstrafen, S. 80.

296 Vgl. *Lindacher*, Phänomenologie der Vertragsstrafe, S. 53.

297 Vgl. *Sossna*, Die Geschichte der Begrenzung von Vertragsstrafen, S. 81.

Darüber hinaus hat dieser Gedanke einen weitreichenden Einfluss auf die Juristen außerhalb des Kanonischen Rechts ausgeübt, da die kirchliche Rechtsordnung auf die Begriffsbildung und den Inhalt weltlicher Rechtssätze und auf die Methode der Rechtswissenschaft stark gewirkt hat.[298] Von diesem Zeitpunkt an wurde begonnen, eine allgemeine Beschränkung der Vertragsstrafe zu diskutieren und die Strafhöhe mit dem Schadensersatz in Verbindung zu setzen.

C. Die Vertragsstrafe in der Frühneuzeit

I. Die Begrenzungslehre der Civilisten im 16. Jahrhundert

Seit dem römischen Recht wurde die Erzwingungsfunktion der Vertragsstrafe allmählich verworfen und gleichzeitig hat die Ersatzfunktion immer mehr an Bedeutung gewonnen und die Begrenzungslehre wegen des Einflusses der kanonischen Rechtslehre sich weiter verbreitet. Diese Tendenz setzte im 16. Jahrhundert ein, als immer mehr Juristen für die Begrenzung der Vertragsstrafe sprachen. Zu diesem gehören *Andreas Alciat* (1492–1550), *Hugo Donellus* (1527–1591), *Charles Dumoulin* (1500–1566), *Franz Hotmann* (1524–1590), *Andreas Fachinaeus* und *Petnus Rebuffus* (1487–1557).[299] Während *Alciat* gemäß C. 7.47.1 die Vertragsstrafe auf die Höhe des tatsächlich entstandenen Schadens beschränken und die Leistungssicherungsfunktion dadurch beseitigen wollte, war *Donellus* der Meinung, dass die Vertragsstrafe den potentiellen Schaden nicht überschreiten dürfe und dass die diesen übersteigenden Vertragsstrafen vom Richter auf die Höhe des voraussichtlichen Schadens zu reduzieren sei.[300]

Eine ausführliche Argumentation für die Begrenzung der Vertragsstrafe wurde von dem Kanonisten und Zivilisten *Dumoulin* vorgebracht, nach dessen Meinung eine Vertragsstrafe der Ersatzbehelf des Schadensersatzes sei, die gleichfalls unter Kontrolle der C. 7.47.1 (der doppelte Wert) stehe.[301] Siehe den exakten Wortlaut:[302]

---

298 *Wieacker*, Privatrechtsgeschichte der Neuzeit, S. 72.

299 Vgl. *Sossna*, Die Geschichte der Begrenzung von Vertragsstrafen, S. 74–94, 96.

300 Vgl. *Sossna*, Die Geschichte der Begrenzung von Vertragsstrafen, S. 83 ff.

301 *C. Dumoulin*, Tractatus contractuum usurarum et redituum; *ders*, Tractatus de eo quod interest. Zitiert nach *Christovich/Stadnik*, judicial Modification of Penal Clauses, 53 Tul. L. Rev., 53 Tul. L. Rev., at 524, 527–528. Vgl. auch *Lindacher*, Phänomenologie der Vertragsstrafe, S. 53.

302 Texte und Übersetzung aus *Sossna*, Die Geschichte der Begrenzung von Vertragsstrafen, S. 90–91.

Vel poena convenit iuxta consilium *l. fin. de Praet. stip.* & nihilominus subest congruae moderationi per hanc l. & quinque rationes praedictas. Haec enim lex intelligitur dare consilium vel auxilium suum exorbitanti poenae, quam non solum adversatur, sed etiam expressim ad congruum modum, & competens moderamen iubet reduci, ut haec l. vers. *cum scimus.* igitur hanc legum voluntatem tenetur imitari earum minister, scilicet, iudex ad quem etiam nominatim haec 1. dirigitur. In casibus igitur certis si poena non multum excedat duplum, poterit iudex tolerare, dummodo tamen casus non recidat in faudem usurarum, per not. sup. nu. 94. Mod. Latè in tract. usur. num. 35. & q. 80. Si vero extra materiam, & fraudem usuarum notabiliter excedat duplum, nec appareat de alia specifica iusta causa tantae poenae, iudex debet eam reducere ad modum legitimum, videlicet duplum, spreto excessu supergressivo, & sine causa facto l. illicitas. *in prin. de off. praes.* In incertis autem ut tolerari potest si non excedat probabilem summam negotii principalis, & eius quod verisimiliter in talibus interesse potest, not. sup. num. 60. nec bonos, & consuetos civitatis mores, ita si notabiliter ea excedat, debet incivilem, &sic iniquum excessum praecidere, nec in his fidelior, & specialior doctrina dari potest.

Oder man vereinbart eine Strafe nach dem Rat von D. 46.5.11 und desungeachtet steckt dahinter eine angemessene Mäßigung durch dieses Gesetz (sc. C. 7.47.1) und die fünf vorgenannten Gründe. Dieses Gesetz wird nämlich wie folgt verstanden: Es gibt seinen Rat und seine Hilfe bei einer übermäßigen Strafe, welche es nicht nur ablehnt, sondern auch ausdrücklich auf ein angemessenes Maß und eine angemessene Beschränkung zu reduzieren befiehlt, wie dieses Gesetz bei „cum scimus" (sagt). Daher ist der Diener gehalten, den Willen dieser Gesetze zu beachten, nämlich der Richter, an den sich dieses Gesetz ausdrücklich wendet. In den Fällen eines bestimmten (Vertrags-)Wertes, wenn die Strafe das Doppelte nicht sehr überschreitet, kann der Richter sie hinnehmen, vorausgesetzt, der Fall fällt nicht unter einen Zinsbetrug, wie oben unter Note 94 gezeigt. (…) Wenn sie aber ohne Anlass und zur Umgehung der Zinsvorschriften schimpflich das Doppelte überschreitet, und sich nicht aus anderen Umständen ein gerechter Grund für so eine Strafe ergibt, dann muss der Richter sie auf das gerechte Maß herabsetzen, d.h. auf das Doppelte, indem er die maßlose und grundlose Überschreitung verachtet (…). In den Fällen eines unbestimmten Wertes aber (gilt), dass er sich hinnehmen muss, wenn sie nicht den wahrscheinlichen Betrag der Hauptverbindlichkeit überschreitet und das, was in solchen (Fällen) höchstwahrscheinlich an Schaden entstehen kann, wie es oben beschrieben ist in Note 60, und nicht die guten und gewohnten Sitten der Bürger (überschreitet). Wenn sie (sc. die Vertragsstrafe) dies schimpflich überschreitet, so muss er die unangemessene und daher unbillige Überschreitung abschneiden. Und in dieser (Frage) kann eine redlichere und speziellere Lehre nicht gegeben werden.

Dieser Argumentation ist zu entnehmen, dass *Dumoulin* keine Vertragsfreiheit für die Vertragsparteien einräumte, sondern vornherein wegen der schadensersatzlichen Eigenschaft der Vertragsstrafe eine Begrenzung dafür festlegte. Im Vergleich dazu waren *Fachinaeus* und *Rebuffus* der Meinung, dass die Höhe der Vertragsstrafen im Prinzip frei vereinbart werden dürfe und im Fall der

Unangemessenheit vom Richter zu reduzieren sei.[303] Zusammenfassend lässt sich trotz der Meinungsvielfältigkeit über die Methode und das Kriterium der Kontrolle beobachten, dass sich die Begrenzungslehre als herrschende Lehre durchsetzte.

II. Die Nationale Rechtsschule ab dem 17. Jahrhundert

Obwohl der Zerfall des *Ius commune* des römisch-kanonischen Rechts und der einheitlichen europäischen Rechtswissenschaft sich erst seit der französischen Revolution vollzog, weil sich die nationalen und regionalen Besonderheiten nach dem Verfassungs- und Verwaltungsaufbau im Privatrecht ausgeprägt haben,[304] begannen die Juristen bereits in der Spätzeit des *Usus modernus*, in Schriften primär die Autoren der eigenen Nation zu zitieren,[305] und dies war der Anfang der nationalen Rechtsschulen. Darüber hinaus wurden seit dem 17. Jahrhundert im Schrifttum allmählich die nationalen Sprachen verwendet, und im 19. Jahrhundert hat das Lateinische seine Bedeutung als Juristensprache schließlich verloren.[306]

1. Die Französische Rechtslehre vor dem Code civil

Die französische Rechtsschule im 17. Jahrhundert bevorzugte die Beschränkungslehre. Stark beeinflusst von *Dumoulin*[307] befürworteten die damals repräsentativen Juristen, vor allem *Jean Domat* (1625–1696) und *Rober-Joseph Pothier* (1699–1772) die schadensersatzliche Charakterisierung der Vertragsstrafe und ein richterliches Ermäßigungsrecht über die unangemessenen Vertragsstrafen.[308] *Domat* glaubte, dass der Geschädigte keinen weiteren Betrag als den Schadensersatz fordere, und dass der Richter aus einer gerechten Berechnung die Vertragsstrafe auf die Höhe des tatsächlichen Schadens herabsetzen müsse.[309] *Pothier* war der gleichen Meinung, dass die Vertragsstrafe ein Ersatzbehelf des Schadensersatzes und deswegen vom Richter modifizierbar sei.[310] Er hat die Meinungen

303 Vgl. *Sossna*, Die Geschichte der Begrenzung von Vertragsstrafen, S. 93 ff.

304 *Wieacker*, Die Privatrechtsgeschichte der Neuzeit, S. 207.

305 *Coing*, Europäisches Privatrecht, Band II 19. Jahrhundert, München 1989, S. 24.

306 *Coing*, Europäisches Privatrecht, Band II, S. 25.

307 Vgl. *Lindacher*, Phänomenologie der Vertragsstrafe, S. 53; *Christovich/Stadnik*, judicial Modification of Penal Clauses, 53 Tul. L. Rev., 53 Tul. L. Rev., at 528.

308 *Christovich/Stadnik*, judicial Modification of Penal Clauses, 53 Tul. L. Rev., at 528.

309 *J. Domat*, Les lois civiles dans leur ordre naturel, Paris 1745, p. 237 (Englische Übersetzung: W. Strahan trans., The Civil Law in its Natural Order, 1850, p. 779).

310 *Pothier*, Traité des obligations, Tome premier, 1764, Nr. 345, p. 422. (Englische Übersetzung: W. D. Evans trans., A Treatise on the Law of Obligations, or Contracts, 1806,

Dumoulins und *Azons* verglichen und fand die Auffassung *Dumoulins* gerechter (plus équitable). In Hinsicht auf *Azons* Meinung, wonach der Schuldner, anders als beim Fall des gesetzlichen Schadens, bei einer Strafabrede die genaue Summe statt einer fairen Summe verpflichtet, hat Pothier die Begründung für das Modifikationsrecht wie folgt gestaltet:[311]

> Lorsqu'un débiteur se soumet à une peine excessive, en cas d'inexécution de l'obligation primitive qu'il contracte, il y a lieu de présumer que c'est la fausse confiance qu'il ne manquera pas à cette obligation primitive, qui le porte à se soumettre à une peine aussi excessive ; qu'il croit ne s'engager a rien en s'y soumettant, et qu'il est dans la disposition de ne s'y pas soumettre, s'il croyait que le cas de cette peine pût arriver ; qu'ainsi le consentement, qu'il donne à l'obligation d'une peine aussi excessive, étant un consentement fondeur une erreur et sur une illusion qu'il se fait ; n'est pas un consentement valable: c'est pourquoi ces peines excessives doivent être réduites à la valeur vraisemblable à laquelle peuvent monter au plus haut les dommages et intérêts du créancier ; résultants de l'inexécution de l'obligation primitive ; cette décision doit avoir lieu dans les contrats commutatifs, parce que l'équité qui doit régner dans ces contrats ne permettant pas que l'une des parties profite & s'enrichisse aux dépens de l'autre, il seroit contraire à cette équité que le créancier s'enrichit au dépens du débiteur, en exigeant de lui une peine trop excessive & trop manifestement au-dessus de ce qu'il a souffert de l'inexécution de l'obligation primitive : la décision doit pareillement avoir lieu dans les donations, *cum nemini fua liberalitas debeat esse captiofa.*

Pothier argumentierte, der Schuldner hinge einem Irrtum oder einer Illusion an, wenn er meine, dass er den Vertrag nicht verletzen würde, wenn er einer maßlosen Vertragsstrafe zustimme, und wegen der falschen Abschätzung der Möglichkeit des Strafverfalls sei die Vereinbarung nicht gültig. Diese Ansicht ist nicht neu, da bereits ein französischer Jurist, *Gabriel Vallius,* eine ähnliche Argumentation vorgebracht hatte, wonach die Hoffnung, den Strafverfall zu vermeiden, sehr oft eine Täuschung sei.[312]

---

p. 383). Zu beachten ist, dass in der neuen Auflage von 1835 der Bearbeiter, dem 1804 in Kraft tretenden Code civil entsprechend, die Auffassung und Argumentation in Bezug auf die Modifikation der Vertragsstrafe gestrichen hat (*Pothier*, Traité des obligations, nouvelle edition, appopriée a l'état actuel de la législation belge et accompagnée de notes explicatives, 1835, p. 226).

311 *Pothier*, Traité des obligations, Tome premier, 1764, Nr. 345, pp. 425–426 (Englische Übersetzung p. 284). Vgl. auch *Christovich/Stadnick*, Judicial Modification, 53 Tul. L. Rev., p. 529.

312 Vgl. *Sossna*, Die Geschichte der Begrenzung von Vertragsstrafen, S. 122.

2. Die deutsche Rechtslehre vor der Gesetzgebung des BGB

In dem Zeitalter des usus modernus, das im 15. Jahrhundert begann und seinen Höhepunkt im 17. Jahrhundert erreichte,[313] wurde die Anwendung des römischen Rechts auf die deutsche Praxis Satz für Satz analysiert und dadurch zum ersten Mal eine einheitliche deutsche Rechtswissenschaft mit zusammenhängender Tradition ausgebildet.[314] Erst ab dem 17. Jahrhundert hat sich die eigene Rechtswissenschaft in Deutschland entwickelt, während vorher vor allem die italienische und französische Gemeinrechtswissenschaft in Deutschland übernommen worden war.[315]

Was die Vertragsstrafe betrifft, war im Unterschied zu in Frankreich die Lehre der freien Strafhöhe vorherrschend. Die Begrenzungslehre, nach der die Vertragsstrafen nach C. 7.47.1 begrenzt wurden, wurde von Johann *Brunnemann* (1608–1672) und Nicolaus Christoph *von Lyncker* (1643–1726) vertreten, jedoch waren einige gegenseitiger Auffassung zu der überwiegenden Mehrheit der derzeitigen Juristen, z.B. Wolfgang Adam *Lauterbach* (1618–1678), Georg Adam *Struve* (1619–1692), Samuel *Stryk* (1640–1710), Johann August *Hellfeld* (1717–1782) Johann Balthasar *von Wernher* (1677–1743) und Christian Friedrich *von Glück* (1755–1831).[316] *Lauterbach* vertrat die Auffassung, dass sowohl die als Druckmittel geltenden Vertragsstrafen als auch die Strafen mit schadensersatzlichem Charakter grundsätzlich frei vereinbart werden können, weil der Schuldner mit seinem freien Willen die Strafhöhe bestimme und verantwortlich sei für das sich selbst zugefügte Unrecht; C. 7.47.1 sei nicht auf Vertragsstrafen anwendbar, denn Vertragsstrafen kämen aus dem freien Willen der Parteien, während der Schadensersatz gesetzlich oder vom Richter festzustellen sei; nur die Vertragsstrafen, die die Regel von Zinsmaximum umgehen, müssen beschränkt werden.[317] *Glück* hat auch darauf hingewiesen, die Höhe der Vertragsstrafe hänge von der Verabredung der Parteien, nicht vom Verhältnis des Hauptvertrags bzw. vom Schadensersatz ab, und C. 7.47.1 sei nicht auf die Vertragsstrafen anwendbar.[318] In dieser Zeit wurde in Deutschland das richterliche Ermäßigungsrecht kaum erwähnt.

313 *Gmür/Roth*, Grundriss der deutschen Rechtsgeschichte, 13. Aufl., 2011, S. 128.

314 *Wieacker*, Privatrechtsgeschichte der Neuzeit, S. 204.

315 *Wieacker*, Privatrechtsgeschichte der Neuzeit, S. 204.

316 *Sossna*, Die Geschichte der Begrenzung von Vertragsstrafen, S. 114 ff.

317 *Sossna*, Die Geschichte der Begrenzung von Vertragsstrafen, S. 115–117.

318 *Glück*, Ausführliche Erläuterungen der Pandekten nach Hellfeld, ein Kommentar für meine Zuhörer, 1796, S. 531.

Seit *Glücks* Lehre gab es im 19. Jahrhundert wenig Diskussion darüber, ob die Strafhöhe grundsätzlich frei vereinbart oder begrenzt sein soll. Der Vertreter der historischen Rechtsschule, Friedrich Carl *von Savigny* hat die zwei Funktionen von Leistungserzwingung und Schadensersatz anerkannt und sah keine Beschränkungen der Vertragsstrafen, vielmehr hat er die Möglichkeit erwähnt, dass eine Strafe als Mindestschaden gelten könne.[319] Auch die Vertreter der Pandektenwissenschaft waren der Meinung, dass die Strafhöhe nicht begrenzt werden dürfe. Karl Adolph *von Vangerow* schrieb:[320]

> Die Größe der Ponastrafe hängt ganz von dem Belieben der Partheien ab, und braucht so wenig im Verhältnis zur Größe des principaliter zu leistenden Objekts zu stehen, daß unbedenklich auch das Doppelte, Dreifache u. s. w. als Strafe ausbedungen werden darf ... Die bisweilen vertheidigte Meinung, daß doch die oben § 571. Anm. 4. § 46 fgg. näher besprochene Verordnung Justinian's in 1. *un. C. de sentent. Quae pro eo quod interest prof.* (7.47) auch auf Ponastrafe bezogen werden müsse, und diese als das Doppelte nicht übersteigen dürfen, ist sicher unhaltbar. Allerdings aber ist insofern eine Beschränkung in Betreff der Quantität begründet, daß der Pönalvertrag dann, wenn er wegen verspäteter Lieferung von Forderungen abgeschlossen wird, nicht zur Umgehung der Zinsgesetze, als zur Verschleierung eines Zinswuchers misbraucht werden darf.

Bernhard *Windscheid* hat dieses Problem nicht diskutiert, jedoch hat er darauf hingewiesen, dass der Schuldner den den Strafbetrag übersteigenden Schaden auch fordern könne, und daher sei die Strafe ein Mindestschaden.[321] Darüber hinaus waren die meisten Juristen der Auffassung der freien Strafhöhe,[322] auch viele österreichischen Juristen forderten diese für die Beseitigung der richterlichen Ermäßigung des damalig geltenden § 1336 ABGB.[323] Anto *Randa* schreibt:[324]

---

319 *Savigny*, Pandekten: Obligationsrecht AT, *Avenarius* Hrsg., 2008, § 5, S. 60; § 84, S. 272.

320 *von Vangerow*, Lehrbuch der Pandekten, Bd. 3, 7. Aufl., 1869, § 614, S. 339.

321 *Windscheid*, Lehrbuch des Pandektenrechts, Bd. 2, 4. Aufl., 1875, § 285, S. 111, Fn. 15.

322 So unter vielen *Thibaut*, System des Pandektenrechts, 1834, § 115; *Bernhard*, Von der Conventionalstrafe, 1843, S. 15 ff.; *Neuenfeldt*, Ist die Conventionalstrafe ihrem Grundprincipe nach Strafe oder Ersatzleistung?, 1885, S. 11 ff.; *Schleipen*, Die Konventionalstrafe nach Gemeinem Recht verglichen mit der Vertragsstrafe des deutschen bürgerlichen Gesetzbuches, 1898, S. 25 ff.; *Pergament*, Konventionalstrafe und Interesse in ihrem Verhältnis zu einander, 1896, S. 94. Vgl. auch *Sossna*, Die Geschichte der Begrenzung von Vertragsstrafen, S. 153, Fn. 5.

323 Z. B. *Stubenrauch*, *Hafenöhrl* und andere. Vgl. *v. Kübel*, Entwurf eines bürgerlichen Gesetzbuches für das deutsche Reich, Recht der Schuldverhältnisse, I, Allgemeiner Teil mit Begründung, 1882=1980 (von *Schubert* hrsg.), S. 346.

324 *Randa*, Zur Lehre von den Zinsen und der Conventionalstrafe, 1869, S. 38.

Diese ebenso willkürliche als maßlose Beschränke der Höhe der Conventionalstrafe (§ 1336 AGBG) beruht augenscheinlich auf falschen Billigkeitsrücksichten; sie begünstigt einseitig den Schuldner zum Nachtheil des Gläubigers und beeinträchtigt wesentlich die Sicherheit des gesetzlichen Calculs.

D. Die Rechtsentwicklung und Kodifikation in verschiedenen Ländern

I. Die angloamerikanische Rechtsentwicklung

Während im europäischen Kontinent das *Ius commune* des römisch-kanonischen Rechts durch Rezeption des römischen Rechts und der Machtstellung der Lateinischen Kirche entstanden war, bildete England eine Ausnahme, insoweit das heimische Recht (common law) seit dem 13. Jahrhundert sein case law-System gut ausgebildete und wegen des Mangels eines übersichtlichen Regelwerks kaum Freiraum für die Rezeption ließ.[325]

Auch bei der Kontrolle der Vertragsstrafen hat das englische Recht seine Einzigartigkeit gezeigt. Nach der historischen Perspektive war die Tradition des Strafverbots im angloamerikanischen Vertragsrecht Veränderungen ausgesetzt. Die Zweiteilung zwischen Deliktrecht und Vertragsrecht hinsichtlich der (Un)Zulässigkeit von punitive damages lässt sich viel mehr als ein geschichtlicher Zufall ansehen, der sich weitgehend auf die Bemühung der Chancery zur Erzielung des Gerichtsstands bezog. Während punitive damages im Deliktrecht erstmals im Fall *Wilkes* v. *Woods* aus dem Jahr 1763 aufkamen,[326] war die Tradition gegen Strafabrede im Vertragsrecht schon lange üblich. Die strafende Vereinbarung wurde bereits im Handelsgewerbe des mittelalterlichen England die Norm. Damals war eine solche Vereinbarung nicht als Vertragsstrafe gegen Vertragspflichtverletzung definiert, sondern als „conditional bond", nachdem der Schuldner dem Gläubiger unter bestimmten Umständen eine Geldsumme zahlen musste, wenn er ein anderes Rechtsgeschäft (Grundgeschäft) mit dem Gläubiger nicht vereinbarungsgemäß ausgeführt hatte.[327] Die Klage auf Zahlung der Schuld basierte auf der förmlichen Urkunde der Geldschuld. Um die Klage einzulegen, musste der Schuldner für seine vereinbarungsgemäße Erfüllung auch eine Urkunde bei Gericht vorlegen.[328] Hier

325 Vgl. *Coing*, Europäisches Privatrecht, Band I, S. 14 f.

326 *Gotanda*, Supplemental Damages in Private International Law, 1998, p. 196.

327 See *Ibbetson*, A Historical Introduction to the Law of Obligations, 1999, p. 29.

328 Das sogenannte „a deed must meet with a deed" Prinzip, oder der Schuldner konnte stattdessen auch beweisen, dass die Urkunde der Geldschuld nicht echt war. Vgl. *Baker*, An Introduction to English Legal History, 4th. ed., 2002, pp. 368 f.

spielten die inhaltlichen Erwägungen oder die Einwände des Grundgeschäfts keine Rolle.[329] Die vereinbarte Geldsumme war normalerweise doppelt so hoch wie der Erfüllungswert des Grundgeschäfts,[330] dadurch wirkte conditional bond auf den Schuldner wie ein Druckmittel der Erfüllung.

Bis zum 15. Jahrhundert gab es noch keine Equity-Regeln, und die Chancery hat seit dem 16. Jahrhundert wegen Mangels an Regeln gegen Betrug und unconscionable Verhandlung im common law begonnen, aus dem Prinzip von equity und conscience gegen die scharfe Praxis einzugreifen.[331] Und das Rechtsbehelf gegen penalty clauses war damals eine wichtige Regel in diesem Rechtsgebiet. Hinsichtlich der inhaltlichen Erwägung[332] wurde dem Schuldner eine Equity-Abhilfe gegen die für conditional bonds sprechenden Gerichtsentscheidungen gewährt, wenn ihn an der nicht vereinbarungsgemäße Erfüllung der Pflicht des Grundgeschäfts keine Schuld traf und er den tatsächlich eintretenden Schaden ausgeglichen hatte.[333] In den Jahrzehnten nachher hatte sich eine gefestigte Rechtsprechung für die Kontrolle von penal bonds entwickelt, deren Höhe auf den tatsächlich entstandenen Schaden einzuschränken war, um eine Überkompensation des Gläubigers zu verhindern.[334] 1697 ist diese Equity-Erwägung mit der Kodifizierung der Rechtsprechungspraxis der Chancery festgestellt worden,[335] sodass die Chancery keine zusätzliche Abhilfe gegen penal bond mehr anbot, sondern unmittelbar für die Kontrolle über strafende Vereinbarungen zuständig sein konnte:[336] Wird durch entweder den voraussichtlichen oder den tatsächlichen Schaden nachgewiesen, dass die vereinbarte Summe ungerecht ist, dann ist die Vereinbarung unwirksam.[337] Die Form von conditional bonds war nicht mehr nötig, wenn die Form ihre Legalität wegen der inhaltlichen Erwägung nicht mehr rechtfertigen konnte, und sie mit der contractual penalty

329 See *Baker*, An Introduction to English Legal History, p. 369; *Barbour*, The History of Contract in Early English Equity, in *Vinogradoff* ed., Oxford Studies in Social and Legal History, Vol. 4, 1914, p. 89.

330 *Nodoushani*, Vertragsstrafe und vereinbarter Schadensersatz, S. 25.

331 *Holdsworth*, A History of English Law, Vol. 5, 1924, p. 330.

332 Nach dem sogenannten „equity looks to the intent rather than to the form"-Grundsatz.

333 *Ibbetson*, A Historical Introduction to the Law of Obligations, pp. 213–214.

334 *Nodoushani*, Vertragsstrafe und vereinbarter Schadensersatz, S. 30; dazu auch *Baker*, An Introduction to English Legal History, p. 370.

335 Statute of Anne (4 & 5 Anne c. 3). Dazu *Baker*, An Introduction to English Legal History, p. 370.

336 *Ibbetson*, A Historical Introduction to the Law of Obligations, p. 214.

337 See *Thompson*, Penalties and Liquidated Damages, 46 Central L. J., 5 (1898).

gleichgestellt wurde.[338] Später wurde die Regel von den common law courts übernommen und leicht modifiziert, und die moderne liquidated damages rule schließt alle Strafen aus, die signifikant höher sind als der übliche Schadensersatz und eine in *terrorem*-Wirkung haben.[339]

II. Die französische Rechtsentwicklung

Das Phänomen der modernen Kodifikation in kontinentaleuropäischen Ländern ist erst seit dem 18. Jahrhundert bekannt. Anders als das *corpus iuris* oder das *corpus iuris canonici*, in dem nur die Rechtsmateriellen aus verschiedenen Zeiten unsystematisch gesammelt sind, wurden diese modernen Gesetzbücher in einer systematischen Gesetzgebungslehre in der Zeit des Humanismus und der Vernunft erarbeitet.[340]

1. Die Gesetzgebung des Code civil

Was die Kontrolle über clause pénale betrifft, gibt es zwei Veränderungen in der Geschichte der Entwicklung des französischen Zivilrechts. Der vor dem französischen Cc geltende acien droit verfolgte die Haltung, dass die clause pénale als beweisrechtliche Konzeption zu verstehen sei.[341] Die Richter in Frankreich vor der Kodifikation des Cc setzten die Vertragsstrafe, deren Betrag den Schadensersatz übersteigt, auf die Höhe des tatsächlich entstehenden Schadensersatzes herab, damit das Strafelement der clause pénale ausgeräumt wird,[342] während dieses Mäßigungsrecht, das keine gesetzliche Grundlage besaß, sich nur auf die bis dahin herrschende Lehre begründete, die von *Domoulin, Vallius, Domat* und *Pothier* vertreten wurde.[343]

Im Verlaufe der Gesetzgebung des Cc wurde heftig diskutiert, ob ein richterliches Ermäßigungsrecht normiert werden sollte. Tribulant de Montpellier und Section de Législation du Tribulant sprachen sich beide dafür aus – trotz ihrer unterschiedlichen Auffassungen über die Eigenschaft der clause pénale. Überdies hat der Entwurf der Commission du Gouvernement das richterliche

---

338 Vgl. *Nodoushani*, Vertragsstrafe und vereinbarter Schadensersatz, S. 31–32.

339 Vgl. *Goetz/Scott*, Liquidated Damages, Penalties and the Just Compensation Principle: Some Notes on an Enforcement Model and a Theory of Efficient Breach, 77 Colum. L. Rev., 554, 555 (1977).

340 *Coing*, Europäisches Privatrecht, Band II, S. 7.

341 Vgl. *Fischer*, Vertragsstrafe, S. 122.

342 Vgl. *Fischer*, Vertragsstrafe, S. 115.

343 Vgl. *Lindacher*, Phänomenologie, S. 42, *Fischer*, Vertragsstrafe, S. 115 f.

Ermäßigungsrecht angenommen.[344] Auf der anderen Seite hielten sich die Appellationsgerichte und der Entwurf von Cambacérès an das Forfait-Prinzip, wonach die vereinbarte Summe nicht nachträglich einseitig geändert werden dürfe.[345] Schließlich lehnten die Gesetzgeber des Cc das Mäßigungsrecht ab, stattdessen wurde der Grundsatz der irréductibilité im Art. 1152 Cc niedergelegt: „Lorsque la convention porte que celui qui manquera de l'exécuter payera une certaine somme à titre de dommages-intérêts, il ne peut être alloué à l'autre partie une somme plus forte, ni moindre."[346] Diese Haltung wurde als ein post-revolutionärer Gegenschlag gegen die Justiz betrachtet, und ihr Sieg gründete sich auf den damals dominierenden Gedanken der individuellen Freiheit und privaten Autonomie.[347] Eine Begründung lässt sich in den Motiven zum Cc finden:[348]

> Art. 1152:
> On a prévu le cas où la somme à payer à titre de dommages et intérêts, en cas de l'inexécution, aurait été fixée par la convention même. On avait d'abord craint, que cette fixation ne fût pas toujours équitable; on avait craint trop de rigueur de la part du créancier, trop de facilité ou d'imprudence de la part de débiteur, qui, ne prévoyant point d'obstacles à l'exécution de sa convention, n'aurait pas imaginé qu'il eût sérieusement à craindre de payer la somme à laquelle il se serait soumis. Il avait paru prudent de faire intervenir le juge, pour réduire la somme qui excéderait évidemment le dommage effective.
>
> Mais cette évidence, comment la caractériser? Il faut supposer des conventions déraisonnables. Si on eût donné aux juges le droit de réduire la somme convenue, il eût aussi fallu leur donner celui de l'augmenter en cas d'insuffisance. Ce serait troubler la foi due aux contracts. La loi est faite pour les cas ordinaires, et ce n'est pas pour quelques exceptions que l'on devrait ici déroger à cette règle fondamentale, que les conventions sont la loi des parties.

---

344 *Fenet*, Recueil complet des Travaux préparatoires du code civil, 1827/28, Bd. IV, 443; Bd. XIII, 147; Bd. II, 166; *Fischer*, Vertragsstrafe, S. 118.

345 *Fenet*, Recueil, Bd. I, 66; *Fischer*, Vertragsstrafe, S. 118.

346 Dieser Artikel gilt als Konkretisierung des Art. 1134 Cc: „Les conventions légalement formée tiennent lieu de loi a ceux qui les ont faites. Elles ne peuvent être révoquées que de leur consentement mutuel, ou pour les causes que la loi autorise. Elles doivent être exécutées de bonne foi.", die das derzeit im Vordergrund des französischen Droit Civil stehende Prinzip der Vertragsfreiheit symbolisiert.

347 *Calleros*, Punitive Damages, Liquidated Damages, and Clauses Penales in Contract Actions: A Comparative Analysis of the American Common Law and the French Civil Code, 32 Brooklyn J. Int'l L., 67, 104 (2006).

348 Motifs et Discours prononcés lors de la publication du code civil par les divers orateur du conseil d'état et du tribunant, Paris 1841, p. 431.

2. *Die Reform durch la loi du 9 Juillet 1975*

Nach dem Zweiten Weltkrieg kam der zweite Wendepunkt. Es wurde sowohl in der Rechtslehre als auch in der Praxis allgemein anerkannt, dass Art. 1152 Cc rechtspolitisch verfehle,[349] weil die clause pénale sehr leicht zu einem Missbrauch der mehr Verhandlungskompetenz besitzenden Vertragspartei leite und die in der schwächeren Position stehende Vertragspartei erheblich benachteiligen könne. Während sich in den folgenden Jahrzehnten diese Situation stetig verschlechterte, bestand der Cour de Cassation trotzdem auf der ursprünglichen Haltung, dass die vereinbarte Summe absolut bindend sei. Erst Anfang der 1970er Jahre hat der Cour de Cassation in seinem Jahresbericht an den Justizminister 1972/73 den zuvor bereits in vielen Schriften erhobenen Reformvorschlag vorgebracht, dass Art. 1152 Cc mit einem allgemeinen richterlichen Modifikationsrecht abgeändert werde.[350] In Abweichung zum belgischen Cour de Cassation, der die Vorgehensweise des angloamerikanischen Rechts annahm und die Strafklauseln für unzulässig hielt,[351] hat der französische Cour de Cassation die Ersatzklauseln und die Strafklauseln nicht getrennt und unterschiedlich behandelt. 1975 ist schließlich das Amendement als Abs. 2 des Art. 1152 Cc in Kraft getreten:

> Néanmoins, le juge peut, même d'office, modérer ou augmenter la peine qui avait été convenue, si elle est manifestement excessive ou dérisoire. Toute stipulation contraire sera réputée non écrite.[352]

Dies ist eine zwingende Norm, die die Abweichung der Vertragsparteien ausschließt.

III. Das ABGB in Österreich

Gleich wie das ALR hat die Kodifikation des österreichischen ABGB sich lange hingezogen, und beruht auch auf einer selbstbewussten Gesetzgebungsplanung des naturrechtlichen Systems.[353] Aber anders als das ALR ist das ABGB ein reines Zivilgesetzbuch, in dem statt detaillierter Einzelregelungen einfache

---

349 Vgl. *Lindacher*, Phänomenologie, S. 47; *Fischer*, Vertragsstrafe, S. 129.

350 La documentation française, année 1972–1973, 52–53, zitiert nach *Fischer*, Vertragsstrafe, S. 131.

351 Vgl. *Fischer*, Vertragsstrafe, S. 129–130; *Loksaier*, La Clause Pénale: Dans les Contrats Internes et dans les Contrats Internationaux, 1985, p. 149.

352 Im Jahr 1985 hat diese Vorschrift noch wenig geändert, und seither darf auch office le moyen bestimmen, ob eine Strafe manifest exzessiv oder niedrig ist.

353 Vgl. *Wieacker*, Privatrechtsgeschichte der Neuzeit, S. 335, 337.

und klare Verfassungen enthalten sind.[354] Darüber hinaus stand das ABGB vor seiner Zeit, und mit seiner gut systematischen Geschlossenheit konnte es in den Sozialwandlungen nicht fundamental verschlossen bleiben.[355] Die Vertragsstrafe wird in § 1336 geregelt:[356]

> Die Vertragschließenden Theile können eine besondere Übereinkunft treffen, dass auf den Fall des entweder gar nicht, oder nicht auf gehörige Art, oder des zu spät erfüllten Versprechens, anstatt des zu vergütenden Nachtheiles ein bestimmter Geld- oder anderer Betrag entrichtet werden solle (§ 912). Doch darf bey Darleihen der Betrag, worauf der Richter erkennet, wegen verzögerter Zahlung die höchsten rechtlichen Zinsen nicht übersteigen. In anderen Fällen ist der Vergütungsbetrag, wenn er von dem Schuldner als übermäßig erwiesen wird von dem Richter, allenfalls nach Einvernehmung der Sachverständigen, zu mäßigen. Die Bezahlung des Vergütungsbetrages befreyet, außer dem Fall einer besonderen Verabredung, nicht von der Erfüllung des Vertrages.

Diese Beschränkungsregel galt jedoch nicht von Anfang an. Nach § 38 Urentwurf 1796 dürfe die Vertragsstrafe das doppelte Interesse nicht übersteigen.[357] Nur bei der weiteren Diskussion wurde auf den freien Willen der Vertragsparteien gedeutet: „sie (die Parteien) am besten beurtheilen und berechnen können, welcher Schade ihnen entstehen werde", und die Begrenzung von dem „erweisliche[n] doppelte[n] Interesse" wurde gestrichen, denn die Mehrheit sprach sich für die Freiheitsmeinung aus.[358] Auch wurde das Modifikationsrecht des Richters in einer nachfolgenden Diskussion nach dem Vorschlag *v. Pratobeveras* nachträglich hinzufügt.[359] Merkwürdig ist aber, dass in Bezug auf das Ermäßigungskriterium in der Gesetzgebung keine Diskussion vorgebracht wurde, während der Verfasser Franz *von Zeiller* in seinem Kommentar zum ABGB die Doplum-Schranke des ALR erwähnt hat.[360] Die heutigen ABGB unterscheiden sich von der 1811 Version noch in der Beschränkung der Vertragsstrafe im Darlehensvertrag. Die Regel, dass die Vertragsstrafe nicht das höchsten Zinsmaß (mit unterpfande 5%

---

354 *Coing*, Europäisches Privatrecht, Band II, S. 12, *Wieacker*, Privatrechtsgeschichte der Neuzeit, S. 337.

355 *Coing*, Europäisches Privatrecht, Band II, S. 12, *Wieacker*, Privatrechtsgeschichte der Neuzeit, S. 338.

356 Allgemeines bürgerliches Gesetzbuch für die gesammelten Deutschen Erbländer der Österreichischen Monarchie, Wien 1811.

357 *Ofner* hrsg.: Der Urentwurf und die Berathungs-Protokolle des Oesterreichischen Allgemeinen bürgerlichen Gesetzbuches, Bd. II, 1889, § 38, S. 201.

358 *Ofner* hrsg.: Der Urentwurf und die Berathungs-Protokolle, § 38, S. 202.

359 *Ofner* hrsg.: Der Urentwurf und die Berathungs-Protokolle, § 1314, S. 577.

360 Vgl. *Sossna*, Die Geschichte der Begrenzung der Vertragsstrafen, S. 148.

und ohne unterpfande 6%)[361] übersteigen soll, wurde im Nachhinein gestrichen, denn das gesetzliche Zinsmaximum wurde 1866 in Österreich aufgehoben.[362]

IV. Das schweizerische Obligationsrecht

Der Kodifikationstrend hat auch die Schweiz beeinflusst, und daher wurden in der Schweiz nur in den jeweiligen Kantonen eigene Zivilgesetzbücher geschaffen, unter diesen hebt sich das züricherische Gesetzbuch ab. Nachdem 1874 der Bund die Gesetzgebungskompetenz für ein einheitliches Handelsrecht und Obligationsrecht erhalten hatte, wurde von Walther *Munzinger* ein Obligationsrecht, das sogenannte alte Obligationsrecht (aOR) kodifiziert.[363] In Bezug auf die Beschränkung der Vertragsstraft normiert Art. 182:

> Die Conventionalstrafe kann von den Parteien in beliebiger Höhe bestimmt werden. Jedoch ist der Richter befugt, übermässige Strafen nach billigem Ermessen herabzusetzen.

Diese widersprüchlich scheinende Formulierung wurde wahrscheinlich aus § 970 des züricherischen Gesetzbuches übertragen,[364] dessen Vorstellung als Vorbild der Beschränkung der Vertragsstrafe galt. Als Verteidigung dieser Vorschrift schrieb *Bluntschli* in seinem Kommentar zu § 970 PGB:[365]

> Oft nämlich werden wachsende Konventionalstrafen verabredet, den alten Rutscherzinsen ähnlich…In Folge dessen könne die Konventionalstrafe ins Ungemessene und Abenteuerliche steigen, so dass sich jeder Unbefangene gestehen müsse: daran haben die Kontrahenten doch nicht gedacht bei der ursprünglichen Verabredung und dabei kann der Schuldner nicht bestehen. Die Gerichte sind oft schon deshalb in grosse Verlegenheit gerathen. Ihr natürliches Rechtsgefühl sträubt sich, die offenbar ruinirende Konsequenz des Vertrages gut zu heissen. Daher wird der Richter verleitet, um nur die unbilligen Folgen zu hindern, aus irgend einer Nebenwägung eher auszusprechen, die Bedingung der Konventionalstrafe sei nicht eingetreten und die ganze Konventionalstrafe zu streichen… Da ist es besser, dem Richter zu gestatten, dass er Billigkeitsrücksichten einwirken lasse und die geforderte Konventionalstrafe, wenn sie den Verhältnissen nach überspannt erscheine, auf ein gerechtes Mass zurückführen dürfe.

---

361 *Guinger*, Handbuch des österreichischen allgemeinen Civil-Rechtes: Enthaltend den Text des allgem. Bürg. Gesetzbuches v. J. 1811, 5. Aufl., 1853, § 1336, S. 504.

362 Vgl. *Sossna*, Die Geschichte der Begrenzung der Vertragsstrafen, S. 149.

363 Vgl. Coing, Europäisches Privatrecht, Band II, S. 21.

364 Vgl. *v. Schumacher*, Die Conventionalstrafe des römischen Rechts und der schweizerischen Gesetzgebung, Diss. Uni. Zürich, Zürich, 1883, S. 105.

365 Zitiert nach *Bentele*, Die Konventionalstrafe nach Art. 160–163 OR, Diss. Uni. Freiburg, Freiburg 1994, S. 111 f., Fn. 519.

1892 hat Eugen *Huber* den Auftrag genommen, einen bürgerlichen Gesetzentwurf auszuarbeiten, und er hat auch das Obligationsrecht in neuer Fassung zu überarbeiten, das zusammen mit den anderen Teilen des ZGB 1912 in Kraft trat.[366] Der Inhalt des Art. 182 aOR ist trotz einer redaktionellen Änderung wegen der Anpassung an das ZGB in Art. 163 OR gegangen.[367]

V. Die deutsche Rechtsentwicklung

1. Kodifikation des bürgerlichen Rechts der Staaten

Nach der Abdankung des letzten Kaisers des alten Reichs 1806 wurde die Anwendung des corpus iuris durch die jeweiligen Kodifikationen in Deutschland verdrängt.

a. Codex Maximilianeus Bavaricus civilis 1756

Der Codex Maximilianeus Bavaricus wurde als der erste Vorläufer der Kodifikationen in der Neuzeit bezeichnet, dessen Zivilgesetzbuch 1756 als letztes Gesetzbuch in Kraft trat. Die Gesetzgebung ist zwar dem System der römischen Institution gefolgt, gilt jedoch wegen ihrer klaren Formulierung und der oft vernünftigen Lösungen als Vorbild der nachkommenden Kodifikationen.[368] Die Regel der Vertragsstrafe steht im 4. Teil § 11:[369]

> Arrha conventionalis, oder das sogenannte Wein-, Ding-, Haftel-, oder Darangeld, welches die Pacifcenten zum Zeichen ihres vollkommen Einverständnisses öfters einander zu geben, oder zu Beginn pflegen, wird **1.** für ein bloßes Accessoriem der Haupthandlung geachtet, fällt und steht aljo mit selber, und ist auch kein Teil ohne Einwilligung des anderen von der Hauptobligation dadurch entledigt, wenn er die Arrham wieder zurückgibt oder fallen lässt, es sei denn anders ausdrücklich bedungen. Von der nämlichen Art und Eigenschaft ist **2.** Poena conventionalis oder der Poenfall, welcher auf den Contraventionsfall zuweilen pacitirt wird, maßen der Übertreter ungeachtet des entrichteten Poenfalls nichtsdestoweniger in der Hauptsache selbst obligat bleibt, außer soweit per Pactum ein anders bliebt ist.

In dieser Vorschrift wird keine Höhebegrenzung für Vertragsstrafen festgestellt, und auch ein richterliches Ermäßigungsrecht findet sich nicht. Der Verfasser Wiguläus Xaverius Aloysius *von Kreittmayr* (1705–1790) hat in seinen

---

366 Vgl. Coing, Europäisches Privatrecht, Band II, S. 22.

367 Vgl. *Bentele*, Die Konventionalstrafe, S. 111, Fn. 517.

368 Vgl. *Wieacker*, Privatrechtsgeschichte der Neuzeit, S. 327.

369 *Danzer* hrsg., Das Bayerische Landrecht vom Jahre 1756 in seiner heutigen Geltung, 1894.

Anmerkungen darauf hingewiesen, eine Strafe „kann solcher so hoch bestimmt werden, als man immer will", und nur beim Fall der Geldschuld könne die Vertragsstrafe das gesetzliche Zinsmaximum nicht überschreiten.[370] Somit folgt das Codex Maximilianeus Bavaricus civilis im Prinzip der Lehre der freien Strafhöhe.

b. Das preußische Allgemeine Landrecht (ALR) 1794

In der fast hundertjährigen Geschichte der Kodifikation des preußischen Allgemeinen Landrechts wurde angestrebt, ein allgemeines Landrecht mit Ausführlichkeit und Vollständigkeit in der Systematisierung der Naturrechtslehre auszubilden, das nicht nur die zivilrechtlichen, sondern auch die politischen Rechte enthalten soll.[371] Damals bestand auch das Problem, eine Gesetzessprache bzw. die ehemaligen lateinischen juristischen Termini im Deutschen zu finden.[372] 1794 trat das ALR nach einer außerordentlich langen Vorbereitungszeit schließlich in Kraft. In § 292 ff. ALR wird die Vertragsstrafe behandelt, und besonders für die Strafhöhe gelten §§ 299 bis 303:

> § 299. Wie viel bei Anlehnen Konventionalstrafe vorbedungen werden dürfe, ist gehörigen Orts bestimmt.
> § 300. Bei anderen Verträgen hängt zwar die Bestimmung der Strafe von der Verabredung der Parteien ab;
> § 301. Wird jedoch dadurch der doppelte Betrag des wirklich auszumittelnden Interesses überstiegen, so muss der Richter die Strafe bis auf diesen doppelten Betrag ermäßigen.
> § 302. Ist das Interesse gar keiner Schätzung fähig, so hat es bei dem verabredeten Betrage der Straffe lediglich sein Bewenden.
> § 303. Ein Gleiches findet statt, wenn die Strafe zur Verhütung eines Verbrechens, woraus dem anderen Theile ein Besonderer Nachtheil entstehen könnte, verabredet worden.

So hat das ALR, ganz im Gegenteil vom Codex Maximilianeus Bavaricus civilis, hinsichtlich der Kontrolle der Vertragsstrafe eine strenge Haltung eingenommen, und in der Vertragsstrafen nur eine reine Schadensersatzfunktion (§ 292 I 5) gesehen. Das Begrenzungskriterium geht auf die Duplumsschranke von C. 7.47.1 und Dumoulins Lehre zurück, die seit dem 17. Jahrhundert in Deutschland und Frankreich wenig Erwähnung fand. Außerdem soll nach § 825 die Geldschuld im Darlehensvertrag nicht höher als das gesetzliche Zinsmaximum von 5 % (für die Kaufleute und Juden 8 %)[373] sein, jedoch wurde die höchste Zinsgrenze durch die preußische Verordnung

370 Vgl. *Sossna*, Die Geschichte der Begrenzung der Vertragsstrafen, S. 139.
371 Vgl. *Wieacker*, Privatrechtsgeschichte der Neuzeit, S. 329.
372 *Coing*, Europäisches Privatrecht, Band II, S. 10.
373 *Sossna*, Die Geschichte der Begrenzung der Vertragsstrafen, S. 141.

1866 und das Gesetz des Norddeutschen Bundes 1867 aufgehoben.[374] Daher hat die Begrenzung der Vertragsstrafen in den Darlehensverträgen an Bedeutung verloren. Diese Regeln sind wegen der Neigung zu dem aufgeklärten Staatskunstwerk ein Beleg für das geringe Vertrauen in die bürgerliche Selbstverantwortung, und die Befürwortung einer starken Kontrolle über alle Rechtsverhältnisse.[375]

c. *Das Allgemeine Deutsche Handelsgesetzbuch (ADHGB) 1861*

Anders als das ALR wurde die Gesetzgebung des ADHGB im 19. Jahrhundert veranlasst, in dem die Rechtsvereinheitlichung des Handelsgeschäftes sehr vorangetrieben[376] und die strenge Kontrolle des Staates der Bürger allmählich aufgeweicht wurde (z. B. die Aufhebung des gesetzlichen Zinsmaximums). Überdies zeigte das ADHGB bei der Wandlung vom wissenschaftlichen Positivismus zum Gesetzespositivismus viel praktischen Sinn, ein Resultat der Beteiligung sachverständiger Laien aus Wirtschaft und Finanz.[377] Vor diesem Hintergrund hat das ADHGB, das 1861 in Preußen und im Anschluss daran in vielen anderen deutschen Ländern in Kraft trat und 1869 zum Reichsgesetz erklärt wurde, in Bezug auf die Vertragsstrafe eine Haltung für die freie Höhe eingenommen:

> § 284 Abs.1
>
> Die Konventionalstrafe unterliegt keiner Beschränkung in Ansehung des Betrages; sie kann das Doppelte des Interesses übersteigen.

Im Gegensatz zu § 301 ALR hat das ADHGB keine gesetzliche Grenze und kein richterliches Ermäßigungsrecht für die Vertragsstrafen eingestellt, was jedoch nur für Händler gilt[378], die völlig frei sein können, eine beliebige Strafhöhe zu vereinbaren. Dies bleibt unverändert im HGB Deutschlands. Das ADHGB gilt bis 1938 in Österreich und daher war die richterliche Ermäßigung für die Kaufleute nicht anwendbar.

d. *Das Bürgerliche Gesetzbuch für das Königreich Sachsen 1865*

In der letzten Hälfte des 19. Jahrhunderts wurden die Kodifikationen infolge der Vereinigungsbewegung in den deutschen Staaten umgesetzt, mit Ausnahme des

---

374 Vgl. *v. Kübel*, Entwurf eines bürgerlichen Gesetzbuches, S. 346.

375 Vgl. *Wieacker*, Privatrechtsgeschichte der Neuzeit, S. 333.

376 Vgl. *Wieacker*, Privatrechtsgeschichte der Neuzeit, S. 462.

377 Vgl. *Wieacker*, Privatrechtsgeschichte der Neuzeit, SS. 459, 463.

378 Vgl. *Neuenfeldt*, Ist die Conventionalstrafe ihrem Grundprincipe nach Strafe oder Ersatzleistung?, S. 53.

Königreichs Sachsen, wo im Jahr 1863 ein bürgerliches Gesetzbuch, das 1865 in Kraft trat und bis 1900 galt, ausgebildet wurde.[379] In Bezug auf die Strafhöhe haben die Gesetzgeber des sächsischen BGB in § 1430 normiert:[380]

> Die Größe der Strafe hängt von dem Übereinkommen der Vertragsschließenden ab. Wird sie wegen verspäteter Entrichtung einer Geldschuld versprochen, so darf sie mit Einschluss der etwa versprochenen Zinsen den Betrag den Zinsen, welche von der bestimmten Erfüllungszeit bis zur Entrichtung der Schuld erlaubterweise versprochen werden dürfen, nicht übersteigen.

So hat das sächsische BGB abgesehen von der Zinsenbegrenzung keine Beschränkung auf Vertragsstrafen eingeräumt, auch keine richterliche Ermäßigung.

2. Die Gesetzgebung des BGB

a. Der Vorentwurf und der erste Entwurf

Die Arbeit an der Gesetzgebung des BGB begann 1873 mit der Begründung einer Vorcommission, nach deren Vorschlag die erste Kommission von elf Mitgliedern den Entwurf des BGB ausarbeitete.[381] Der Redaktor des Schuldrechts war Franz Philipp *von Kübel*, er hat die Regeln der Konventionalstrafe im Vorentwurf §§ 6–10 Abschn. 1. Tit. 2 verfasst. Der zeitgemäß herrschenden Lehre entsprechend hielt er den Zweck der Konventionalstrafe vor allem für eine Vertragsbestärkung und erst in zweiter Linie für eine Interessensfixierung. Zudem sah er keine notwendige Beziehung zwischen der Strafhöhe und dem Erfüllungsinteresse des Hauptvertrags.[382] Hinsichtlich der Beschränkungen von Konstitution C. 7.47.1 und anderen Kodifikationen hat er die zeitgenössische herrschende Lehre beibehalten, nach der C. 7.47.1 auf Konventionalstrafe völlig unanwendbar sei und die Strafhöhe ganz von dem Belieben der Parteien abhänge.[383] Da die Zinsgrenze bereits nach dem Gesetz 1867 aufgehoben wurde, liegt auch keine Begrenzung für die Vertragsstrafen in Darlehensverträgen vor. In Bezug auf das Ermäßigungsrecht schreibt er:[384]

---

379 Vgl. *Wieacker*, Privatrechtsgeschichte der Neuzeit, S. 459.
380 *Siebenhaar*, Das bürgerliche Gesetzbuch für das Königreich Sachsen, Leipzig 1876, S. 280.
381 Vgl. *Wieacker*, Privatrechtsgeschichte der Neuzeit, S. 469.
382 *v. Kübel*, Entwurf eines bürgerlichen Gesetzbuches, S. 333–334.
383 *v. Kübel*, Entwurf eines bürgerlichen Gesetzbuches, S. 345 f.
384 *v. Kübel*, Entwurf eines bürgerlichen Gesetzbuches, S. 346.

> Dem Richter hier ein auch im gemeinen Recht nicht begründetes Ermäßigungsrecht zu gestatten, dazu liegt kein genügender Grund vor. Es ist dieses Ermäßigungsrecht nur vom österreichischen und züricher Gesetzbuch, sowie vom hessischen und schweizer Gesetzbuch anerkannt, denn der code civil und der banr. Entw. Haben es nur bei theilweiser Erfüllung; allein in Österreich scheint man damit keine guten Erfahrungen gemacht zu haben, da sowohl Stubenrauch (III § 439 Note 1) wie auch Hafenöhrl (§ 514 Note 23) und Andere (z.B. Randa) sich dagegen aussprechen, und es denn auch in der That nicht wohl einzusehen ist, weshalb jemand, der sich vertragsmäßig zu einer bestimmten Leistung verpflichtet hat, vom Richter lediglich aus einseitigen Billigkeitsrücksichten von dieser Leistung theilweise solle befreit werden können.

1884 verstarb *v. Kübel*, woraufhin der unvollendete Entwurf des Schuldrechts mit dem Obligationsrecht des Dresdner Entwurfs von 1866 ergänzt wurde.[385] 1887 kam die Arbeit der ersten Kommission zu einem Abschluss und der sogenannte erste Entwurf wurde dem Bundesrat vorgelegt, in dem auch keine Begrenzungsregeln der Vertragsstrafen aufgenommen worden waren.[386] Nach den Motiven der ersten Kommission zum ersten Entwurf wurde die Beschränkung der Strafe in Ansehung der Hohe als nicht angezeigt bezeichnet, und die Vertragsfreiheit wurde erneut bekräftigt.[387]

b. Die Auseinandersetzungen auf dem 20. Deutschen Juristentag

Die Veröffentlichung des ersten Entwurfs rief starke Kritik hervor, besonders an seiner fehlenden Berücksichtigung der sozialen Aspekte und seiner Lebensfremdheit, insoweit die Redaktoren mit der umständlichen Sprache und dem illusionären Individualismus das Leben der Nation vernachlässigten.[388] Diese Kritik richtet sich auch an die Regeln der Vertragsstrafe und die Diskussion darüber zeigen die Protokolle des 20. Deutschen Juristentages im Jahr 1899.

Zuerst haben zwei Juristen, Kurt *Koffka* und Herman Veit *Simon* für die Vertragsfreiheit in Bezug auf die Konventionalstrafe gesprochen. *Koffka* war der Auffassung, dass der Richter mangels fundierter Kenntnis über das Verhältnis zwischen den Vertragsparteien nicht in der Lage sei, die Strafhöhe zu

385 Vgl. *Sossna*, Die Geschichte der Begrenzung von Vertragsstrafen, S. 165.

386 Entwurf eines Bürgerlichen Gesetzbuchs für das Deutsche Reich. Erste Lesung, §§ 420–425, Amtliche Ausgabe, 1888, S. 93.

387 Vgl. Motive zu dem Entwurf eines Bürgerlichen Gesetzbuchs für das Deutsche Reich, in: *Mugdan* Hrsg., Die gesammten Materialien zum Bürgerlichen Gesetzbuch für das deutsche Reich, Band 2, Recht der Schuldverhältnisse, 1899=1979, S. 154.

388 Vgl. *Wieacker*, Privatrechtsgeschichte der Neuzeit, S. 470.

entscheiden.[389] Auch sei kein wirtschaftliches Interesse daran zu finden, eine Konventionalstrafe zu beschränken, deren Höhe allein nicht unsittlich sein könne.[390] Dieser Meinung zustimmend hat *Simon* darauf hingewiesen, dass die Herabsetzungsmöglichkeit den Zweck der Vertragsstrafe sabotieren würde, denn der Schuldner sollte für seine Vertragsverletzung und sein Versprechen der Strafhöhe selbst verantwortlich sein.[391] Andere Argumente berühren auch die Harmonisierung des HGB und BGB,[392] der fehlende Maßstab der Herabsetzung[393] und die ungerechte Benachrichtigung des Gläubigers.[394]

Dem entgegen sprechen sich mehrere Juristen für die Begrenzungslehre aus, von ihnen ist besonders Otto *v. Gierke* zu erwähnen. Unter Berücksichtigung sozialer Aspekte hielt er die unbeschränkte Freiheit der Strafabrede und die Selbstbestimmung der Vertragsparteien für den wirtschaftlichen Schwachen für einen reinen „schein", eine stumpfe Waffe.[395] Als Beispiel für die durch eine unangemessen hohe Vertragsstrafe bedrohten Schwachen hat er die beim Eigentumsvorbehalt in Verzug geratenen Schuldner und die unter Konkurrenzverbot stehenden Arbeitnehmer angeführt.[396] Da er die Duplum-Schranke der C. 7.47.1 für den Schutz vor einem immateriellen Schaden nicht adäquat fand, sprach er für ein richterliches Ermäßigungsrecht, das seiner Meinung nach auch für Kaufleute gelten dürfe.[397] *Gierkes* Ansicht der richterlichen Ermäßigung hat

389 *Koffka*, Soll die Konventionalstrafe im künftigen deutschen Gesetzbuch lediglich der freien Vereinbarung unterliegen oder an gesetzliche oder richterliche Schranken gebunden werden?, in: Verhandlungen des 20. Deutschen Juristentages, Band 2, Berlin 1889, S. 24.

390 *Koffka*, in: Verhandlungen des 20. Deutschen Juristentages, S. 20 f., 26 f.

391 *Simon*, Soll die Konventionalstrafe im künftigen deutschen Gesetzbuch lediglich der freien Vereinbarung unterliegen oder an gesetzliche oder richterliche Schranken gebunden werden?, in: Verhandlungen des 20. Deutschen Juristentages, S. 40 ff.

392 *Koffka*, in: Verhandlungen des 20. Deutschen Juristentages, S. 25.

393 *Simon*, in: Verhandlungen des 20. Deutschen Juristentages, S. 43 ff.

394 *Koffka*, in: Verhandlungen des 20. Deutschen Juristentages, S. 25.

395 *v. Gierke*, in: Verhandlungen des königlichen Landes-Oekonomie-Kollegiums über den Entwurf eines bürgerlichen Gesetzbuches für das Deutsche Reich und andere Gegenstände, III. Session der IV Sitzungsperiode vom 11.-22. November 1889, 1890, S. 507, zitiert nach *Sossna*, Die Geschichte der Begrenzung von Vertragsstrafen, S. 168.

396 *v. Gierke*, Soll die Conventionalstrafe in einem künftigen deutschen Gesetzbuch lediglich der freien Vereinbarung unterliegen oder an gesetzliche oder richterliche Schranken gebunden sein?, in: Verhandlungen des 20. Deutschen Juristentages, Band 4, 1889, S. 65.

397 *v. Gierke*, in: Verhandlungen des 20. Deutschen Juristentages, S. 63–65.

die Zustimmung von Rudolf *Wilke* und Hermann *Markower* gewonnen, ihnen zufolge müsse Takt und Erfahrung mehr wiegen als Logik.[398] *Markower* hat auch die Fälle der konkreten Verträge wie Versicherungs- und Mietverträge genannt, in denen die Gefahr in der totalen Freiheit der Vertragsstrafe groß sei.[399] Am Ende wurde *Gierkes* Antrag von den Mitgliedern des 20. Juristentages fast einstimmig angenommen.[400]

c. Der zweite Entwurf

Mit dem ersten Entwurf beschäftigten sich im letzten Jahrzehnt des 19. Jahrhunderts die Vorkommission des Rechtsjustizamtes und die zweite Kommission eingehend. In der Vorkommission wurde zuerst beantragt, eine Kontrollregel einzuschalten, nach der eine in auffälligem Missverhältnis zu dem berechtigten Interesse des Gläubigers stehende Vertragsstrafe (und selbstständige Vertragsstrafe) als unwirksam gelten solle, jedoch hat die Kommission an der Sitzung vom 30.12.1891 beschlossen, ein richterliches Herabsetzungsrecht aufzunehmen, um dem in der Praxis häufig beobachteten Missbrauch entgegenzuwirken.[401] Die zweite Kommission, deren Mitglieder sowohl Juristen als auch Interessenvertreter und Praktiker aus nicht juristischen Berufen waren, hat unter den Anträgen, die unterschiedliche Voraussetzungen und Lösungen gegen Missbrauch der Vertragsstrafe vorgebrachten, Antrag Nr. 8 aufgenommen, in dem ein richterliches Ermäßigungsrecht gegen eine unverhältnismäßig hohe Vertragsstrafe vorgeschlagen wird. § 295 des zweiten Entwurfs normiert:

> Eine verwirkte Strafe kann, wenn sie unverhältnismäßig hoch ist, auf Antrag des Schuldners durch Urtheil auf den angemessenen Betrag herabgesetzt werden. Bei der Beurtheilung der Angemessenheit ist jedes berechtigte Interesse des Gläubigers, nicht bloß das Vermögensinteresse, in Betracht zu ziehen. Die Herabsetzung einer entrichteten Vertragsstrafe ist ausgeschlossen.
> Das gleiche gilt auch außer den Fällen der §§ 291, 294, wenn Jemand eine Strafe für den Fall versprochen hat, daß er eine Handlung vornimmt oder unterläßt.

---

398 *Wilker*, Soll die Conventionalstrafe in einem künftigen deutschen Gesetzbuch lediglich der freien Vereinbarung unterliegen oder an gesetzliche oder richterliche Schranken gebunden sein?, in: Verhandlungen des 20. Deutschen Juristentages, S. 69; *Markower*, ebenso, S. 72.

399 *Markower*, in: Verhandlungen des 20. Deutschen Juristentages, S. 75 ff.

400 Vgl. *Chasapis*, Die Herabsetzung der unverhältnismäßig hohen Vertragsstrafe: ein Beispiel richterlichen Schutzeingriffs in Privatrechtsverhältnisse, 2014, S. 60.

401 Vgl. *Jakobs/Schubert* hrsg.: Die Beratung des Bürgerlichen Gesetzbuchs in systematischer Zusammenstellung der unveröffentlichten Quellen, 1987, § 343, S. 546 f.

In der Diskussion wurde auch die gegenseitige Auffassung vertreten, dass die richterliche Ermäßigung zu richterlicher Willkür, zur Zunahme der Prozesse, zu Ungerechtigkeit gegen den Gläubiger und zu schwerer Schädigung des Verkehrs führen könne.[402] Überdies wurde vorgebracht, dass das richterliche Ermäßigungsrecht nur für die das Interesse fixierenden Vertragsstrafen gelte.[403] Die Kommission war aber nicht von der gegenseitigen Argumentation überzeugt, sondern hat erkannt, dass eine Beschränkung „von der weit überwiegenden Mehrzahl der Kritiker, von der Presse, vom 20. Juristentage, vom preuß. Landesökonomiekollegium, von der größeren Zahl der Bundesregierungen" verlangt worden war, und das einzige Mittel „das unbeschränkte, dem freien richterlichen Ermessen überlassene Ermäßigungsrecht" sei.[404] Für ein freies richterliches Ermessen argumentierte die Kommission aus dem Gesichtspunkt der Ermessenzeit wie folgt:[405]

> Es sei denkbar, daß der Schuldner in Folge der Richterfüllung Vortheile gehabt habe, deren Richtberücksichtigung bei Schätzung der zulässigen Höhe der Strafe zu unbilligen Resultaten führen könne. Daher werde der Richter häufig eine noch spätere Zeit, die der Klagerhebung aber des Urtheils zu Grunde legen müssen. Sei man aber genöthigt, ihm in diesem wichtigen Punkte freie Hand zu lassen, so verzichte man am besten ganz auf Direktiven, welche die Bedeutung der Vorschrift zu sehr abmindern oder zum mindesten nicht in allen Fällen zutreffend sein würden, und überlasse es dem Richter, auf Grund der Würdigung des Einzelfalles den richtigen Weg zu finden.

d. Die Gestaltung des § 343 BGB

Der zweite Entwurf wurde dem Justizausschuss des Bundesrats vorgelegt und weiter diskutiert. Das Bundesland Bayern hielt das richterliche Ermäßigungsrecht für bedenklich, denn der Gläubiger müsste in allen Fällen, soweit eine hohe Vertragsstrafe vorliegt, sein Interesse darstellen, was oft sehr schwierig sei, besonders in den Fällen von Bauten durch den Staat und die Gemeinde.[406] Ferner hat sich der Abgeordnete Schaumburg-Lippe aus dem Grundsatz der Vertragsfreiheit gegen die Beschränkung der Vertragsstrafen ausgesprochen.[407] Die zwei Kritikpunkte fanden aber keine Zustimmung, und wurden abgewiesen. Die

402 Vgl. Protokoll der Kommission für die zweite Lesung des Entwurfs des Bürgerlichen Gesetzbuchs, in: *Mugdan* Hrsg., Die gesammten Materialien, Band 2, S. 722.
403 Vgl. Protokoll, in: *Mugdan* Hrsg., Die gesammten Materialien, Band 2, S. 722.
404 Vgl. Protokoll, in: *Mugdan* hrsg., Die gesammten Materialien, Band 2, S. 723.
405 Vgl. Protokoll, in: *Mugdan* hrsg., Die gesammten Materialien, Band 2, S. 723.
406 Vgl. *Jakobs/Schubert* hrsg.: Die Beratung des Bürgerlichen Gesetzbuchs, § 343, S. 549 f.
407 Vgl. *Jakobs/Schubert* hrsg.: Die Beratung des Bürgerlichen Gesetzbuchs, § 343, S. 550.

Vorschrift im zweiten Entwurf wurde nach geringfügigen sprachlichen Veränderungen im dritten Entwurf übernommen, und trat schließlich als § 343 BGB 1900 in Kraft.[408]

E. Zusammenfassung

Die Kontrolle der Vertragsstrafe ist ursprünglich auf zwei Quellen zurückzuführen: die Justians Konstituion C. 7.47.1 des römischen Rechts und die Kontrolle über Wucher im kanonischen Recht.

Seit dem römischen Recht war bereits erkannt, dass die Schadensersatzfunktion der stipulatio penale mehr wog als die Erzwingungsfunktion. Die erste ausdrückliche Kontrollregel war C. 7.47.1, die nicht nur den Schadensersatz auf den Betrag des doppelten Wertes der Hauptleistung oder des tatsächlich entstandenen Schadens beschränkte, sondern auch erwähnte, dass eine wirksame stipulatio penale unter den angemessenen Beschränkungen sein solle. Da diese Vorschrift zu den anderen, wie I. 4.6.21 und D. 45.1.38.17, im Widerspruch stand, wurde sie lange Zeit ignoriert, aber nach der Wiederentdeckung des römischen Rechts wurde ihre Verwendbarkeit auf die Vertragsstrafe ausgiebig diskutiert. Bis zum Ende des Mittelalters war die herrschende Lehre der Glossatoren und der Kommentatoren eine Zweiteilungslehre, die aus der aristotelischen Kategorienlehre im Prinzip keine Beschränkung für die Strafsumme, die als Substanz gelte, feststellte, jedoch eine Strafe in der Art eines Vielfachen der Hauptleistung gemäß I. 4.6.21 auf das Vierfache begrenzte. Keinesfalls durfte die Vertragsstrafe in Darlehensverträgen zwecks Vermeidung der gesetzlichen Zinsgrenze das Zinsmaximum übersteigen.

Auf der anderen Seite hat die besonders von *Hostiensis* entfaltete kanonische Rechtslehre in Bezug auf die Kontrolle der Vertragsstrafe auch auf die Civilisten einen großen Einfluss ausgeübt, und ihre Vorstellung, die Vertragsstrafe auf die Höhe des Schadensersatzes zu relativieren, wurde später verallgemeinert und nicht mehr nur auf die Darlehensverträge beschränkt. Im 16. Jahrhundert wurde die Begrenzungslehre von den meisten Juristen vertreten, unter ihnen war der berühmte *Dumoulin*, der die Duplum-Schranke verteidigte. Die weitere Entwicklung ist gekennzeichnet durch Meinungsvielfalt aus verschiedenen Nationen: In Frankreich war die herrschende Lehre eine Begrenzungslehre, während im alten Reich die meisten Juristen für die Lehre der freien Strafhöhe eintraten. Im Gegensatz dazu hat in der Kodifikationsbewegung der Code civil keine

408 Vgl. *Sossna*, Die Geschichte der Begrenzung der Vertragsstrafen, 173.

Begrenzung für Vertragsstrafe festgelegt, während sowohl in den meisten deutschen Staaten als auch in Österreich und in der Schweiz eine Beschränkungsvorschrift eingeschaltet wurde, entweder eine richterliche Ermäßigung oder eine Duplum-Schranke. Das BGB hat nach vielen Auseinandersetzungen endlich das richterliche Herabsetzungsrecht aufgenommen, und der Code civil hat 1975 auch wegen Missbrauchs der Vertragsstrafen ein richterliches Modifikationsrecht eingeschaltet.

Der Entwicklungsgeschichte ist zu entnehmen, dass die Begrenzung der Vertragsstrafe keine logische Notwendigkeit ist. C. 7.47.1 wurde im römischen Recht systematisch isoliert und die ursprüngliche Beschränkung der Vertragsstrafe in Darlehensverträgen hat wegen der nachträglichen Aufhebung des gesetzlichen Zinsmaximums an Bedeutung verloren. Die Annahme des richterlichen Modifikationsrechts in den modernen Kodifikationen basiert hauptsächlich auf dem Schuldnerschutz, da Missbrauch in Vereinbarungen der Vertragsstrafe häufig beobachtet wird. Diese Verteidigung wird in den folgenden Abschnitten diskutiert.

3. Teil: Zweifel an der Gerechtigkeitsrechtfertigung für die Sonderkontrolle über Vertragsstrafen

In den Ländern, in denen Vertragsstrafen beide Funktionen, nämlich Schadensvorschätzung und Erfüllungssicherung, bedienen, stellt sich die Frage, warum eine seitens des Schuldners frei zugestimmte Strafhöhe herabgesetzt wird; und in den Ländern, in denen Vertragsstrafen nur als Schadensersatzpauschalierung angesehen werden, ist zu bezweifeln, warum sie nicht auch als Erfüllungssicherung oder Verletzungsdrohung gelten. Als Rechtfertigung für die Sonderkontrolle der Vertragsstrafen werden sowohl in der Praxis als auch in der Lehre viele Gründe, z.B. die besondere Schutzbedürftigkeit des Schuldners und die Verhinderung einer ungerechten Bereicherung des Gläubigers, vorgebracht. Über die Kontrolle einer höher als der Schadensersatz betragenden Strafen hinaus können auch Vertragsstrafen, die niedriger sind als der Schadensbetrag, in vielen Ländern vom Richter angehoben werden, oder der Gläubiger kann zusätzlich noch den die Strafhöhe übersteigenden Schadensersatz fordern. Für diese Fälle können die Gründe für die Herabsetzung oder für den Ausschluss der Vertragsstrafen keine Rechtfertigung bieten, denn hier ist statt des Schuldners der Gläubiger zu schützen. Die einzige Gemeinschaft scheint darin zu bestehen, dass sich die Höhe der Vertragsstrafe immer an dem gesetzlichen Schadensersatz orientiert.

Um dies zu erläutern, ist in diesem Abschnitt zu überprüfen, ob die Sonderkontrolle der Vertragsstrafen gerechtfertigt sein kann, und es ist auch zu bemerken, ob, und wenn ja, warum neben den allgemeinen Inhalts- und Billigkeitskontrollen (z. B. § 138 BGB, UCC 2-302) ein Sonderschutz für den Schuldner der Vertragsstrafen nötig ist. § 343 BGB wird als Beispiel für die richterliche Herabsetzung herangezogen, die den Schuldnerschutz für „die wichtigste Regelungsaufgabe bei der Vertragsstrafe“[409] hält. Und die Regel in den USA wird als Beispiel für den Ausschluss der Strafe herangezogen, für die aber der Ausschluss der ungerechtfertigten Bereicherung des Gläubigers und das Prinzip von „just compensation“ im Vordergrund stehen.[410]

---

409 *Medicus/Lorenz*, Schuldrecht I AT, Rn. 547.

410 “Justice requires nothing more than compensation measured by the amount of the harm suffered.” *Cobin* on Contracts, Vol. 5, 1964, § 1057, p. 334.

A. Richterliche Herabsetzung des § 343 BGB

Nach § 343 BGB hängt das Kriterium der Unangemessenheit der Vertragsstrafen nur von dem Interessenvergleich ab. Eine Prüfung der subjektiven Schwäche des Schuldners bei seiner Willensbildung sei nicht notwendig.[411] Es scheint, dass der § 343 BGB als Widrigkeit der Vertragsfreiheit gilt, denn die Herabsetzung nach § 343 setzt nicht voraus, dass die Entscheidungsfreiheit[412] des Schuldners beeinträchtigt ist. Daher stellen sich die Fragen, warum eine bloß objektive Unverhältnismäßigkeit trotz der Freiwilligkeit der Vertragsparteien zu einer richterlichen Ermäßigung führen kann, warum eine besondere Kontrolle hinsichtlich der Existenz der anderen allgemeinen und spezifischen Kontrollmethode gerechtfertigt und notwendig ist und ob die Kontrollmaßstäbe und das Kontrollausmaß gerecht sind.

I. Charakterisierung der Kontrolle des § 343 BGB und das Verhältnis zwischen § 343 BGB und den anderen Kontrollmethoden

Hinsichtlich der Vertragsgerechtigkeit wurden die Rechtsgedanken in der Zeit der Gesetzgebung des BGB durch die sozialen Rechtsgedanken und die Andeutung der materiellen Gerechtigkeit beeinflusst,[413] und das könnte auch die Gestaltung des § 343 BGB beeinflusst haben. Jedoch ist zu bemerken, „der Sozialstaatsgedanke verlangt aber nur den Schutz des wirtschaftlich Schwachen und im Wirtschafts- und Rechtsverkehr Unerfahrenen"[414], und das BGB hat die Regel von *laesio enormis* nicht angenommen,[415] nach der ein Vertragsteil bei einem synallagmatischen Rechtsgeschäft das Geschäft gerichtlich anfechten kann, wenn er weniger als die Hälfte (§ 945 ABGB) oder 5/12 (Art. 1674 Cc) dessen erhält, was er dem anderen gewährt hat.[416] Das heißt, ein lediglich objektives Missverhältnis im Interessenausgleich führt nicht dazu, die Vertragsfreiheit zu beschränken. Es ist kaum vorstellbar, warum die nach vernünftiger Interessenerwägung des Schuldners gemachte Willenserklärung nachträglich zu ändern oder die Vertragsvorteile und Nachteile ungeachtet des Willens der Parteien vom

---

411 Vgl. unten A.I.1.

412 Zu Faktoren der Störung der Entscheidungsfreiheit, vgl. *Wolf*, Rechtsgeschäftliche Entscheidungsfreiheit und vertraglicher Interessenausgleich, 1970, S. 101 ff.

413 Vgl. v. Gierke, Der Entwurf eines Bürgerlichen Gesetzbuches und das deutsche Recht, Leipzig 1889, S. 59; *Wieacker*, Privatrechtsgeschichte der Neuzeit, S. 470.

414 *Lindacher*, Phänomenologie, S. 99.

415 *C. Heinrich*, Formale Freiheit und materiale Gerechtigkeit, 2000, S. 297.

416 Vgl. *Winner*, Wert und Preis im Zivilrecht, 2008, S. 46 f.

Richter erneut zu verteilen ist, soweit die soziale Wohlfahrt nicht beeinträchtigt wird. Um diese Frage zu beantworten, ist zunächst die Charakterisierung des § 343 BGB zu erklären.

1. *Charakterisierung des § 343 BGB als Rechtsausübungskontrolle und Ausschluss der Prüfung der subjektiven Willensdefekte*

In Deutschland ist sich das Schrifttum darüber einig, dass die Herabsetzung der Vertragsstrafe keine Rechtsgeschäftskontrolle braucht.[417] Deswegen ist § 343 BGB kein *Lex specialis* des § 138 BGB, nach dem die Wirksamkeit des Rechtsgeschäfts bzw. die Defekte bei der Willensbildung geprüft werden.

Bei der Charakterisierung des § 343 liegt noch Meinungsvielfalt vor. Die herrschende Lehre ordnet die Kontrolle des § 343 der Rechtsausübungskontrolle zu, die zu den Fallgruppen § 242 BGB gehört.[418] Bei der Rechtsgeschäftskontrolle geht um die Kontrolle der Vertragsstrafen*abrede*, während die Rechtsausübungskontrolle die bereits verwirkte *Strafe,*[419] auf die der Gläubiger ein schuldrechtliches Recht erhalten hat, dies aber nicht ausüben kann, betrifft. Nach einer anderen Auffassung ähnele die Kontrolle des § 343, im Vergleich zu dem § 242, viel mehr den Bestimmungen der §§ 315 Abs. 3 S. 2, 319 Abs. 1, in denen eine Gestaltungsmacht des Richters eingeräumt wird, weil der Richter bei der Anwendung des § 242 nur die Rechtsausübung identifizieren, aber nicht die angemessenen Grenzen gestalten könne.[420] *Rieble* hat aber mit Recht darauf hingewiesen,[421] dass die Billigkeitskontrolle der §§ 315 Abs. 3 und 319 Abs. 1 mit der Kontrolle des § 343 wenig gemein habe, da die Korrektur einer einseitigen Leistungsbestimmung, anders als die Korrektur der Vertragsstrafe, nicht die Ausnahme, sondern die Regel sei. Die Unterschiede zeigten sich sowohl am Kontrollmaßstab als

417 Gegenansicht vgl. Lindacher, Phänomenologie der Vertragsstrafen, S. 99 ff. Er ist der Meinung, dass § 343 BGB sowohl den § 242 als auch § 138 konkretisiere und auch modifiziere.

418 Vgl. *Sieg*, Korrektur von Rechtsgeschäften durch den Prozessrichter, NJW 1951, 506, 508; BGH, NJW 1968, 1625; *Lindacher*, Phänomenologie, S. 100 ff; *Bötticher*, ZfA 1970, S. 24 ff; Staudinger-*Rieble*, § 343 BGB, Rn. 4. Es erscheint in China auch so, denn gemäß dem Art. 29 die zweite Justizinterpretation des Vertragsrechts ist die Vertragsstrafe nach dem Prinzip von Treu und Glauben herabzusetzen.

419 *Bötticher*, ZfA 1970, S. 24.

420 Vgl. Palant-*Grüneberg*, § 343 BGB, Rn 1, *Palant/Heinrichs*, § 242 BGB, Rn. 2; Münch-Komm-*Gottwald*, § 343 BGB, Rn. 1; Bamberger/Roth-*Janoschek*, 2. Aufl. 2007, § 343 BGB, Rn. 1; Erman-*Schaub*, 13. Aufl. 2011, § 343 BGB, Rn. 2.

421 Staudinger-*Rieble*, § 343 BGB, Rn. 136 ff.

auch an der Kontrollentscheidung: Bei einseitigen Leistungsbestimmungen, die nicht – wie eine Vertragsstrafe – von Anfang an verbindlich sei, werde neben der Unverhältnismäßigkeit auch noch die Erwägungsrichtigkeit des Bestimmenden kontrolliert.

Auf der anderen Seite stellt sich noch die Frage, ob die Rechtsgeschäftskontrolle beim § 343 BGB ausgeschlossen ist. *Bötticher* hat darauf hingewiesen, dass § 343 BGB nur die Rechtsausübungskontrolle meinen kann, weil diese nur die verwirkten Vertragsstrafen kontrolliere.[422] Ein weiterer Grund bestehe darin, dass die Vertragsstrafe gemäß § 343 BGB herabgesetzt und ihr weiterhin Gültigkeit zugesprochen werde, was bei der Rechtsgeschäftskontrolle nicht passieren dürfe.[423] Nach dieser Meinung ist bei der Herabsetzung der Vertragsstrafe die Entscheidungsfreiheit des Schuldners bereits geprüft, und das heißt, § 343 hat nichts mit dem Willensdefekt zu tun. Die Abgrenzung der Kontrollen sei nach der herrschenden Meinung beizubehalten, weil eine gemäß Rechtsgeschäftskontrolle, z. B. gemäß dem § 138 BGB unwirksam geltende Strafabrede nicht durch die richterliche Herabsetzung der Strafe aufrechterhalten werden kann, sondern wegen des subjektiven Tatbestands „der Begleitumstände, insbesondere aus dem Zweck und den Beweggründen"[424] immer unwirksam bleiben muss.[425] In diesem Sinn ist die Prüfung der Wirksamkeit die Hauptaufgabe und die Prüfung der Willensmängel der Schwerpunkt des § 343 BGB. Die Kontrolle des § 343 fokussiert sich auf den Zustand des objektiven berechtigten Interesses des Gläubigers, nicht auf einen möglichen Defekt bei der Willensbildung.

---

422 *Bötticher*, ZfA 1970, S. 25, ferner auch *Beutien*, Pauschalierter Schadensersatz, BB 1968, Beilage 12, 6.

423 *Bötticher*, ZfA 1970, S. 27. Hier wurde als Argument die Auffassung *Flumes* zitiert: „Bei der Fragwürdigkeit des Gedankens des iustum pretium würde die privatautonome Bestimmung von dem Richter durch eine Gestaltung ersetzt, die rechtlich nicht determiniert ist. Dass bei Vereinbarung einer Vertragsstrafe nach § 343 BGB der Richter die Strafe herabsetzen kann, ist kein Argument dafür, dass auch bei der im Entgeltsverhältnis stehenden rechtsgeschäftlichen Bindung in gleicher Weise verfahren werden könnte." Vgl. *Flume*, Allgemeiner Teil II, § 18, 10, S. 389.

424 So Staudinger-*Sack/Fischering*, § 138 BGB, Rn. 6. Ferner auch Soergel-*Hefermehl*, § 138, Rn. 27, 29; Erman-*Palm*, § 138, Rn. 37

425 Die Möglichkeit einer geltungserhaltenden Reduktion bestehe bei einem Verstoß gegen § 138 nicht. Vgl. statt vieler Staudinger-*Sack/Fischering*, § 138 BGB, Rn. 108; *Flume*, Allgemeiner Teil II, § 18, 10, S. 389; MünchKomm-*Armbrüster*, § 138 BGB, Rn. 4, 157, 161; Soergel-*Hefermehl*, § 138 BGB, Rn. 46, 47; *Bötticher*, ZfA 1970, S. 27.

Rieble hat jedoch ausdrücklich angemerkt,[426] dass sich § 343 BGB nicht auf eine bloße Rechtsausübungskontrolle beschränken müsse, um eine gerechte Strafe zu schaffen. Auch ein striktes Rangverhältnis zwischen Rechtsgeschäftskontrolle und Rechtsausübungskontrolle sei nicht nötig. Dafür, dass die Herabsetzung nur auf die verfallende Vertragsstrafe aufzuwenden sei, spreche der Grund der Prozessökonomie, da es unbrauchbar sei, die Angemessenheitskontrolle auf eine noch nicht verwirkte Strafe auszuüben. Bei der Angemessenheitskontrolle des § 343 seien im Verwirkungsfall beide Aspekte von Rechtsgeschäftskontrolle und Rechtsausübungskontrolle einzubeziehen. Diese Ansicht scheint praktisch, da es schwierig ist, bei der Billigkeitsprüfung die anderen Inhaltsprüfungen des Rechtsgeschäfts auszuschließen.[427] *Lindacher* vertritt sogar die Ansicht, „dass § 343 BGB von seinem Anwendungsbereich zwar teils auf der Ebene von § 242 BGB, teils – und zwar überwiegend – aber auch auf der Ebene von § 138 BGB liegt".[428] Dies stützt seine Auffassung, dass die Vertragsstrafe die Monofunktion der Leistungssicherung bediene. Er denkt, das Leistungsinteresse des Gläubigers sei das einzige einschlägige Kriterium für Herabsetzung der Strafe, während daneben geprüft werde, wie hinsichtlich der anderen Elemente die Strafe als rechtsmissbräuchlich gelte.[429] In der Tat geschehe die Berechnung des für Abschreckung notwendigen Strafbetrags aus einer *ex ante*-Perspektive, denn dafür ist festzustellen, wie die Vertragsparteien zum Zeitpunkt der Vereinbarung eine mögliche Verletzung vermeiden würden. Zudem ist zu fragen, warum die h. M. einerseits viel Wert auf die Leistungssicherungsfunktion bzw. auf die Verletzungsabschreckungsfunktion der Vertragsstrafe legt, während sie andererseits § 343 überwiegend für eine Rechtsausübungskontrolle hält, für die das Verfallen des Rechts vorausgesetzt und eine *ex post*-Betrachtung[430] auf den bereits geschehenen Verstoß und Folge der Verletzung vorgenommen wird.

---

426 Staudinger-*Rieble*, § 343 BGB, Rn. 6, 7, 9.

427 In der Schweiz ist auch in diesem Zusammenhang immer die Frage relevant, ob eine übermäßige Vertragsstrafe unsittlich oder nur der Herabsetzung unterliegt. Vgl. Honsell/Vogt/Wiegand-*Ehrat*, Art. 163 OR, Rn. 2.

428 *Lindacher*, Phänomenologie, S. 103, 110.

429 *Lindacher,* Phänomenologie, S. 109 f. Nach *Lindacher* seien die zwei Prüfungen, anders als die Meinung *Riebles,* sehr deutlich voneinander abgegrenzt, und dafür gebe es ein Rangverhältnis: Erst die in der Wirksamkeitsprüfung bestehende Klausel werde weiter geprüft, ob eine unzulässige Rechtsausübung vorliege (S. 100 ff).

430 Der Zeitpunkt der Feststellung eines Rechtsmissbrauchs ist derjenige der Rechtsausübung, nämlich die Geltendmachung des Rechts. Vgl. Staudinger-*Rieble*, § 242, Rn. 218; Palandt-*Grüneberg*, § 242, Rn. 38; Bamberger/Roth-*Sutschet*, § 242, Rn. 50.

Wenn bei der Kontrolle der § 343 BGB, und nicht vor allem, Rechtsgeschäftskontrolle gemeint ist, ist es schwierig zu sagen, ob bei der Modifikation der Vertragsstrafe der Willensdefekt, die Sittenwidrigkeit, das Inhaltsverbot usw. ausgeschlossen bzw. im Voraus geprüft worden sind. Da die Strafe nicht wegen Sittenwidrigkeit als nichtig gilt, wäre es denkbar, dass die volle Entscheidungsfreiheit des Strafschuldners auf einer Seite wesentlich stört, sodass der Schuldner besonders schutzwürdig ist, während diese Störung auf der anderen Seite noch nicht den subjektiven Tatbestand der Sittenwidrigkeit trifft und deswegen nicht gemäß § 138 unwirksam ist. Dafür bedarf es noch einer weiteren Rechtfertigung bzw. der besonderen Schutzbedürftigkeit des Strafschuldners über den objektiven Interessenausgleich hinaus. Wenn aber § 343 ausschließlich eine Rechtsausübungskontrolle ist, stellt sich die Frage, ob neben § 242 BGB noch eine spezifische Kontrolle nötig ist.

2. Verhältnisse zwischen § 343 BGB und den anderen Kontrollmethoden

Was das Verhältnis verschiedener Kontrollen über Vertragsstrafen angeht, ist *Schaub* ausdrücklich der Meinung, dass die Rechtsgeschäftskontrolle, die Rechtsausübungskontrolle und die Inhaltskontrolle gemäß §§ 307, 309 über AGB, und sogar die Billigkeitskontrolle über den Vertragsinhalt gemäß §§ 315 Abs. 3, 319 der Kontrolle des § 343 vorrangig seien, sodass kaum noch Raum für § 343 bleibe.[431] Um diese Auffassung aufrechtzuerhalten, muss geprüft werden, ob und wie § 343 BGB und die anderen Kontrollen einander sperren und ob die Tatbestände und Kontrollmaßstäbe des § 343 BGB strenger sind als die der anderen Kontrollen.

a. Das Verhältnis zwischen § 343 und den allgemeinen Inhaltskontrollen

Zunächst ist anzuerkennen, dass § 138 BGB die Anwendung des § 343 BGB nicht verdrängt, obwohl es bei § 138 auch um die Inhaltskontrolle geht und bei § 138 Abs. 2 um die Verhinderung von Wucher. Um eine Vertragsstrafe für sittenwidrig zu erklären, muss eine Gesamtbetrachtung über das Rechtsgeschäft bzw. über seinen Inhalt, seine Beweggründe und seinen Zweck vorgenommen werden.[432] Der Inhalt der Vertragsstrafe selbst, nämlich die Strafhöhe selbst macht die Strafe

431 Erman-*Schaub*, § 343 BGB, Rn. 1–2. Er ist der Meinung, dass der Richter gemäß § 242 sowohl den Wegfall der Rechtsausübung überhaupt führen, als auch die Grenzen der Rechtsausübung gestalten könne. Da § 343 stets nur auf das „Angemessene“ gehe, sei die Kontrolle des § 242 dem § 343 vorrangig.

432 Vgl. *Chasapis*, Die Herabsetzung der unverhältnismäßig hohen Vertragsstrafe, S. 407.

noch nicht sittenwidrig.[433] § 138 Abs. 2 bedarf zusätzlich eines subjektiven Tatbestands: nicht nur das Interessenmissverhältnis, sondern auch die Ausnutzung der Zwangslage, der Unerfahrenheit, des Mangels an Urteilsvermögen oder der erheblichen Willensschwäche eines anderen sind Voraussetzung;[434] für § 138 Abs. 1 ist es dagegen notwendig, dass Primärverpflichtung und Strafklausel zu einer Knebelung des Schuldners führen, oder dass die Strafe so hoch ist, dass sie „die Vernichtung oder zumindest eine übermäßige Erschwerung der wirtschaftlichen Existenz des Schuldners bedeutet."[435] Deswegen ist eine nach § 343 als hart geltende Strafe möglicherweise nach § 138 Abs. 1 zulässig;[436] und auch erfüllt eine nach § 343 unverhältnismäßige Strafe den subjektiven Tatbestand des § 138 Abs. 2 nicht unbedingt. Insgesamt ist § 138 strenger als § 343 und neben § 138 kann § 343 noch Anwendung befinden.

Die Situation beim § 242 BGB ist komplizierter. Nach einer Auffassung befinde sich der Schuldner in einer besseren Position als bei § 343, denn eine Rechtsausübung sei nach § 242 von Amts wegen insgesamt zu verneinen, während eine unverhältnismäßig hohe Strafe nur auf Antrag des Schuldners vom Richter reduziert werden könne. § 343 gelte als *lex specials* des § 242 und sperre den zweiten im Bereich des Vertragsstrafrechts, sonst verlöre der § 343 gänzlich an Bedeutung.[437] So schreibt auch *Rieble* ausdrücklich, dass die Regel des § 343 die Rechtsausübungskontrolle gemäß § 242 verdränge.[438] Hingegen scheint *Gottwald* der Meinung zu sein, dass die Herabsetzung nach § 343 ausgeschlossen werde, wenn die Strafe nach § 242 als rechtsmissbräuchlich bezeichnet werde.[439] In diesem Zusammenhang ist nur möglich, dass die Kontrolle des § 242 strenger ist, und das meint auch *Gottwald*, wenn er zwei Beispiele für Rechtsmissbrauch nennt: bei eigenem vertragswidrigen Verhalten des Gläubigers oder bei nur ganz geringfügigem Verstoß des Schuldners gegen seine Vertragspflichten.[440] Eine

---

433 *Köhler*, Vereinbarung und Verwirkung der Vertragsstrafe, in: FS Gernhuber, 1993, S. 207, 210 f.; *Lohr*, Vertragsstrafen im Arbeitsverhältnis, MDR 2000, 429, 433; MünchKomm-*Gottwald*, § 339, Rn. 10.

434 Vgl. Staudinger-*Sack/Fischinger*, 2011, § 138, Rn. 74, 229 ff; MünchKomm-*Armbrüster*, § 138, Rn. 149 ff.

435 *Lindacher*, Phänomenologie der Vertragsstrafe, S. 101; *Chasapis*, Die Herabsetzung der unverhältnismäßig hohen Vertragsstrafe, S. 407 f.

436 Staudinger-*Rieble*, § 339, Rn. 65.

437 Vgl. *Chasapis*, Die Herabsetzung der unverhältnismäßig hohen Vertragsstrafe, S. 428.

438 Staudinger-*Rieble*, § 343, Rn. 154.

439 MünchKomm-*Gottwald*, § 343, Rn. 11.

440 MünchKomm-*Gottwald*, § 343, Rn. 11; § 339, Rn. 45.

relativierende Frage stellt sich, ob § 242 auf die von Kaufleuten verpflichteten Vertragsstrafen anzuwenden sei, da § 343 BGB durch § 348 HGB ausgeschlossen ist. Viele Autoren sind sich darüber einig, dass § 242 eine angemessene Regel für den Schutz der Kaufleute gegen eine übermäßige Vertragsstrafe ist,[441] und diese These wird auch von der Rechtspraxis unterstützt.[442] Aber *Rieble* lehnt diese Anwendung ab, denn er hält den Kontrollmaßstab des § 242 und des § 343 für identisch, oder den ersten sogar für schärfer, „die Wertung des § 348 HGB darf aber nicht mit einer ausufernden Treuwidrigkeitskontrolle umgangen werden."[443] Das Kernproblem besteht darin, dass es unklar ist, ob der Kontrollmaßstab des § 343 strenger ist als der des § 242. Ist dem nicht so, dann muss die Anwendung des § 242 auf die Kontrolle der unangemessenen Strafhöhe logischerweise abgelehnt werden, sonst wäre § 343 sinnlos. Aber der Ausschluss der Anwendung des § 242 kann auch zu der Frage führen, warum die Strafschuldner weniger geschützt werden als die, die nach § 242 von Amts wegen vor Rechtsausübungen in anderen Bereichen geschützt werden. Dafür findet man keine Rechtfertigung,[444] und dies steht auch der von der Gesetzgebungsgeschichte und der h. M. vertretenen Auffassung entgegen, wonach § 343 dem Schuldnerschutz diene, während allein § 242 ausreichenden Schutz bieten könnte. Wenn § 242 tatsächlich strenger ist, ist auch zu fragen, warum die Strafschuldner mehr als die Schuldner in anderen Schuldverhältnissen geschützt werden. Diese Frage wird in Folge erörtert.

b. Das Verhältnis zwischen § 343 und den spezifischen Kontrollen

Neben der Rechtsgeschäftskontrolle des § 138 BGB und der Rechtsausübungskontrolle des § 242 BGB gibt es für Vertragsstrafen noch die Billigkeitskontrolle der §§ 315 Abs. 3, 319 Abs.1 BGB: Bei einer nachträglich vom Gläubiger oder von Dritten zu entscheidenden Vertragsstrafe darf der Richter ihre Höhe auf einen angemessenen Betrag herabsetzen, wenn sie dem Billigkeitskriterium nicht

---

441 *Gernhuber*, Das Schuldverhältnis, § 34 III 5, S. 774–775; MünchKomm-*Gottwald*, § 339, Rn. 42 ff; Palandt-*Grüneberg*, § 339, Rn. 16; Soergel-*Lindacher*, § 343, Rn. 27; Erman-*Schaub*, § 343, Rn. 8; *Köhler*, in: FS Gernhuber 1993, S. 220 ff.; Röhricht/v. Westphalen-*Wagner*, § 348 HGB, Rn. 8.

442 Vgl. z. B. OLG Hamm BauR 1995, 548, 549; LG Berlin NJW 1996, 1142; BGH NJW 2009, 1882; BGH MDR 2012, 982.

443 Staudinger-*Rieble*, § 343, Rn. 154; ähnlich auch *Chasapis*, Die Herabsetzung der unverhältnismäßig hohen Vertragsstrafe, S. 424 ff.

444 Nach *Chasapis* (Die Herabsetzung der unverhältnismäßig hohen Vertragsstrafe, S. 429) sei diese Rechtslage vom Gesetzgeber gewollt, aber er hat keine Begründung dafür gefunden.

entspricht.[445] *Schaub* ist der Meinung, dass die Billigkeitskontrolle und die Angemessenheitskontrolle fast identisch seien, und §§ 315 ff. in gewissem Maße den § 343 verdränge.[446] Hingegen hat *Rieble* darauf hingewiesen, dass §§ 315 ff. wenig gemein haben mit § 343. Während nach § 343 nur die Angemessenheitskontrolle geführt werde, solle beim §§ 315 ff. auch die Richtigkeit geprüft werden; ein weiterer Unterschied bestehe darin, dass die einseitige Strafbestimmung, anders als die Vertragsstrafe, von Anfang an keine verbindliche Vereinbarung sei und § 343 auf sie nicht anzuwenden sei.[447] Nach der h. M. seien die §§ 315 ff. und § 343 in Einklang zu bringen, und §§ 315 ff. seien als speziellere und schärfere Vorschriften vorrangig, wenn eine Strafe durch Leistungsbestimmung festgesetzt werde.[448] In diesem Bereich wird § 343 durch §§ 315 ff. ausgeschlossen[449] und außerhalb der einseitig bestimmten Vertragsstrafen hat die Verwendung des § 343 keinen Einfluss.

Für die als AGB niedergeschlagenen Vertragsstrafen gelten auch die spezifischen Regeln der §§ 307, 309 VI. Nach § 309 VI sind Vertragsstrafen unter vier Umständen unwirksam, nämlich für den Fall der Nichtabnahme oder verspäteten Abnahme der Leistung, des Zahlungsverzugs oder für den Fall, dass der andere Vertragsteil sich vom Vertrag löst. Außerhalb dieser Fälle kann eine Vertragsstrafe in AGB-Verträgen verabredet werden, aber nach § 307 ist eine unangemessene Strafe unwirksam. Unklar ist, ob die Bedeutung der Unangemessenheit in § 307 und § 343 gleich ist. Nach der bisherigen Lehre und Praxis wird dazwischen kein großer Unterschied gesehen, da zu den Kontrollkriterien des § 307 auch die folgenden Merkmale gehören, die denen des § 343 ähnlich sind: auf Gläubigerseite die Bedeutung der gesicherten Pflicht, die Gefahr der Pflichtverletzung, der drohende Schaden, und auf Schuldnerseite der von Strafe

---

445 Vgl. *Lindacher*, Phänomenologie, S. 81 ff.; *Köhler*, in: FS Gernhuber 1993, S. 212; Staudinger-*Rieble*, § 343, Rn. 136 ff.; *Fischer*, in: FS Piper, 1996, 205, 214. *Larenz* war aber der Meinung, dass die Vertragsstrafe nicht nachträglich vom Gläubiger zu bestimmen sei, denn hier liege stets eine unvermeidliche Interessenkollision vor (Lehrbuch des Schuldrechts, AT, 14. Aufl. 1987, Bd. I § 24 II a, S. 377).

446 Erman-*Schaub*, § 343 BGB, Rn. 2.

447 Staudinger-*Rieble*, § 343, Rn. 138; ähnlich auch *Chasapis*, Die Herabsetzung der unverhältnismäßig hohen Vertragsstrafe, S. 428 f.

448 MünchKomm-*Gottwald*, § 339, Rn. 29; Soergel-*Lindacher*, § 343, Rn. 7; Staudinger-*Rieble*, § 343, Rn. 142.

449 *Köhler* hält aber für erforderlich, „den Kontrollmechanismus des § 315 Abs. 3. S. 2 BGB durch den des § 343 BGB zu ergänzen" (in: FS Gernhuber 1993, S. 215). Wenn aber die Kontrolle der § 315 ff. schärfer als die des § 343 ist, ist eine solche Ergänzung entbehrlich.

bewirkte Druck, die Existenzgefährdung der Strafe sowie das voraussichtliche Risiko der fahrlässigen oder vorsätzlichen Verletzung.[450] Aus diesem Grund wird sowohl in der Praxis als auch in der h. L. die Auffassung vertreten, dass bei einer formularmäßig vereinbarten Vertragsstrafe ein Eingriff des § 343 durch den als *lex specialis* geltenden § 307 ausgeschlossen und § 343 in diesem Bereich entbehrlich sei.[451] Hingegen wird auch die Ansicht vertreten, dass § 343 doch auf die der Wirksamkeitsprüfung des § 307 bestehenden Vertragsstrafen anzuwenden sei, denn es bestehe ein Unterschied zwischen den Kontrollmechanismen der beiden Regeln: § 343 sei auf die Umstände des Einzelfalls zugeschnitten, „während nach § 9 (AGBG) die allgemeinen Verhältnisse der üblicherweise beteiligten Personenkreise zu berücksichtigen sind."[452] Es sei richtig oder auch nicht, dennoch führt die Tatsache, dass § 307 als Wirksamkeitsprüfung nur die Umstände beim Vertragsschluss fokussiert, während § 343 als Rechtsausübungskontrolle auch die nachträglichen Änderungen im Laufe des Vertrags in Betracht ziehen kann,[453] auch zur Verwendungsmöglichkeit des § 343 auf Vertragsstrafen in AGB-Verträgen, denn eine ursprünglich angemessene Vertragsstrafe kann nachträglich als unangemessen eingestuft werden. Auf jeden Fall ist der Unterschied zwischen beiden Kontrollmechanismen aber sehr gering, so dass § 343 eine nur geringe Bedeutung bei den Formularverträgen haben kann.

Über die Kontrolle der AGB-Verträge hinaus gibt es spezielle Kontrollen in verschiedenen Bereichen, wo ein Vertragsteil eines besonderen Schutzes bedarf oder eine Vertragsstrafe sittenwidrig ist. Beispielhaft genannt sei eine Strafe für die Eheschließung, sie ist nach § 1297 Abs. 2 BGB unwirksam; nach § 555 BGB ist ferner eine vom Mieter versprochene Strafabrede unzulässig; nach § 2 Abs. 5 FernUSG gelten sowohl Vertragsstrafen als auch Schadensersatzpauschalierungen, die Teilnehmern von Fernunterricht versprochen werden, als unwirksam;

---

450 Staudinger-*Rieble*, § 343, Rn. 120; *Chasapis*, Die Herabsetzung der unverhältnismäßig hohen Vertragsstrafe, S. 369. Vgl. weiterhin auch Wolf/Horn/Lindacher-*Wolf*, AGB-Gesetz Kommentar, 4. Aufl. 1999, § 11 Nr. 6, Rn. 28; Löwe/v. Westphalen/Trinkner-*v. Westphalen,* Großkommentar zum AGB-Gesetz, 1983, § 11 Nr. 6, Rn. 24; v. Westphalen-*Thüsing*, Vertragsrecht und AGB-Klauselwerke, 2012, S. 539.

451 BGH BB 1981, 874; BAG MDR 2004, 1062, 1063 = NJW 2004, 2797; Löwe/v.Westphalen/Trinkner-*v. Westphalen*, AGB-Gesetz, § 11 Nr. 6, Rn. 24; Ulmer/Brandner-*Hensen*, AGB-Recht, Köln 2006, § 309 Nr. 6, Rn. 15; Staudinger-*Rieble*, § 343, Rn. 126; Soergel-*Lindacher*, § 343, Rn. 6; Erman-*Schaub*, § 343 BGB, Rn. 1.

452 Wolf/Horn/Lindacher-*Wolf*, AGB-Gesetz Kommentar, § 11 Nr. 6, Rn. 27. *Grüneberg* spricht auch nicht für einen totalen Ausschluss des § 343, aber es wird kein Grund angegeben (Palandt-*Grüneberg*, § 343, Rn. 4).

453 Staudinger-*Rieble*, § 343, Rn. 119.

überdies verbiete § 12 Abs. 2 Nr. 2 BBiG belastende Vertragsstrafen für Auszubildende.

Da die spezifischen Regeln in ihrem jeweiligen Bereich die Anwendung des § 343 verdrängen oder sogar ausschließen, wird die Bedeutung des § 343 zumindest verringert. Am wichtigsten sind §§ 305 ff., da die AGB-Verträge immer mehr Bedeutung in der modernen Geschäftswelt gewinnen, und die meisten schutzbedürftigen Schuldner die Gegenpartei der AGB-Verwender und wirtschaftlich schwächer sind. Auf der anderen Seite findet § 242 noch Anwendung auf alle Fälle, wo § 343 nicht durch die spezifischen Regeln ausgeschlossen wird, sodass § 343 stets entbehrlich ist. Es gibt keine ausreichende Begründung dafür, dass § 242 bei Strafkontrolle durch § 343 verdrängt wird oder der Kontrollmaßstab des § 242 schärfer ist als der des § 343. Das Kernproblem liegt daher wiederum in der Rechtfertigung der Sonderbehandlung des Vertragsstrafenversprechens.

II. Besondere Schutzbedürftigkeit des Schuldners der Vertragsstrafen?

Die Vertragsfreiheit setzt voraus, dass die Vertragsparteien die Vertragsbedingungen vernünftig erwogen und eine vernünftige Entscheidung getroffen haben. Jedoch wird diese Annahme durch die neue Verhaltenspsychologie verneint, nach der die Entscheidungen und Handlungen des Menschen wegen seiner emotionalen Neigungen und beschränkten Kompetenz der Informationssammlung seinem besten Interesse bzw. dem Vermögensmaximum oft nicht zuträglich sind.[454] Zudem findet diese Lehre neuerdings im Bereich der Rechtswissenschaft Anwendung. Soll dann diese Theorie einen Nachweis zur Kontrolle der Vertragsstrafe anbieten, da der Strafschuldner möglicherweise seine Entscheidung nicht auf eine vernünftige Basis gestellt hat?

1. *Die herrschende Lehre: falsche Unterschätzung der Möglichkeit eines Strafverfalls*

Es stellt sich die Frage, was für eine Störung der Schuldner hat, wenn einem bloßen Vertragsstrafenversprechen, das keinen Unterschied zu den anderen Schuldverhältnissen darstellt, nicht zu entnehmen ist, dass der Schuldner in einer schwächeren Position steht, die zu einem materiellen Unrecht führen kann.

---

454 Vgl. *Sustein*, Behavioral Analysis of Law, 64 U. Chi. L. Rev., 1175 (1997); *Scott*, Error and Rationality in Individual Decisionmaking. An Essay on the Relationship Between Cognitive Illusions and the Management of Choices, 59 S. Cal. L. Rev. 329, 333–334 (1986).

Der Schuldner der Vertragsstrafen darf vermutlich nicht als jemand betrachtet werden, der nur eine geringe wirtschaftliche Kraft hat und zum Missbrauch des anderen Vertragsteils verletzbar ist,[455] z.B. Verbraucher, Arbeitnehmer, Mieter usw. Ebenso wenig wurde vermutet, dass der Schuldner der Vertragsstrafen sich in einer Notlage befindet oder vor einem unangemessenen Zwang zu schützen ist. Auf welche Weise ist dann der Schuldner der Vertragsstrafe im Vergleich zu den anderen Schuldverhältnissen besonders verletzbar, sodass er neben dem allgemeinen Schutz noch eines zusätzlichen Schutzes bedarf?

In der Tat hat bereits *Pothier* im 18. Jahrhundert darauf hingewiesen, dass die Illusion des Schuldners, dass er den Vertrag nicht verletzen würde, dazu verleite, einem sehr hohen Strafbetrag zuzustimmen, und deswegen sei seine Zustimmung nicht völlig gültig.[456] Dieser Gedanke wird von vielen Autoren angenommen. Nach *Medicus* sei der Schuldner schutzwürdig, weil er bei Vereinbarung einer hohen Vertragsstrafe normalerweise nicht erwarte, dass er später seine Pflichten nicht erfüllen könne und die Strafe tatsächlich verfallen werde.[457] *Zimmermann* hat auch auf die Gefährlichkeit der Vertragsstrafe hingedeutet, insoweit die Strafe keine sofortige, sondern eine abbedungene Pflicht sei, deren Gefahr und schädliche Natur aus diesem Grund vom Schuldner ignoriert oder unterschätzt werde.[458] Ferner hat *Chasapis* betont, dass viele Strafen nicht pauschaliert werden, sondern im Laufe der Zeit anwachsen (z. B. in den Bauverträgen), und ihre Höhe deswegen bei Vertragsschluss nicht vom Schuldner einzuschätzen

---

455 Vgl. *Schmidt-Rimpler*, Grundfragen einer Erneuerung des Vertragsrechts, AcP 147 (1941), 155 f; *Bydlinski*, Privatautonomie und objektive Grundlage des verpflichtenden Rechtsgeschäfts, 1967, S. 106 f.; *Wolf*, Rechtsgeschäftliche Entscheidungsfreiheit, S. 12 ff. *Medicus* ist aber der Meinung, dass die Hervorhebung der Vertragsgerechtigkeit statt auf die wirtschaftliche Machtstellung vielmehr auf die Änderung der Einkommensverteilung ankommt. Vgl. *Medicus*, Abschied von der Privatautonomie im Schuldrecht? 1993, S. 16 f.

456 *Pothier*, Traité des obligations, Nr. 345, S. 425.

457 Vgl. z.B. *Medicus/Lorenz*, Schuldrecht I AT, 20. Aufl. 2012, Rn. 547: „der Schuldner verspricht die Strafe meist im Vertrauen darauf, er werde seine Pflichten erfüllen können, und die Strafe werde nicht verfallen. Wenn diese Erwartung enttäuscht wird, kann der Schuldner bei strenger Handhabung des Strafversprechens in schlimme Bedrängnis geraten."

458 *Zimmermann*, The Law of Obligation, S. 106 f. Ähnlich auch *Lindacher*, Phänomenologie, S. 99: „Im Vertrauen darauf, dass der Straffall sowieso nicht eintritt, wird er der Frage der Leistungshöhe nicht selten überhaupt keine oder jedenfalls bei weitem nicht die Bedeutung beimessen wie bei einem unbedingt gegebenen Leistungsversprechen."

ist.[459] Darüber hinaus wird auch im angloamerikanischen Rechtssystem die Ansicht vertreten, dass es sich um eine typisch menschliche Charakteristik handelt, die eigene Leistungsfähigkeit mit einer illusionären Hoffnung zu überschätzen.[460] Zusammenfassend lässt sich beobachten, dass die Unterschätzung der Verfallsmöglichkeit der Vertragsstrafe bzw. das Überselbstvertrauen, den Vertrag schon nicht zu verletzen, sich als ein selbstverständliches Verhalten des Schuldners andeutet und als eine Störung einer richtig freien Entscheidung angesehen wird.

Es scheint wahrscheinlich, dass die psychologische Forschung das obengenannte Überselbstvertrauen des Schuldners unterstützt. In der modernen Psychologie wurde die Meinung vertreten, dass überpositive Selbstbeurteilung, übertriebene Wahrnehmung der Kontrollmacht und ein unrealistischer Optimismus typische Charakteristiken bei menschlichen Erwägungen seien. Diese Ideen seien für das Glück und die geistige Gesundheit wichtig, aber illusionär und überpositiv, denn es sei logisch nicht möglich, dass die Zukunft aller Menschen sich positiver entwickle als die der meisten anderen.[461] Nach empirischen Untersuchungen lässt sich beobachten, dass die Leute ihre persönlichen Fähigkeiten, z. B. Kompetenzen, Wahlmöglichkeiten, Affinität, Engagement usw., in Situationen der Zufälligkeit oft für wichtig halten, und sie normalerweise ihre Kontrollmacht in einer den Zufall entscheidenden Situation überschätzten.[462] Man neige auch zu einem unrealistischen Optimismus in seiner Voraussicht, dass positive Ereignisse, z.B. die erste Arbeit zu mögen, eine gute Entlohnung zu bekommen, sehr möglich seien im künftigen Leben, während die negativen Ereignisse, z.B. Autounfall, Verletzung, Arbeitslosigkeit, wahrscheinlich nicht in eignem Leben einträten. Man glaube, die Zukunft entwickle sich nach den eigenen Wunschvorstellungen.[463] Dieser psychologischen Auffassung scheint bei den Fällen der Vertragsstrafe zu entnehmen zu sein, der Schuldner würde glauben,

---

459 *Chasapis*, Die Herabsetzung der unverhältnismäßig hohen Vertragsstrafen, S. 112.

460 *McCormick*, Handbook on the Law of Damages, 1935, § 147, p. 601.

461 Vgl. *Taylor/Brown*, Illusion and Well-Being: A social Psychological Perspective on Mental Health, 103 Psychological Bulletin, 193 (1988).

462 Vgl. *Langer*, The Illusion of Control, 32 Journal of Personality und social Psychology, 311 (1975); *Langer/Roth*, Here I win, tails it´s Chance: The Illusion of Control as a function of the Sequence Outcomes in a purely Chance Task, 32 Journal of Personality und social Psychology, 951 (1975); *Crocker*, Biased Questions in Judgment of covariation of Studies, 8 Personality und Social Psychology Bulletin, 214 (1982); *Fleming/Darley*: Perceiving choice and constraint: The effects of contextual and behavioral cues on attitude attribution, 56 Journal of Personality and Social Psychology 27 (1989).

463 Vgl. *Taylor/Brown*, Illusion and Well-Being, p. 197. Dieses Phänomen wird auch in rechtswissenschaftlichen Abhandlungen diskutiert, vgl. *Sustein*, Behavioral Analysis

dass er die Kontrolle über den Prozess und das Ergebnis habe, dass er seine Leistung völlig nach dem Vertrag erfüllen und dadurch seine gewünschten Vertragsvorteile erhalten könne, und die Strafe, wie hoch sie auch sei, nicht anfallen werde.[464]

2. Untersuchung der Willensbildung des Schuldners aus der Perspektive der Verhaltenspsychologie

Um zu prüfen, wie der Strafschuldner sich für Annahme der Strafabrede entscheidet, ist seine Abwägung zwischen Gewinnmöglichkeit und Verlustrisiko detailliert zu analysieren. Aus einer Entscheidung, einen Vertrag abzuschließen, wird vorausgesetzt, dass der Schuldner einen Vertragsvorteil, der hier als „*X*" bezeichnet wird, erzielen kann. Wenn der Schuldner den Vertrag verletzt, kann er vielleicht, z.B. durch Weiterverkauf, profitieren und einen Vorteil von „*x*" erhalten (x kann auch 0 sein). Natürlich ist x niedriger als X, sonst würde der Schuldner einen anderen Vertrag abschließen, um ein größeres X zu gewinnen. Wird der Strafbetrag als „*F*", und die Möglichkeit der vertragsgemäßen Leistungserfüllung als „p_1", die Möglichkeit des Strafverfalls als „p_2" bezeichnet,[465] dann ist diese Formel bei der Vertragsschlussentscheidung abzuleiten:

$$Xp_1 > (F-x)p_2 \; [466] \quad (p_1+p_2=1)$$

Wenn x>F, dann F–x<0 ist, und in diesem Fall ein Vertrag mit Sicherheit abgeschlossen wird, dann würde der Schuldner auf keinen Fall einen Verlust erleiden.

---

of Law, at 1183; *Jolls,* Behavioral Economics Analysis of Redistributive Legal Rules, 51 Vand. L. Rev., 1653, 1659 (1998).

464 Vgl. *Eisenberg,* The Limits of Cognition and the Limits of Contract, 47 Stan. L. Rev., 211, 225–236 (1995).

465 Hier wird der ursprüngliche Vermögenszustand des Schuldners nicht in Betracht gezogen, denn nach der neuen Verhaltensökonomie sei eine Entscheidung, nicht wie in der traditionellen Theorie von der Nutzung des Vermögenszustandes, sondern nur von dem Prospekt über die Vermögensänderung abhängig. Diese These wurde zuerst 1952 von *Markowitz* vorgebracht (Vgl. *Markowitz,* The Utility of Wealth, 60 Journal of Political Economy, 151–158 (1952)) und ist in diesem Bereich weitgehend akzeptiert.

466 Für den Grund und die statistische Unterstützung dafür, die Erwägung durch Kombination der Möglichkeit und des Resultats in einer multiplikativen Methode zu machen, vgl. *Schoemaker,* The Role of Statistical Knowledge in Gambling Decisions: Moment vs. Risk Dimension Approaches, 24 Organizational Behavior and Human Performance, 1 (1979). Gegenansicht vgl. *Payne,* Alternative Approaches to Decision Making Under Risk: Moments Versus Risk Dimensions, 80 Psychological Bulletin, 439 (1973).

Wenn hingegen F–x>0 ist, gibt es ein Verlustrisiko, das der Schuldner erwägen muss. Hier wurde zunächst die Entscheidung in einer Situation diskutiert, bei der ein Verlustrisiko vorliegt.

Nach der Verhaltenspsychologie wird eine Entscheidung nicht nur durch Überselbstvertrauen, sondern auch durch andere verschiedene Beschränkungen beeinflusst. Dazu gehören limitierte Kompetenzen, Verfügbarkeitsheuristik (availability heuristic), Besitztumseffekt (endowment effect), Rückschaufehler (hindsight bias), Ambiguitätsaversion, Gerechtigkeitsorientierung.[467] Da das Entscheidungsverfahren von verschiedenen Faktoren, die einander zuweilen widersprechen, beeinflusst wird, ist es schwierig zu konstatieren, dass der Schuldner bei der Annahme der Strafklausel eine leichtsinnige Entscheidung getroffen hat.[468]

Zunächst soll die Prospekttheorie, die mit großer Bedeutung von *Kahneman* und *Tversky* in ihrer Abhandlung aus dem Jahr 1979 entfaltet wurde, auf dieses Problem angewendet werden. Nach dieser Lehre sei die Entscheidung einer Person nicht präzise von den Risikoraten, sondern von dem Prospekt des Risikos abhängig; statt der objektiven Möglichkeiten sei das Entscheidungsgewicht (decision weights) des Entscheidungsträgers dezisiv, was den Einfluss der Ereignisse auf die Wunschvorstellung des Prospekts bezeichne.[469] Durch empirische Untersuchungen wurde nachgewiesen, dass bei einem Gewinnprospekt das Entscheidungsgewicht normalerweise niedriger sei als die objektive Risikorate, bei einem Verlustprospekt hingegen höher, und die Enttäuschung bei einem Verlust größer als das Glück bei einem Gewinn des gleichen Betrags.[470] Wenn (P) in der obigen Formel als das Entscheidungsgewicht einer objektiven Risikorate P bezeichnet ist, dann gilt Folgendes:

$$\pi(p_1)<p_1,\ \pi(p_2)>p_2$$
$$X\pi(p_1)<Xp_1,\ (F-x)\pi(p_2)>(F-x)p_2$$

Jetzt muss die folgende Formel gelten, um den Vertrag abschließen zu können:

$$X\pi(p_1)>(F-x)\pi(p_2),$$

und das ist schwieriger als $Xp_1>(F-x)\,p_2$.

467 Vgl. *Hillman*, The Limits of Behavioral Decision Theorie in Legal Analysis: The Case of Liquidated Damages, 85 Cornell L. Rev., 717, 720–725 (2000).

468 *Hillman*, The Limits of Behavioral Decision Theorie, 85 Cornell L. Rev., at 731–733.

469 Die Theorie von subjektiven Vorstellung der Möglichkeiten wurde zuerst in den 1960s von *Edwards* entwickelt, und der Begriff der decision weights wurde 1965 von *Fellner* vorgebracht, Vgl. *Kahneman/Tversky*, Prospect Theory: An Analysis of Decision under Risk, 47 Econometrica, 263, 276 (1979).

470 *Kahneman/Tversky*, Prospect Theory, 47 Econometrica, pp. 278–279.

Obwohl es möglich ist, dass p_1 vom Schuldner überschätzt und p_2 unterschätzt und eine Vertragsschlussentscheidung dadurch leichter geworden ist, erschwert das subjektive Entscheidungsgewicht (decision weights) des Schuldners wegen des Besitztumseffekts eine Vertragsabschlussentscheidung. Wenn man auf einen Vertrag stößt, durch den man eine 90-%-ige Möglichkeit 1000 zu gewinnen und gleichzeitig eine 10-%-ige Möglichkeit 9000 zu verlieren hat, ist es unwahrscheinlich, dass man über den Vertrag bestimmen würde. Man zieht es dann vor, wegen des Gewissheitseffekts den vorherigen Status Quo zu erhalten, als einen möglichen Vorteil mit der gleichen Höhe zu gewinnen.[471] Dies beeinflusst auch die Vertragsschlussentscheidung. Darüber hinaus wurde durch die empirischen Untersuchungen gezeigt, dass die Übergewichtung einer Verlustmöglichkeit besonders dann vorkommt, wenn die Möglichkeit leicht vorhersehbar ist oder Aufmerksamkeit erregt.[472] Dadurch können diese widrigen Effekte einander ausgleichen, solange der Schuldner sich der Möglichkeit des Strafverfalls bewusst ist. Es kann sein, dass der Schuldner eine sehr niedrige Strafverfallsmöglichkeit, z. B. eine Möglichkeit von 0.0001, völlig ignoriert,[473] aber mit einer sehr hohen Vertragsstrafe ist eine solche Haltung unwahrscheinlich. Je höher die Strafe ist, desto mehr Aufmerksamkeit kann sie erregen und dadurch mehr Entscheidungsgewicht gewinnen. Natürlich kann es auch passieren, dass „x" vom Schuldner als zu hoch eingeschätzt wird, aber in diesem Fall ist die Überschätzung nur ein Motivirrtum, was auf keinen Fall die Inhaltskontrolle des Rechtsgeschäfts beeinflussen kann. Es kann nämlich kein Beweis dafür erbracht werden, dass das Überselbstvertrauen des Schuldners zu einer Risiko suchenden Neigung verleitet.[474]

Darüber hinaus müssen die Beschränkungen auch bei den richterlichen Entscheidungen überprüft werden. Wegen des Rückschaufehlers könnte ein Richter die Voraussichtskompetenz der Vertragsparteien bei Vertragsschluss überschätzen und die Wichtigkeit der Strafabrede unterschätzen, und zudem könnte er wegen der Regelung des Herabsetzungsrechts und seiner Gerechtigkeitsorientierung mehr Aufmerksamkeit auf eine Strafabrede richten, sodass er leicht eine Strafabrede ablehnen

---

471 Vgl. *Kahneman/Tversky*, Prospect Theory, 47 Econometrica, p. 265; *Jervis*, The Implications of Prospect Theory for Human Nature and Values, 25 *Political Psychology*, 163, 165–168 (2004).

472 *Viscusi*, Fatal Tradeoffs: Public and Private Responsibilities for Risk, 1992, p. 150.

473 Vgl. *Kahneman/Tversky*, Prospect Theory, 47 Econometrica, p. 276.

474 Vgl. *Koehler*, Overconfidence on Probabilistic Tests, 11 *Journal of Educational Measurement*, 101, 106 (1974).

würde.[475] In diesem Sinn kann die Verhaltenspsychologie nicht wirklich eine tatkräftige Unterstützung für die besondere Kontrolle über Vertragsstrafe bieten.

3. *Zweifel an der Anwendbarkeit von Überoptimismus*

Auch die unmittelbare Anwendung der oben genannten psychologischen Lehre vom Überoptimismus auf die Entscheidung, eine Vertragsstrafe zu bestimmen, ist zweifelhaft, denn in einem nach Interessenerwägung abgeschlossenen Vertrag hat der Schuldner, anders als bei unkontrollierbaren Ereignissen, normalerweise Kontrolle über die Leistungserfüllung, und der Verfall der Vertragsstrafe ist in den meisten Fällen kein Zufall. Im Prinzip darf der Schuldner nicht von einem Strafverfall ausgehen: „Konnte der Strafschuldner den Verstoß nicht verhindern, darf die Strafe nicht verfallen."[476] Dieses Prinzip ist mindestens in AGB-Verträgen nicht abdingbar, und nach *Rieble* auch nicht durch Individualabrede.[477] Hingegen erkennt die h. L. in Deutschland die Möglichkeit an, aus besonderen sachlichen Gründen eine verschuldensfreie Vertragsstrafe zu vereinbaren.[478]

Es besteht tatsächlich das Problem, dass der Schuldner seine Kontrollmacht überschätzen kann, wenn eine Leistungsstörung durch seine leichtgläubige Nachlässigkeit oder durch einen Unfall verursacht worden ist, aber dies kann nicht die Herabsetzung aller Vertragsstrafen rechtfertigen. Eine falsche Überschätzung der Leistungsfähigkeit ist kein Irrtum, bei dem der Schuldner die Willenserklärung anfechten kann. Die Auffassung, dass die Strafe eine zukünftige ungewisse Pflicht ist und ihre Gefahr bei Vertragsabschluss nicht in vollem Umfang vom Schuldner anerkannt wird, ist nicht überzeugend: Wenn eine Strafe (sei es eine selbstständige oder unselbstständige Vertragsstrafe) in ihrer Verfallszeit besonders beachtet werden muss, müssen auch alle bedingten Rechtsgeschäfte[479]

---

475 Vgl. *Hillman*, The Limits of Behavioral Decision Theorie, 85 Cornell L. Rev., at 735–736.

476 Staudinger-*Rieble*, § 339, Rn. 315.

477 Dafür Staudinger-*Rieble*, § 339, Rn. 316. Nach der h. M. in China dürfe auch die eigentliche Strafe ohne Verschulden des Schuldners nicht verfallen, vgl. *Shiyuan Han*, Theoretische Probleme des Vertragsbruchgeldes, in „Jura Forschung", 2003 Vol. 4, S. 20.

478 Vgl. BGH NJW 1972, 1893; NJW 1982, 759; NJW-RR 1991, 1013, 1015; *Teplitzky*, Wettbewerbsrechtliche Ansprüche und Verfahren, 9. Aufl., Köln u. a. 2007, S. 15; Münchkomm-*Gottwald*, § 339, Rn. 35.

479 Die h. L. in der Schweiz bezeichnet sie als bedingtes Leistungsversprechen, das den Art. 151 ff. und dem allgemeinen Teil des OR, nicht den Art. 160 ff., untersteht (Vgl. *Mabillard*, Rechtsnatur, anwendbare Gesetzesbestimmungen und Zulässigkeit der unechten Konventionalstrafe, AJP 2005, 547, 552; Honsell/Vogt/Wiegand-*Ehrat*, Art. 160 OR, Rn. 3).

entsprechend kontrolliert werden, da sie auch von dem (Nicht)Vorkommen des zukünftigen Ereignisses abhängen, das der Versprechende überschätzen würde, aber es gibt nach § 158 BGB keine solche Kontrolle oder Beschränkung für die abbedungenen Rechtsgeschäfte. Allerdings ist die h. L. in Deutschland der Ansicht, dass die Vertragsstrafe kein bedingtes Rechtsgeschäft, sondern eine bedingte Leistungspflicht sei, und deswegen seien §§ 158 ff. darauf nicht anwendbar.[480] Für den Schuldner liegt in diesem Zusammenhang bei beiden Instituten die gleiche Rechtslage vor, nämlich von einer zukünftigen ungewisse Pflicht belasten zu sein, und deswegen dürften diese nicht unterschiedlich behandelt werden.

Aus dieser Analyse kann das Fazit gezogen werden, dass der Strafschuldner im Vergleich zu den Vertragsparteien in anderen Rechtsgeschäften nicht besonders verletzbar ist, da der Überoptimismus vom Gewissheitseffekt im Prospekt ausgeglichen werden kann, und bei keinen anderen zukünftigen oder bedingten Pflichten eine objektive Billigkeitskontrolle benötigt wird. Für die besondere Schutzbedürftigkeit des Strafschuldners besteht daher kein ausreichender Grund.

III. Analyse über die ähnlichen Rechtsinstitute

1. Weitere Sonderkontrollen über Vertragsfreiheit

Im BGB gibt es neben der Herabsetzung der Vertragsstrafen weitere ähnliche Vorschriften, die die Vertragsfreiheit in dieser Weise beschränken, sodass die Vertragspartei auf ihre Rechte oder Pflichten des Vertragsgegenteils nicht durch Vereinbarung verzichten kann und sie auch nicht erlassen kann. Dazu gehören §§ 619, 655, 1149, 1229 BGB. Das Problem liegt darin, inwieweit die Rechtslage dieser Vorschriften der Rechtslage des § 343 entspricht, und ob eine einheitliche Rechtfertigung für sie zu geben ist.

---

480 Vgl. MünchKomm-*Gottwald*, § 343 BGB, Rn. 24; Staudinger-*Rieble*, vor § 339 BGB, Rn. 1. *Flume* hat den Begriff der Potestativbedingung entfaltet, auf die der Geschäftspartner mit seinem Handeln oder seiner Unterlassung Einfluss haben können, und den Eigentumsvorbehalt als Beispiel genannt (*Flume*, Allgemeiner Teil des Bürgerlichen Rechts, Band 2: Das Rechtsgeschäft, 4. Aufl., 1992, § 38, S. 683). In diesem Sinn würde auch ein Strafversprechen als bedingtes Rechtsgeschäft bezeichnet. Aber *Bötticher* hat diese Auffassung abgelehnt, und darauf hingewiesen, dass eine Bedingung nicht Inhalt eines Rechtsgeschäfts sein könne, und sie zum „ob", nicht zum „wie" gehöre, sonst würde ein Straf- oder ein Gratifikationsversprechen zu einer Schenkung werden (*Bötticher*, ZfA 1970, S. 11).

a. *Die richterliche Herabsetzung in § 655 BGB*

Nach § 655 BGB kann der Richter einen übermäßigen Maklerlohn für den Abschluss oder die Vermittlung eines Dienstvertrags durch Urteil auf einen angemessenen Betrag herabsetzen und dieses Herabsetzungsrecht ist durch die Entrichtung des Maklerlohns auszuschließen. Diese Regel kommt dem § 343 am nächsten, und daher wird die Ansicht vertreten, dass § 343 als Vorlage für § 655 dient,[481] und die Grundsätze des § 343 auch darauf angewendet werden können.[482] Nach der h. L. ist bei der Beurteilung der Übermäßigkeit des Maklerlohns nur das objektive Missverhältnis zwischen Leistung und Gegenleistung zu berücksichtigen, dagegen eine Ausübung der Zwangslage des Auftraggebers nicht, so etwa bei der Beurteilung der Sittenwidrigkeit des § 138 Abs. 1, sonst wäre § 655 obsolet, da nach § 138 ein gemäß § 655 tatbestandlich erfüllender Maklerlohn bereits unwirksam wäre.[483]

Auf der anderen Seite bestehen offensichtliche Unterschiede zwischen § 655 und § 343. Zunächst einmal handelt es sich bei § 343 um eine allgemeine Kontrolle, die auf alle Vertragsstrafen, ungeachtet der Vertragsarten, anzuwenden ist; im Gegensatz dazu beschränkt sich die Herabsetzungsmöglichkeit des § 655 auf den Maklerlohn für den Abschluss oder die Vermittlung eines Dienstvertrags. Bei der Gesetzgebung des BGB beabsichtigte der Reichstag ursprünglich, die Kontrolle auf die Gebühr aller Maklerverträge auszuweiten, aber später wurde die Herabsetzungsmöglichkeit auf die Vermittlung der Dienstverträge beschränkt, denn nur hier findet man ein praktisches Bedürfnis für den Eingriff des Gerichts.[484] Auch eine Analoganwendung wird weitgehend abgelehnt.[485] Aus der wirtschaftlichen Perspektive ist zu vermuten, dass § 655 die Funktion bedient, die Kosten für den Abschluss von Arbeits- und Dienstverträgen zu reduzieren, nicht aber, den Parteien der Arbeits- und Dienstverträge einen Sonderschutz zu gewähren, die auch Arbeitgeber und Selbstständige einschließen, auch wenn sie nicht notwendigerweise in einer wirtschaftlich schwächeren Position stehen. Nun hat

481 Bamberger/Roth-*Kotzian-Marggraf*, § 655, Rn. 1; Erman-*Werner*, § 655, Rn. 1.

482 Soergel-*Lorenz*, 13. Aufl., § 655, Rn. 3; MünchKomm-*Roth*, 12. Aufl. 2012, § 655, Rn. 1.

483 Staudinger-*Reuter*, 2010, § 655, Rn. 10, 12; MünchKomm-*Roth*, § 655, Rn. 6; Soergel-*Lorenz*, § 655, Rn. 4.

484 Staudinger-*Reuter*, 2010, § 655, Rn. 10.

485 Vgl. Bamberger/Roth-*Kotzian-Marggraf*, § 655, Rn. 3; Erman-*Werner*, § 655, Rn. 3; Soergel-*Lorenz*, § 655, Rn. 2; Staudinger-*Reuter*, 2010, § 655, Rn. 14; MünchKomm-*Roth*, § 655, Rn. 9.

§ 655 wegen der Geltung des SGB III[486] kaum eine Bedeutung für die Verträge zwischen abhängigen Arbeitnehmern und dem Vermittler, und deswegen gilt er hauptsächlich für die Vermittlung von selbstständigen Dienstverträgen und für Verträge zwischen Vermittlern und Arbeitgebern.[487] Es wird keine Angabe vorgebracht, dass Auftraggeber bei Vermittlungsverträgen besonders schutzwürdig seien.

Ein weiterer Unterschied zwischen § 343 und § 655 besteht im Beurteilungskriterium der Unangemessenheit. Nach § 343 ist eine Strafe zu reduzieren, wenn es ein Missverhältnis zwischen dem Strafbetrag und den Gesamtinteressen (inklusive den subjektiven Interessen und dem Interesse der Erfüllungssicherung) gibt; während sich beim § 655 das Beurteilungskriterium vor allem auf den in höchst bedenklicher Weise entstehenden Aufwand des Maklers richtet, weil ein objektiver Wert der Maklerleistung fehlt, und das Interesse bzw. der Nutzen des Auftraggebers kaum ohne Willkür festzustellen ist.[488] Da beim § 655 kein objektiv ermessbares Missverhältnis zwischen Leistung und Gegenleistung vorliegt, ist die „richtige" Provision nicht durch die richterliche Erkenntnis, sondern durch politisches Ermessen des Gerichts festzustellen.[489] Darüber hinaus ist allgemein anerkannt, dass dem § 655 nur eine sehr geringe praktische Bedeutung zukommt. Es wird sogar die Ansicht vertreten, dass diese Vorschrift gestrichen werden kann, denn ihr historischer Zweck wird im Wesentlichen bereits mit den Sonderregeln in Bezug auf Lohn der Arbeitsvermittlung abgedeckt und sie lässt für eine sinnvolle Praxis kaum noch Raum.[490] Da es nur „methodisch unzulässig" ist, § 655 für obsolet zu halten,[491] ist abzuleiten, dass der Schutz der Arbeitgeber und Selbstständigen in der Praxis nicht nötig ist. In diesem Zusammenhang kann die Regel des § 655 nicht als Rechtfertigung für § 343 dienen.

---

486 Obergrenzen für den Vermittlungslohn zu den Arbeitsverträgen werden darin festgelegt: Normalerweise darf der Maklerlohn 2000 Euro nicht übersteigen (§ 296 Abs. 3); bei Langzeitarbeitslosen und behinderten Menschen 2.500 Euro (§ 45 Abs. 6 S. 4); für bestimmte Berufe oder Personengruppen wird die Provision vom Bundesministerium für Arbeit bemessen (§ 301).

487 Vgl. MünchKomm-*Roth*, § 655, Rn. 4, 5. Seit langem war § 655 wegen des Vermittlungsmonopols der Bundesanstalt für Arbeit fast bedeutungslos. Durch die Gesetze in den Jahren 1993 und 1994 und die Neufassung des § 23 DFG wurde das Vermittlungsmonopol aufgehoben, und seither sind auch Vermittlungsverträge mit privaten Vermittlern erlaubt, deren Provisionen durch SGB III beschränkt werden.

488 Staudinger-*Reuter*, § 655, Rn. 10, 12.

489 Staudinger-*Reuter*, § 655, Rn. 10.

490 Staudinger-*Reuter*, § 655, Rn. 14.

491 MünchKomm-*Roth*, § 655, Rn. 6.

b. Die Vereinbarungsverbote in §§ 619, 1149, 1229 BGB

Die Gründe für die Beschränkung der Vertragsfreiheit in §§ 619, 1149, 1229 BGB finden auch keine Anwendung auf § 343 BGB. Obwohl diese Vorschriften dem Zweck dienen, einen Sonderschutz für den Schuldner zu gewähren, sind die Gründe des Schutzes jeweils unterschiedlich.

Nach § 619 BGB dürfen die Pflichten der Dienstberechtigten in §§ 617, 618 BGB nicht durch Vereinbarung im Voraus aufgehoben oder beschränkt werden und daher gelten diese Verpflichtungen als zwingend. Die wesentliche Rechtfertigung des § 619 ist im Inhalt dieser Pflichten zu suchen. Die Pflicht zur Krankenfürsorge im § 617 und die Pflicht zu Schutzmaßnahmen vor Gefahren für Leben und Gesundheit sowie die Sittlichkeit und die Religion des Verpflichteten dienen die soziale Funktion, die Grundrechte der Dienstverpflichteten im Laufe der Arbeit zu schützen. Nach der in der 2. Kommission vorherrschenden Auffassung sollen die Pflichten unabdingbar sein, sonst sei die Schutzwirkung auf diese sozialen Werte nicht anwendbar.[492] So wird § 619 gerechtfertigt, aber im Unterschied zu den Dienstverpflichteten sind die Schuldner der Vertragsstrafen weder wegen ihrer wirtschaftlichen Abhängigkeit noch wegen der Gefahren der Schädigung der Grundrechte schutzwürdig. Daher unterscheiden sich die Normzwecke des § 619 mit dem Grund für die Beschränkung der Vertragsfreiheit in § 343, und es ist kaum vorstellbar, über die zweifelhafte Begründung vom Überoptimismus hinaus alle Schuldner der Vertragsstrafen bei verschiedenen Vertragsarten in eine schutzwürdige Rechtslage zu stellen.

§§ 1149, 1229 verbieten die Abrede vom *lex commissoria*, dass beim Verfallen der Pfandschuld der Schuldner zum Zweck der Befriedigung das Pfand an den Gläubiger übertragen soll. Solche Verfallklauseln sind seit dem 4. Jahrhundert gesetzlich verboten, „da er [der Vorgang] vielfach zur wucherischen Ausbeutung kreditbedürftiger Personen diente".[493] Als einen weiteren Grund dafür hat das BGH eine eigentümliche Gefahr im *lex commissoria* erkannt:[494]

> „Die eigentümliche Gefahr einer solchen Vereinbarung liegt u.a. darin, dass der Schuldner, um in der Gegenwart Kredit zu erhalten, in den Verlust der meist wertvolleren Pfandsache für den in der Zukunft liegenden und von ihm nicht ernst genommenen

492 Vgl. Protokoll, in: *Mugdan* Hrsg., Die gesammten Materialien, Band 2, S. 907.

493 Motive zu dem Entwurf eines Bürgerlichen Gesetzbuches für das Deutsche Reich, in: *Mugdan* Hrsg., Die gesammten Materialien, Band 3, Sachenrecht, S. 380.

494 BGH NJW 1995, 2635, unter Berufung auf *Gaul*, lex commissoria und Sicherungsübereingung, AcP 168, 351, 374.

Fall der Zahlungsschwierigkeiten einwilligt in der trügerischen Hoffnung, er werde vor dem Verfallstag durch Zahlung das Pfand einlösen können."

Dieses Argument scheint der oben diskutierten Begründung für § 343 weitgehend zu ähneln. Aber zu bemerken ist, dass durchaus zwei wesentliche Unterschiede bestehen. Erstens ist der Eigentümer bei einer Pfandschuld schutzwürdiger als der Strafschuldner, denn der Tatsache, dass er sich zu einer Geldschuld verpflichtet und sich dafür auf ein Sicherungsrecht auf sein Eigentum eingestellt hat, ist zu entnehmen, dass der Kredit für ihn wesentlich ist. Daher besteht die Gefahr, dass diese Situation seine Entscheidung beeinflussen und dies von anderen ausgenutzt werden kann. Die Gesetzgeber haben überdies auf die Ausübung einer Verlegenheit hingedeutet: Diese schuldrechtliche Vereinbarung vom *lex commissoria* ist aus Rücksicht auf den Realkredit zu verbieten, weil sie „dem Gläubiger ein Mittel böte, die vielleicht nur vorübergehende Verlegenheit des Eigentümers zur Erlangung ungewöhnlicher Vortheile zu benutzen, ohne das Kreditbedürfniß desselben zu befriedigen."[495] Für das Verbot des *lex commissoria* in § 1229 wurden auch die Motive für die Begründung betont, dass solch eine Abrede „ein Mittel zur Bedrückung der unvorsichtigen oder in einer Notlage befindlichen Schuldner ist".[496] Ein zweiter Grund der Nichtigkeit des *lex commissoria* besteht darin, dass diese Abrede gegen das Prinzip des Typenzwangs des Sachenrechts verstößt, wenn der Gläubiger den Inhalt eines Sachenrechts durch eine schuldrechtliche Vereinbarung ändern will.[497] Auf der anderen Seite ist bei den Vertragsstrafen weder zu vermuten, dass der Vertragsvorteil für das Leben des Schuldners sehr wichtig oder er in einer Notlage ist, noch ist zu erkennen, dass eine Strafabrede irgendein Sachenrecht berührt.

Daher lässt sich die Schlussfolgerung ziehen, dass die Herabsetzung der Vertragsstrafe gemäß § 343 BGB einen Schritt weiter geht als alle andere Rechtsinstitute, denn bei den Strafabreden ist nicht zu vermuten, dass die Strafschuldner wie die geschützten Parteien in §§ 619, 1149, 1229 BGB sich in einer wirtschaftlich schwächeren Position befinden oder in einer Zwangslage stecken. Ebenso wenig entspricht der Sonderschutz der Strafschuldner wie in §§ 619, 655 BGB den sozialen Zwecken. Für diesen „Schritt" in § 343 BGB findet sich aber keine ausreichende Rechtfertigung, da die oben genannte besondere Schutzwürdigkeit des Schuldners verneint werden soll.

495 Motive: in: *Mugdan* Hrsg., Die gesammten Materialien, Band 3, Sachenrecht, S. 380.
496 Motive: in: *Mugdan* Hrsg., Die gesammten Materialien, Band 3, Sachenrecht, S. 458.
497 MünchKomm-*Eickmann*, 6 Aufl. 2013, § 1149, Rn. 2.

2. *Zweifel an der (Nicht-)Analoganwendung: eine funktionelle Analyse*

Wie bereits im Teil 1 diskutiert, ist die Analoganwendung des Herabsetzungsrechts auf Reugeld, Wahlpflicht- und Gratifikationsvereinbarung nach der h. M. verboten, aber auf selbstständige Vertragsstrafe und Draufgabe zulässig. Diese Regel ist festgelegt, um die Preisklauseln und die Zahlungsklauseln gegen Primärpflichtverletzung zu differenzieren, und das Reugeld[498] und die Wahlpflicht- und Gratifikationsabrede sind ihrer Natur nach eine Preisvereinbarung, die nicht unter Sonderkontrolle steht. Aber es lässt sich zunächst bezweifeln, ob es wirklich charakteristische oder funktionelle Unterschiede zwischen Reugeld und Vertragsstrafe gibt, da von dem im Teil 1 entfalteten Rechtsvergleich zu zeigen ist, dass die Differenzierung dazwischen keine absolute Regel ist, denn das Herabsetzungsrecht ist auf Reugeld möglicherweise analog anzuwenden, z. B. in Österreich bei Konsumentenverträgen und bei der fahrlässigen Verhinderung der Leistungserfüllung vom Reugeldberechtigten,[499] und vielleicht auch bei allen Reugeldvereinbarungen im zukünftigen schottischen Recht.[500] Das Reugeld bedient zudem die Funktion der Abschreckung oder des Schadensersatzes des nichtvertragsgemäßen Rücktritts.

Soweit es um die Wohlpflicht- und Gratifikationsabrede geht, lässt sich beobachten, dass diese Vereinbarung die gleiche Funktion hat wie die Vertragsstrafe – vor allem eine Abschreckung und Sanktionierung einer Verzögerung seitens des Unternehmers oder einer mangelhaften Leistung des Verkäufers. Von *Bötticher* werden die Gratifikationsabrede und die selbstständige Vertragsstrafabrede als „Gegenstücke" voneinander bezeichnet, die als Entgeltsvereinbarung charakteristischerweise eine ähnliche Rechtsfolge, einen Vor- oder Nachteil für ein nicht geschuldetes Verhalten der beiden Vertragsparteien anbieten.[501] Demnach ist davon auszugehen, dass eine funktionelle Abgrenzung zwischen Gratifikationsabrede und Vertragsstrafe nicht vorliegt, obwohl *Bötticher* nicht erwähnt hat, dass die Gratifikationsvereinbarung wie die selbstständige Vertragsstrafe unter Billigkeitskontrolle steht. Abgesehen von dem praktischen Grund, dass die „echte Vertragsstrafe" vom Gläubiger oft missbraucht wird, ist es schwierig zu erläutern,

---

498 Vgl. MünchKomm-*Gaier*, § 353, Rn. 1 „…vielmehr erkauft sich eine Partei durch das Reugeld ein Rücktrittsrecht."

499 Vgl. Rummel-*Reischauer*, § 911 ABGB, Rn. 2, Koziol/Bydlinski-*Bollenberger*, 3. Aufl. 2010, § 911, Rn. 2.

500 Vgl. Schottland Law Commission, Discussion Paper (1997), S. 30 ff; Report on Penalty Clauses (1999), S. 13 ff.

501 Vgl. *Bötticher*, ZfA 1970, S. 8 ff.

warum die Sonderkontrolle auf eine Vertragsstrafe (inkl. selbstständige Vertragsstrafe, Draufgabe) beschränkt wird.

Auf der anderen Seite ähnelt die nach § 343 Abs. 2 BGB herabsetzbare selbstständige Vertragsstrafe, im Gegensatz zu der unselbstständigen Vertragsstrafe, vielmehr dem nach der h. L. nicht analog Art. 163 OR oder § 343 BGB herabzusetzenden Reugeld, da der Schuldner der Geldzahlung die Wahl hat, die gewollte Handlung vorzunehmen oder nicht (im Fall des Reugeldes zurückzutreten oder nicht), weil es keine Primärpflicht gibt.[502] Die jüngere Lehre in der Schweiz betrachtet die selbstständige Vertragsstrafe nicht als abbedungenes Leistungsversprechen, sondern als Wahlobligation,[503] und so sieht es auch der amtliche Kommentar der PECL.[504] Darüber hinaus ist die selbstständige Vertragsstrafe kein Ersatz für den Schadensersatzanspruch, weil hier mangels Primärpflicht keine Schadensersatzpflicht vorliegt. Die selbstständige Vertragsstrafe ist vielmehr ein „Preis“[505] dafür, sich nicht wie gewollt zu verhalten oder etwas zu unterlassen, und daher stellt sich die Frage, warum eine bloße Preisfeststellung unter der Billigkeitskontrolle stehen darf.

Aus einer anderen Perspektive ist es auch zu fragen, ob es möglich ist, die Vertragsstrafe als „Preis“ für das „Vertragsbruchrecht“ und die Draufgabe als „Preis“ als die Nichterfüllung zu betrachten, während der gesetzliche Schadensersatz als „Marktpreis“ des Vertragsbruchs gelten kann. In diesem Sinn gilt die Kontrolle der Vertragsstrafe, insbesondere wenn der Schuldner den Vertrag vorsätzlich verletzt, auch als eine Preiskontrolle, die ohne Beeinträchtigung der Entscheidungsfreiheit auszuschließen ist. Dieses Problem wird im nächten Teil weiter erläutert.

---

502 Dies erkennt auch *Gernhuber*, der in den beiden Rechtsinstituten einen Leistungsaustausch (eine Bindung gegen Entgelt) sieht. Er hält in zweifelhaften Fällen die Höhe der vereinbarten Summe in ihrem Verhältnis zu dem Wert der Hauptleistung für das Indiz der Differenzierung zwischen selbstständiger Vertragsstrafe und Reugeld: Je geringer der Prozentsatz sei, desto eher sei ein Reugeld anzunehmen. Vgl. *Gernhuber*, Das Schuldverhältnis: Begründung und Änderung Pflichten und Strukturen Drittwirkungen, Tübingen 1989, § 33 3, S. 753 f.

503 Vgl. Honsell/Vogt/Wiegand-*Ehrat*, Art. 160 OR, Rn. 3.

504 Vgl. *von Bar/Zimmermann*, Art. 9:509, D S. 554. Die selbstständige Vertragsstrafe solle den Abstimmungen zu alternativen Leistungen in Art. 7:105 unterstehen.

505 Natürlich kein echter Preis, da hier kein gegenseitiger Vertrag, sondern nur ein Leistungsaustausch vorliegt.

IV. Ungerechtigkeit der konkreten Kontrollmethode des § 343 BGB

Nicht nur die Rechtfertigung oder Notwendigkeit des § 343, sondern auch die Gerechtigkeit der Herabsetzung selbst ist zweifelhaft. Die Methode, nach der der Richter eine angemessene Summe feststellt, führt leicht zu Willkür oder Fehlentscheidungen[506], da normalerweise die Sanktionsfunktion in gewissen Maßen bleibt, für die anders als für die Schadensersatzpauschalierung keine bestimmte Geldsumme als Kriterium gilt. Die h. M. hat zwar einige Kriterien zusammengefasst, jedoch ist zu bezweifeln, ob eine angemessene Strafhöhe durch die Prüfung dieser Kriterien erzielt wird, wenn die h. M. viel Wert auf Schwere und Ausmaß der Pflichtverletzung bzw. den Verschuldensgrad des Schuldners legt.

1. Schwere der Pflichtverletzung als wichtigstes Kriterium

Nach der Formulierung des § 343 BGB soll die vom Richter herabgesetzte Strafe, die den gesamten Interessen des Gläubigers entspricht, festgestellt werden. Zu bezweifeln ist, ob das von der h. M. als am wichtigsten betrachtete Kontrollkriterium, die Schwere und das Ausmaß der Zuwiderhandlung,[507] die gesamten Interessen des Gläubigers reflektiert, denn es scheint, dass sich dieses Kriterium vor allem auf die Handlung des Schuldners, nicht auf das Interesse des Gläubigers richtet, da die Schwere der Verletzung durch die Wichtigkeit der verletzten Pflichten (Haupt- oder Nebenpflicht) und die Intensität (z. B. Dauer) bestimmt wird,[508] und daneben auch der materielle und immaterielle Schaden des Gläubigers als sekundäres Kriterium gilt. Bei allen Verträgen, die sich auf einen Erfolg und nicht auf eine Tätigkeit richten, ist für den Gläubiger im Vergleich zu der Schwere der Pflichtverletzung viel mehr die Enttäuschung über das Ausbleiben eines bestimmten Erfolgs am schwerwiegendsten.[509] Beispielsweise wurde in einem Vertrag eine hohe Strafe gegen Mängel der Lieferung verabredet und eine Verpackung mit Starkstufe 1 gewählt. Der Verkäufer hat aber wegen Preiserhöhung der Verpackungen mit Stufe 1 die Verpackungen mit Starkstufe 2 benutzt,

---

506 *Lindacher*, Phänomenologie, S. 99, 109.

507 Vgl. BGH NJW 1994, 45, 46 f.; MünchKomm-*Gootwald*, § 343, Rn. 18; Staudinger-*Rieble*, § 343, Rn. 104, 106 ff; Palant-*Grüneberg*, § 343, Rn. 6.

508 RG JW 1936, 179; *Chasapis*, Die Herabsetzung der unverhältnismäßig hohen Vertragsstrafe, S. 163.

509 Daher steht noch eine Antinomie im richterlichen Herabsetzungsrecht, wenn anzunehmen ist, dass der Richter eine bessere Beurteilung als der Gläubiger dafür hat, wie enttäuscht der Gläubiger von der Vertragsverletzung wäre, und wie hoch sein Interesse in einer Geldsumme zu bestimmen wäre.

die normalerweise die Kaufgegenstände auch gut bewahren könnten. Jedoch wurden durch einen unvorhersehbaren Orkan die Waren stark beschädigt. Es ist in solchen Fällen kaum bedenklich, die Strafe wegen der Fahrlässigkeit der Zuwiderhandlung – Verletzung einer Nebenpflicht – herabzusetzen, wenn die Nebenpflichtverletzung zu einem negativen Resultat führt.

Zur Erreichung des Ziels, die Primärpflicht zu sichern und Zuwiderhandlungen abzuschrecken, ist es auch nicht notwendig, die Schwere der Verletzung zu bestimmen. Vielmehr ist festzustellen, wie viele Kosten (Strafe) auf die Verletzung belastet werden sollen, sodass sie sich für den Schuldner nicht „lohnt".[510] Die Schwere der Zuwiderhandlung darf im Normalfall nur als ein Nebenkriterium für die Feststellung der angemessenen Strafe gelten, da im Vertragsrecht die Sanktion des Schuldners und die Genugtuung für den Gläubiger nicht im Vordergrund stehen; es sei denn, dass die Strafe gegen die Zuwiderhandlung selber vereinbart wird oder die Zuwiderhandlung so boshaft ist, dass die Folge als unwichtig gilt.

2. *Rücksicht auf den Verschuldensgrad*

Da eine Vertragsstrafe auch als „Preis des Vertragsbruchs" betrachtet wird, ist zumindest die Herabsetzung der Strafe auszuschließen, wenn der Schuldner leistungsfähig ist und trotzdem den Vertrag vorsätzlich verletzt, z. B. durch einen Weiterverkauf oder Bruch des Wettbewerbsverbots. Diese Ansicht ist im Schrifttum anerkannt: „Der echte Vorsatztäter hat die vereinbarte Strafe sehenden Auges auf sich genommen. Seine Hoffnung, ‚nicht erwischt' zu werden, erlaubt grundsätzlich keine Strafmilderung."[511] Es bleibt jedoch die Frage, wie der Vorsatz der Vertragsverletzung bzw. die Leistungsfähigkeit des Schuldners definiert wird und ob Vorsatz und Fahrlässigkeit unterschiedlich behandelt werden. Soll eine wirtschaftliche Unfähigkeit bei der Prüfung des Vorsatzes auch mitgerechnet werden? Wie soll eine Kombination von Fahrlässigkeit und Vorsatz betrachtet werden? Um dies zu erläutern, ist ein Beispiel zu nennen. Der Kaufgegenstand in einem Kaufvertrag wurde durch einen Unfall vor der Übergabe zerstört, und ein gleicher kann nur aus dem Ausland vor Ort bestellt werden. Der Kaufgegenstand kostet 100 €; die Strafe beträgt 200 €; der Verkäufer könnte 20 € verdienen;

---

510 *Lindacher*, Phänomenologie, S. 111.

511 Staudinger-*Rieble*, § 343, Rn. 8, 108; *Chasapis*, Die Herabsetzung der unverhältnismäßig hohen Vertragsstrafe, S. 164; Rummel-*Reischauer*, Kommentar zum ABGB, 3. Aufl. 2002, § 1336, Rz. 14. Dies entspricht auch der Herabsetzungsmöglichkeit des Reugelds im österreichischen Recht.

die Kosten bei Wiederbestellung betragen 300 €. Verletzt der Verkäufer in dieser Situation seine Pflicht vorsätzlich, wenn er sich angesichts der immens hohen Kosten entscheidet, den Vertrag nicht länger einzuhalten? Oder soll er wegen des Unfalls für nicht vorsätzlich gehalten werden, damit die Herabsetzungsmöglichkeit weiterhin besteht? Überdies kann es passieren, dass eine vorsätzliche Verletzung der Nebenpflicht oder Schutzpflicht zur Verletzung der Leistungspflicht, für die die Strafe verabredet wird, führt, während der Schuldner die Verletzung der Leistungspflicht nicht vorgesehen hat.[512] Ist die Herabsetzungsmöglichkeit wegen der vorsätzlichen Verletzung der Nebenpflicht auszuschließen, auch wenn die Interessen des Käufers nicht wesentlich beschädigt werden?

Die Differenzierung zwischen Vorsatz und Fahrlässigkeit ist nicht nur praktisch schwierig, sondern kann auch zu einer Wertungswidrigkeit führen. Der Schuldner hat nur unter zwei Umständen den Willen, den Vertrag vorsätzlich zu verletzen: einmal der Fall, dass der Schuldner eine bessere Vertragsbedingung mit einem anderen gewinnen kann, und zum anderen eine ungewollte Änderung der Situation, die den ursprünglich zu erzielenden Vertragsvorteil verringert oder sogar Nachteile bringt, oder die Leistungsfähigkeit des Schuldners reduziert, was aber die Voraussetzungen weder der Leistungsunmöglichkeit noch der Störung der Geschäftsgrundlage trifft. Ein Beispiel für den zweiten Fall kann sein, wenn der Käufer mit der Preiszahlungspflicht wegen eines durch Fahrlässigkeit verursachten geringen Cashflows in Verzug geraten ist, sich aber entscheidet, das übrige Geld an einen anderen Lieferanten zu leisten, mit dem er eine noch höhere Vertragsstrafe vereinbart hat. Oder der ursprünglich erwartete Gewinn eines Bauvertrags hat sich nachträglich wegen Steigerung des Preises der Rohmaterialien auf null reduziert, und der Unternehmer entscheidet sich für einen Vertragsbruch. In diesen Fällen scheint die oben diskutierte und in der h. L. vertretene Hypothese auch anwendbar zu sein, nämlich dass der Schuldner normalerweise seine Leistungsfähigkeit überschätze und hinsichtlich der Vertragsentwicklung überoptimistisch sei. Soweit es keine Schädigungsabsicht gibt, kann man nicht sagen, dass der Vorsatz vorwurfbarer ist als die Fahrlässigkeit. Es besteht nicht einmal im Vorsatz ein wesentlicher Unterschied zwischen den

---

512 In der deutschen h. L. richte sich die Ermäßigung der Vertragsstrafe vor allem auf die Schwere und das Ausmaß der Vertragsverletzung, für die die Wichtigkeit der Pflicht (Haupt- oder Nebenpflicht, Gründe für die Strafbewehrung) entscheidend sei. Jedoch sei eben auch der Grad der Vorwurfbarkeit bzw. der Verschuldensgrad ausschlaggebend (Staudinge-*Rieble,* § 343 BGB, Rn. 107), und beim Vorsatz sei eine Herabsetzung unzulässig (Rn. 108). Daher ist es unklar, ob eine vorsätzliche Verletzung der Nebenpflicht zum Ausschluss der Herabsetzung der Vertragsstrafen führt.

beiden Fällen, da der einen drohenden Schaden vermeidende Schuldner in den meisten Fällen auch gleichzeitig eine andere Chance sucht, von der er profitieren kann.

In den meisten Ländern wird nicht ausdrücklich vorgebracht, dass der Vorsatz und die Fahrlässigkeit unterschiedlich behandelt werden, aber es wird allgemein anerkannt, dass der Verschuldensgrad ein wichtiges Element für die Ermäßigung der Vertragsstrafe ist.[513] Dies scheint angemessen, wenn eine den gesetzlichen Schadensbetrag übersteigende Strafe auch der Funktion der Genugtuung und Sanktion dient,[514] und in gewissen Maßen nach dem Verschuldensgrad festzustellen ist. Aber diese Behandlungsweise ist tatsächlich weder gerecht noch nötig. Wie oben bereits angemerkt, kann der Schuldner durch Regulierung der Präventionsmaßnahmen Kontrollmacht über die Leistung ausüben. Wenn die Strafe als Kosten des Vertragsbruchs gewertet wird, muss der Schuldner sich nach ihrer Höhe auf ein entsprechendes Präventionsniveau gegen das Risiko der Vertragsverletzung entscheiden. Je höher die Strafe ist, desto mehr Kosten soll der Schuldner nach Erwartung des Gläubigers in der Prävention investieren und ein desto leichteres Verschulden wird erwartet.[515] In diesem Sinn ist die Schwere der Fahrlässigkeit nicht wie beim Vertrag ohne Strafe zu beurteilen, z. B. kann eine als normalerweise leicht geltende Fahrlässigkeit bei einer hohen Strafe vom Gläubiger als grob angesehen werden. Da jede Strafhöhe einem bestimmten Sorgfaltsniveau entspricht, ist es nicht mehr nötig, den Verschuldensgrad zu prüfen, der nur die Vorwurfbarkeit aus der Sicht eines Dritten bzw. des Richters widerspiegelt, nicht aber die Vorwurfbarkeit aus der Sicht des Gläubigers. Eine Untersuchung des Verschuldensgrads ist nur erforderlich, wenn nach dem konkreten Einzelfall ein bestimmtes Sorgfaltsniveau des Schuldners vom Gläubiger erwartet wird. Und in diesem Fall ist es richtig, aus der Leistungssicherungsfunktion der Vertragsstrafe zu prüfen, ob die Strafhöhe tatsächlich dem vom Gläubiger intendierten Sorgfaltsniveau entspricht, sodass diese Strafe eine adäquate Drohung gegen Vertragsverletzung sein kann.

---

513 Vgl. MünchKomm-*Gottwald*, § 343 BGB, Rn. 18; Staudinger-*Rieble*, § 343 BGB, Rn. 104; Honsell/Vogt/Wiegand-*Ehrat*, Art. 163 OR, Rn. 16; Art. 29 die zweite Justizinterpretation des chinesischen Vertragsrechts; Rummel-*Reischauer*, § 1336 ABGB, Rn.14, S. 650; *Treitel*, Remedies for Breach of Contract, p. 227.

514 Vgl. MünchKomm-*Gottwald*, § 343 BGB, Rn. 18.

515 Für die Grafik der Korrelation zwischen Strafhöhe und Präventionskosten, vgl. *Goetz/Scott*, Liquidated Damages, Penalties and the Just Compensation Principle, 77 Colum. L. Rev., 554, 581 (1977).

B. Ausschluss der Strafe im angloamerikanischen Recht

Das common law lehnt Strafen ab,[516] die als Verstoß gegen equity angesehen werden.[517] Dafür werden ein paar Argumente hinsichtlich der Defekte in der Willensbildung und Ungerechtigkeit der Kompensation geliefert, aber eine Überprüfung dieser Argumente zeigt, dass sie nicht überzeugend sind.

I. Aus dem Aspekt von Defekte in der Willensbildung

Anders als die Rechtsausübungskontrolle im deutschen Recht gilt im angloamerikanischen Rechtssystem eine Strafe, die im Vergleich zum Schadensersatz unangemessen ist, von vornherein als unwirksam. In diesem Sinn ist diese Regel der Rechtsgeschäftskontrolle ähnlich, und deswegen stellt sich die Frage, warum unter dem Prinzip der Vertragsfreiheit die Vertragsstrafen anders zu kontrollieren sind als die anderen Vereinbarungen besonders, wenn das Recht statt des Resultats der Transaktion sich mehr auf die Prüfung der Freiwilligkeit der Vertragsparteien konzentriert.[518]

1. Prosperität und Niedergang der Idee der Vertragsfreiheit

In der Tat hat im angloamerikanischen Rechtssystem die Entwicklung des Prinzips der Vertragsfreiheit zuerst eine Prosperität und danach einen Niedergang erlebt.[519] Vor dem 19. Jahrhundert herrschte Paternalismus, und der Court der Chancery stellte viele Regeln auf, die die Vertragsparteien vor ungeschicktem und leichtsinnigem Handeln schützten. Wahrscheinlich wurde die Regel gegen Strafen in dieser Atmosphäre vom Chancery entwickelt und dann vom alten Schrifttum befürwortet. Mit dem Ende des 18. Jahrhunderts trat eine Änderung der Situation ein, und eine laissez-faire-Philosophie entwickelte sich, nach der die Leute eigene Interessen gut bewahren und vernünftige Entscheidungen treffen können. „In general the law was not concerned with the fairness or justice of the outcome, and paternalistic ideas came to be thought of as old-fashioned."[520] In dieser Zeit ist das Verbot der Strafklausel jedoch unberührt geblieben.

---

516 *Lloyd*, Penalty and Forfeitures, 29 Harv. L. Rev., 117 (1915).

517 „this can be nothing more than a penalty which equity will always relieve against." Justine Realty Co. v. Am. Nat'l Can Co., 976 F. 2d 385, 389 (8th Cir. 1992).

518 *Friedman*, A History of American Law, 1973, pp. 29–32; *Horowitz*, The Historical Foundations of Modern Contract Law, 87 Harv. L. Rev., 917, 918 (1974).

519 Vgl. *Atiyah*, An Introduction to the Law of Contract, 5. ed. 1995, pp. 7–27.

520 *Atiyah*, An Introduction to the Law of Contract, p. 8.

Zwischen 1870 und 1970 wurde die Idee der Vertragsfreiheit angesichts der komplizierten modernen Rechtslagen allmählich begraben. Besonders durch die Kontrolle über Formularverträge und den Schutz der Verbraucher gewann der Paternalismus erneut an Einfluss auf die Gesetzgebungen und Justizpraxis. Natürlich entsprach die schon sehr scharfe Strafregel dem Zeitgeist und stieß kaum auf Kritik. Seit der letzten Hälfte des 20. Jahrhunderts scheint aber die Vertragsfreiheit von den Juristen wegen der Anerkennung der ökonomischen Wichtigkeit des freien Marktsystems wieder betont zu werden. Besonders in den USA wird das Verständnis des Rechts von ökonomischen Theorien beeinflusst, danach werden viele Regeln, auch die Regel gegen Strafabrede, erneut überprüft und kritisch betrachtet. Die ökonomische Analyse des Rechts der Strafe wird im nächsten Teil entfaltet.

2. *Verteidigung durch Unconscionability?*

Im früheren Schrifttum wird für den Ausschluss der Vertragsstrafe die Begründung der Unconscionability betont. Nach der h. M. müssen bei der Prüfung der Unconscionability zwei Tatbestände in Betracht gezogen werden, um eine Vereinbarung zu verneinen, nämlich die materielle Unconscionability und die prozedurale Unconscionability.[521] Prozedurale Unconscionability bedeutet Defekte im Verhandlungsprozess, die die vernünftige Entscheidung der Vertragsparteien und die fairen Vertragsbedingungen behindern.[522] *Story* schreibt hinsichtlich dieses Problems:[523]

> In reason, in conscience, in nature equity, there is no ground to say, because a man has stipulated for a penalty, in case of his omission to do a particular act, (the real objects of the parties being the performance of the act) that, if he omits to do the act, he shall suffer an enormous loss, wholly disproportionate to the injury to the other party. If it be said, that it is his own folly to have made such a stipulation, it may equally well be said, that

---

521 Vgl. unter vielen *Leff*, Unconscionablity and the Code – the Emperor´s new Clause, 115 U. Pa. L. Rev., 485, 489–528 (1967); *Epstein*, Unconscionability: A Critical Reappraisal, 18 J. Law & Econ., 293, 301–315 (1975).

522 In UCC 2–302 wird die Doktrin der Unconscionability als ein allgemeines Prinzip niedergeschlagen. Obwohl nach dem Text das Resultat sehr wichtig zu sein scheint, werden im offiziellen Kommentar die prozeduralen Elemente von oppression und unfaire surprise betont. *Epstein* argumentiert, dass die Überprüfung der Unconscionability auf eine prozedurale Kontrolle beschränkt werden soll, da die Ablehnung der reinen „subsantive unconscionable clauses“ nicht durch Inhalt dieser Vertragsbedingungen gerechtfertigt werden kann (Unconscionability, at 305–315).

523 *Story*, Commentaries on equity jurisprudence, Vol. 2, 1985, § 1316, p. 537.

> the folly of man cannot authorize gross oppression on the other side. And law, as a science, would be unworthy of the name, if it did not to some extent provide the means of preventing the mischiefs of improvidence, rashness, blind confidence, and credulity on one side; and of skill, avarice, cunning, and a gross violation of the principles of morals and conscience, on the other. … There is no more intrinsic sanctity in stipulation by contract, than in other solemn acts of parties, which are constantly interfered with by courts of equity upon the broad ground of public policy, or the pure principles of nature justice.

Insoweit liegt bei *Storys* Meinung die Auffassung nahe, dass die Vereinbarung einer zum Schaden unverhältnismäßigen Vertragsstrafe einen inhärenten Fehler in der Willensbildung zeige und in diesem Sinn keine vernünftige Entscheidung der Vertragspartei bzw. des Strafschuldners sein könne.[524] Zu bemerken ist aber, dass dies keine Vermutung ist, sondern eine Schlussfolgerung, die nicht durch gegenteilige Beweise umzustürzen ist. Daher kann die Frage noch nicht beantwortet werden, warum die Vertragsparteien eine dem Schaden abweichende Strafhöhe nicht vereinbaren, während sie einen dem Marktwert abweichenden Vertragspreis, der eben eine Disparität zeigt, durchaus vereinbaren können. Daher ist es wahrscheinlich, dass die Strafregel nur ein historisches Erbe ist, die anders als viele andere Regeln durch die Entwicklung der Idee der Vertragsfreiheit im 19. Jahrhundert nicht geändert wurde. Auch ist zu bezweifeln, ob bei allen Strafabreden, der Betrag offenbar höher ist als der Schadensersatz, prozedurale Unconscionability vorliegt. Nach dem offiziellen Kommentar des UCC werden für die Unconscionability zwei Elemente geprüft, einmal die oppression und zum anderen die unfaire surprise,[525] die als typischer Missbrauch der Verhandlungsmacht angesehen wird.[526] Allerdings ist bei der Strafabrede normalerweise keine Komplikation abzusehen, und der Schuldner befindet sich nicht unbedingt in einer schwachen Position. In der Tat wird in den Gerichten nicht überprüft, ob ein Fehler beim Verhandlungsprozess vorliegt. Es wurde sogar in einem Urteil eines Insolvenzfalls hinsichtlich dieses Problems ausdrücklich geäußert, dass die Vertragsstrafe als nichtig gilt, obwohl sie von zwei Parteien mit gleicher Macht völlig freiwillig über eine Verhandlung vereinbart wurde.[527]

---

524 Ähnlich auch *McCormick*, Handbook on the Law of Damages, 1935, p. 601; *Atiyah*, Essay on Contract, 1986, p. 334.

525 UCC 2-302, official comment 1.

526 Comment: Bargaining Power and Unconscionability: A Suggested Approach to UCC Section 2-302, 114 U. Penn. L. Rev., 998, 999 (1966). Für eine detaillierte Analyse über "Inequity of Bargaining power", vgl. *Wertheimer*, Unconscionability and Contracts, 2 Business Ethics Quarterly, 479, 488–490 (1992).

527 In Re AJ Lane & Co., Inc., 113 B. R. 821, 828 (Bankr. D. Mass. 1990).

Auf der anderen Seite wird von *Atiyah* ein weiteres Argument gegen Vertragsstrafe vorgebracht, wonach die Vollstreckung der Vertragsstrafe keine Intention der Vertragspartei sei. „Nobody wishes, ex ante, that the clause should ever be enforced. The purpose of a penalty clause is to bring pressure, to threaten, and if the contract is broken anyhow, the clause has failed its purpose."[528] Darin besteht aber ein Paradox: Wie könnte eine Strafabrede eine Abschreckungsfunktion erfüllen, wenn sie aus der Intention der Vertragsparteien überhaupt nicht durchzusetzen wäre? Es kann sein, dass die Parteien bei Vertragsschluss den Verfall der Vertragsstrafe nicht wünschten, aber das gilt auch für die Klauseln über Festsetzung der Lösungen des möglichen Rechtsstreits, die routinemäßig vom Richter als durchsetzbar anerkannt werden. Möglicherweise gibt es die die wahre Intention der Parteien reflektierenden Klauseln gar nicht, z. B. eine niedrige Preisvereinbarung mit der Absicht, Steuern zu sparen, dies aber ohne besondere Begründung, gehört nicht zur Strafabrede.

II. Aus dem Aspekt von gerechter Kompensation

Stärker betont wird die Argumentation der gerechten Kompensation. In einem klassischen Fall aus dem Jahr 1858 hat der Richter ausdrücklich gesagt, dass die gerechte Kompensation das Prinzip des Vertragsrechts sei, von dem nicht durch Stipulation abzuweichen sei.[529] Die Befürchtung der Überkompensation im Vertragsrecht ist die wichtigste Begründung gegen Vertragsstrafe: Der Schuldner solle nur den tatsächlich entstandenen Schaden ausgleichen und deswegen sei eine Überkompensation bzw. eine Strafe ungerecht und unzulässig. Das Kernproblem ist, ob die Kompensation des tatsächlichen Schadens der einzige Weg zur Gerechtigkeit ist und ob sie den Gläubiger völlig entschädigt.

1. Unterkompensation der materiellen Schäden

Mehrere Autoren haben bereits darauf hingewiesen, dass die gesetzliche Kompensationsregel im Vertragsrecht, nämlich die Kompensation des voraussichtlichen Erfüllungsinteresses,[530] den Gläubiger nicht völlig entschädigen könne.[531]

---

528 *Atiyah*, Essay on Contract, p. 369.

529 Jaquith v. Hudson, 5 Mich. 123, 133 (1858).

530 *Fransworth*, Legal Remedies, 70 Colum. L. Rev., at 1147–1148.

531 *Farber*, Reassessing the Economic Efficiency of Compensatory Damages for Breach of Contract, 66 Va. L. Rev., 1443, 1444–1445 (1980); *Schwartz,* The Case for Specific Performance, 89 Yale L. J., 271, 275 (1979); *Linzer*, On the Amorality of Contract Remedies – Efficiency, Equity and the Second Restatement, 81 Colum. L. Rev., 111,

Dies liegt nahe, wenn einige Faktoren in Betracht gezogen werden. Zunächst obliegt das Risiko der Hindernisse und des Irrtums für den Nachweis und die Berechnung des Schadens dem Gläubiger. Wenn ein solcher Schaden nicht oder schwierig zu bestimmen ist, dann ist es sehr wahrscheinlich vom Richter anzuerkennen, dass der Geschädigte nicht entschädigt würde.[532] Beispielsweise könnte ein Pächter eines Geschäftsraums seinen voraussichtlichen Profit nachweisen, wenn der Eigentümer seinen Geschäftsraum dem Pächter nicht wie vereinbart übergeben hat und der Pächter deswegen überhaupt nicht begonnen haben könnte, sein Geschäft zu betreiben? Zweitens wird der Ersatz des „tatsächlich entstandenen" materiellen Schadens wegen Anwaltsgebühren, Zeitverlust, Transaktionskosten zum Abschluss eines alternativen Vertrags und Prozesskosten des Gerichtsverfahrens normalerweise in Abzug gebracht.[533] Drittens kann ein tatsächlich entstandener Schaden auch abgelehnt werden, wenn er nicht von den Vertragsparteien bei Vertragsabschluss vorauszusehen war, da die ersatzbaren Schäden den Kriterien von Vorhersehbarkeit (forseeability), Bestimmbarkeit (ceintainty) und Unvermeidbarkeit (unavoidability) entsprechen müssen.[534]

Im Schrifttum wird argumentiert, dass bei der Berechnung des Schadensersatzes die Kriterien von Vorhersehbarkeit und Bestimmbarkeit im Vertragsrecht mehr und schärfer als im Deliktrecht angewendet werden: Unbestimmbare

---

116–117, 124 (1981); *Macneil*, Efficient Breach of Contract: Circles in the Sky, 68 Va. L. Rev., 947 (1982); *Dawson*, General Damages in Contract for Non-pecuniary Loss, 10 New Zealand U. L. Rev., 232 (1983); *Sebert*, Punitive and Nonpecuniary Damages in actions based upon Contract: Toward Achieving the Objective of Full Compensation, 33 UCLA L. Rev., 1565 (1986); *Craswell*, Contract Remedies, Renegotiation, and the Theory of Efficient Breach, 61 S. Cal. L. Rev., 629, 637 (1988).

532 „The traditional rules establish full compensation as the maximum potential recovery for a contract plantiff, and they impose the primary error in calculating damages on the aggrieved plantiff rather than upon the breacher; thus they often preclude realizing full compensation." *Sebert*, punitive and nonpecuniary damages, 33 UCLA L. Rev., at 1567–1568; "Damages will not be adequate to protect the injured party's expectation if the loss caused by the breach cannot be estimated with sufficient certainty." *Fransworth*, Contract, § 12.6, p. 170.

533 *DiMatteo*, A Theory of Efficient Penalty, 38 Am. Bus. L. J., at 648.

534 Vgl. Restatement of Contract, §§ 350 (1), 351 (1), 352; *Burton*, Principles of Contract Law, 1995, p. 291; *Farnsworth*, Contract, § 12.12–12.15, pp. 219–262. Nach *Crespi* sollten bei der Berechnung des tatsächlichen Schadens die Kriterien von Bestimmbarkeit und Unvermeidbarkeit nicht ignoriert werden und daher liege der einzige Unterschied zwischen dem voraussichtlichen Schaden und dem tatsächlichen Schaden in der Vorhersehbarkeit (*Crespi*, „Actual Harm", 41 Hous. L. Rev., at 1591–1592, 1593–1596, 1603).

Schäden dürften in den Deliktklagen durch richterliches Ermessen ersetzt werden, und der Schädiger müsse sämtliche Schäden ersetzen, die durch seine Handlung oder Unterlassung verursacht werden, insofern dazwischen eine rechtliche Kausalität liege, auch wenn ein Schaden vielleicht sehr außergewöhnlich sei.[535]

2. Abweisung der immateriellen Schäden

Während die oben diskutierten Faktoren nur die materiellen Schäden in kleinem Maße beeinflussen, können die immateriellen Schäden und punitive damages eine beträchtliche Höhe bewirken. In den USA wird der Ersatz der immateriellen Schäden im Vertragsrecht nur geringfügig anerkannt. Die seelischen Schmerzen werden nur im Bereich der limitierenden Verletzungstypen der immateriellen Schäden ersetzt, die mit Körperverletzung, Menschleben oder Menschwürde relativiert sind oder durch mutwillige oder grob fahrlässige Handlungen verursacht werden.[536] Da der erste Typ normalerweise auch das Deliktrecht verletzt und der zweite Typ dadurch gerechtfertigt ist, dass der Schuldner diese Schäden vorsätzlich verursacht hat,[537] bleibt kaum Raum für den Ersatz des durch Verletzung des reinen vertraglichen Interesses verursachten immateriellen Schadens. Über seelische Schmerzen hinaus werden emotionale Bedrängnis, Unannehmlichkeiten und Ärger bei der Vertragsverletzung üblicherweise ignoriert. Eine jüngste Entwicklung hat gezeigt, dass nun mehr immaterielle Schäden anerkannt werden, z. B. beim Bau- und Renovationsvertrag des Wohnhauses, aber bisher ist keine neue Fallgruppe entstanden.[538]

Eine oft genannte Begründung gegen immaterielle Schäden ist ihre Unvorhersehbarkeit und Unbestimmbarkeit.[539] Jedoch, wie *Farnsworth* beobachtet hat, charakterisieren die Richter oft das Vorhersehbare als unvorhersehbar, wenn sie die Vorhersehbarkeit prüfen, um die Schäden abzuweisen.[540] Der echte Grund für den Ausschluss der immateriellen Schäden sowie der anderen hoch geschätzten Schäden liege vielmehr darin, dass die Richter solche Schäden für, verglichen mit der consideration bzw. mit dem Vertragspreis, für unverhältnismäßig hoch und

---

535 *Sebert*, Punitive and Nonpecuniary Damages, 33 UCLA L. Rev., at 1566, Fn. 8.

536 Vgl. *Corbin* on Contracts, § 1076, pp. 425–436.

537 *Corbin* on Contracts, § 1076, pp. 427–429.

538 *Sebert*, Punitive and Nonpecuniary Damages, 33 UCLA L. Rev., at 1592–1594, Fn. 98.

539 *Sebert*, Punitive and Nonpecuniary Damages, 33 UCLA L. Rev., at 1586–1588, Fn. 76–88.

540 *Farnsworth*, Contract, § 12.17, p. 272.

ungerecht halten.[541] Dies begründet auch den oben erwähnten unterschiedlichen Umgang zwischen Deliktrecht und Vertragsrecht in Bezug auf Vorhersehbarkeit und Unbestimmbarkeit. Es kann sein, dass bei Vertragsschluss bzw. bei der Feststellung des Vertragspreises das Risiko und Ausmaß des durch die Vertragsverletzung verursachten Schadensersatzes nach dem Preis-Leistungs-Verhältnis zu bestimmen und zu limitieren sein soll. Ein unbeschränkter Schadensersatz kann dazu führen, den Vertragspreis zu erhöhen und je nach Vertragsteil unterschiedlich zu bestimmen und risikoscheue potentielle Parteien vor dem Vertragsabschluss abzuschrecken.

Auf der anderen Seite kann diese Argumentation gerade die Vereinbarung der Vertragsstrafe rechtfertigen, die die durch den gesetzlichen Schadensersatz nicht ausgeglichenen Schäden kompensiert: Wenn die Vertragsparteien von der Standardregel abweichen und eine für sich geeignetere Rechtslage durch einen etwas höheren Preis und Ersatz hervorbringen möchten, dann ist eine Strafe nicht abzulehnen. Darüber hinaus ist es nicht einfach, durch die große Diskrepanz zwischen Vertragspreis und Vertragsstrafe bzw. Ersatz die weiteren Schäden abzuleiten, dass die Strafe unverhältnismäßig hoch ist. Nach der h. L. ist die Höhe eines immateriellen Schadens (S) im Deliktrecht mit den Kosten (k), die der Geschädigte für Verhinderung dieses Schadens ausgeben wollte, und der Möglichkeit der Verletzung (p) relativiert: $S = \frac{K}{p}$.[542] In diesem Zusammenhang Kann S eine sehr hohe Summe sein, auch wenn K relativ niedrig ist, da p sehr klein sein kann. Deswegen kann ein niedriger außerhalb des Standardpreises zusätzlicher Betrag eine hohe Strafe rechtfertigen.

III. Aus dem Aspekt von Ablehnung der Leistungssicherung

Nach der h. M. bieten in common law die Rechtsbehelfe beim Vertragsbruch normalerweise weder Zwang zur Leistung noch Sanktion gegen Vertragsverletzung, sondern nur Geldentschädigung für Pflichtverletzung an:

---

541 „Sometimes a court is confronted with a large damage claim that seems greatly disproportionate to the modest consideration received by the party in breach. It may not seem just to require the party in breach to pay for all loss caused by the breach, even though that loss was forseeable and has been proved with reasonable certainty." *Farnsworth*, Contract, § 12.17, p. 271.

542 Dieser Schadensersatz wird als „Abschreckungsschmerzensgeld" ausgezeichnet. Vgl. *Posner*, Economic Analysis of Law, 4. ed. 1992, p. 199; *Schäfer/Ott*, Lehrbuch der ökonomischen Analyse des Zivilrechts, 5. Aufl. 2012, S. 400 f.

„... our system of contract remedies rejects, for the most part, compulsion of the promisor as a goal. It does not impose criminal penalties on one who refuses to preform one's promise, nor does it generally require one to pay punitive damages. Our System of contract remedies is not directed at *compulsion* of promisors to prevent breach; it is aimed, instead, at *relief* to promisees to redress breach."[543]

In diesem Sinn ist die Vertragsverletzung im common law kein moralischer Fehler, also niemandem vorzuwerfen oder gar zu verhindern. Auf der anderen Seite könne der Verletzte durch Schadensersatz des voraussichtlichen Erfüllungsinteresses ausreichend geschützt werden, da in einem freien entwickelten Markt die meisten Transaktionsobjekte mit Geld erhältlich sind und der Verletzte leicht eine Alternative finden kann.[544] Die Verletzung wird sogar befürwortet, wenn dadurch der Schädiger mehr als von dem dadurch verursachten Schaden profitieren kann.[545] Normalerweise wird die Geldkompensation vorrangig verwendet, und nur wenn sie nicht ausreichend ist, gibt es Möglichkeiten, eine spezifische Leistungserfüllung zu gewähren. Dann liegt es nahe, dass eine Strafabrede, die die Verletzung abschreckt, als unzulässig gelte:

The Rational for the principle (against penalty clauses) is that contractual terms fixing damages in an amount clearly disproportionate to actual loss seek to deter breach through compulsion and have an *in terrorem* effect: fearing severe economic loss, the promisor is compelled to continue performance, while the promisee may reap a windfall in excess of his just compensation.[546]

In der jüngsten Lehre werden aber sowohl die Adäquatheit der Kompensation des voraussichtlichen Erfüllungsinteresses als auch die strikte Beschränkung des Rechtsbehelfs der spezifischen Leistungserfüllung bezweifelt. Der Kernpunkt

543 *Farnsworth*, Contract, § 12.1, pp. 146–147. Vgl. auch *Fransworth*, Legal Remedies for Breach of Contract, 70 Colum. L. Rev., 1145, 1145–1147 (1970); *Holmes*, The Path of the Law, 110 Harv. L. Rev., 991, 995 (1997).

544 „The law, concerning itself more and more with merchandise bought or sold for money, with things having a definite and calculable exchange value, came to conceive that the money compensation, which was an entirely adequate remedy in the common case, and in many cases the only possible one when once the wrong complained of had been committed, was the only remedy available for their use." *Huston*, The Enforcement of Decrees in Equity, 1975, p. 75. Zitiert nach *Farnsworth*, Contract, § 12.4, p. 161. Nur bei Grundstücken wird eine Ausnahme gemacht, die stets als spezifisch angesehen wird.

545 Der sogenannte „efficient breach", vgl. oben Abschnitt 1, 1.1.2.2. Eine detaillierte Analyse befindet sich im Teil 4.

546 Leasing Serv. Corp. v. Justice & Childers, 673 F 2d. 70, 73 (2d. Cir. 1982).

liegt in der Angemessenheit und Effektivität des Rechtsbehelfs.[547] Die Ansicht wird vertreten, dass die Anwendbarkeit des Rechtsbehelfs der Leistungserfüllung zu erweitern sei, während die Vorrangigkeit des Schadensersatzes nicht wie zuvor so stark betont werden solle.[548] Auch wird argumentiert, dass eine spezifische Leistungserfüllung effizienter sei als eine Geldkompensation, weil der erste Behelf die Wiederverhandlung fördern könne,[549] und zwischen beiden spezifischen Vertragsparteien die Probleme von hold-out und free-rider, die beim Rechtsinhaberschutz oft durch „property rule"[550] auftreten, hier nicht vorkommen würden.[551] Da es in vielen Fällen gerecht ist, Leistung zu erzwingen, soll eine die Leistungssicherung bezweckende Strafabrede auch nicht abzulehnen sein.

Zusammenfassend darf die Schlussfolgerung gezogen, dass die Regel gegen penalty clauses nicht überzeugend begründet wird.

C. Krise der Vertragsstrafe und ihre Herabsetzung gemäß Art. 1152 Cc

Wie im Teil 2 bereits erwähnt, hat der Gesetzgeber des französischen Cc trotz der h. M. vor der Gesetzgebung die Modifikationsmöglichkeit der Vertragsstrafe im Art. 1152 ausgeschlossen, aber im Jahr 1975 wurde wegen einer Krise der Vertragsstrafe in der Praxis ein richterliches Modifikationsrecht hinzugefügt.

547 Allgemein vgl. *Farnsworth*, Contract, § 12.6, p. 168; *Schwartz*, The Cases for specific performance, 89 Yale L. J., 271 (1979).

548 *Van Hecke*, Changing Emphases in Specific Performance, 40 N. C. L. Rev., 1 (1961); *Goldstein*, The Efficiency of Specific Performance in Stock-for-Stock Merges, 29 Delaw. J. Corp. L., 747 (2004).

549 Gegen die Ansicht, dass die spezifische Leistungserfüllung die Chance der rent-seeking und Verhandlungskosten erhöhe. Vgl. *Lewis/Perry/Sappington*, Renegotiation and Specific Performance, 52 L. & Contemp. Prob., 33 (1989).

550 Die Theorie von property rule und liability rule zum Rechtschutz wurde von *Calabresi* und *Melamed* in ihrer bedeutsamen Abhandlung, „Property Rules, Liability Rules and Inalienability: One View of the Cathedral, 85 Harv. L. Rev. 1089 (1972)" vorgebracht. Durch property rule wird ein Recht so geschützt, dass die andere ohne Konsens des Rechtsinhabers das Recht nicht verletzen können, und dafür gelten Injunction oder spezifische Handlung als Rechtsbehelf; während durch liability rule der Rechtsinhaber im Fall der Rechtsverletzung nur Schadensersatz fordern darf. Sie sind der Meinung, dass ein Recht durch liability rule geschützt werden solle, wenn die Transaktionskosten hoch wären bzw. wenn die Probleme von hold-out und free-rider vorlägen.

551 *Kronman*, Specific Performance, 45 U. Chi. L. Rev., 351, 353 (1978).

Das Kernproblem liegt darin, wie sich die Krise der Vertragsstrafe äußert, und ob die Änderung des Art. 1152 die geeignete Lösung dafür bietet.

Die Krise der Vertragsstrafe trat nicht in allen oder vielen Bereichen des Geschäftsverkehrs auf. Besonders auffällig war die Strafvereinbarung in den als crédit-bail bezeichneten Finanzierungsleasingverträgen, nach der der Leasinggeber bei Zahlungsverzug – auch bei Zahlungsverzug einer einzelnen Rate – des Leasingnehmers vom Vertrag zurücktreten und die Rückerstattung des Besitzes der Sache und darüber hinaus sämtliche ausstehenden Raten oder einen bestimmten Prozentsatz davon sofort fordern konnte. Da diese Haftung im Vergleich zum Schaden des Leasinggebers als sehr unverhältnismäßig galt, wurde sie als Missbrauch der Vertragsstrafe angesehen.[552] Dagegen haben die Instanzgerichte unter den damaligen Regeln viele Lösungswege versucht. Zunächst wurde das richterliche Reduzierungsrecht gemäß Art. 1231 darauf angewendet, da der Leasingnehmer bereits teilgeleistet hatte, aber diese Strafe wurde insbesondere für den Fall der Teilleistung vereinbart, und in diesem Sinn ist Art. 1231, der keine Angemessenheitskontrolle, sondern eine Durchsetzung des Parteiwillens ist, nicht darauf anwendbar.[553] Es wurde überdies versucht, nach dem Prinzip der Nichtkumulierung der Rechtsbehelfe von Rücktritt und Leistungserfüllung nach Art. 1229 II und 1184 II die Strafe in crédit-bail contrat abzulehnen, aber dieser Versuch wurde ebenso von der Cour de cassation abgelehnt, denn die Vertragsstrafe sei nicht mit der Leistungserfüllung gleichzustellen.[554] Außerdem hat die Cour de cassation die Existenz der Cause im Leasingvertrag bestätigt und daher die Auffassung, dass solch eine Strafe wegen des Fehlens der Cause als unwirksam gelte, abgelehnt:[555]

> L'existence de la cause s'appréciant au moment de la formation du contrat, l'obligation prise alors par le locataire de payer des redevances, et en cas de non paiement, de voir le contrat résilié avec restitution du matériel et versement d'une indemnité forfaitaire, a eu pour contrepartie l'obligation du bailleur de mettre la chose louée à la disposition du preneur.

552 *Loksaier*, La Clause Pénale: Dans les Contrats Internes et dans les Contrats Internationaux, Lausanne 1985, p. 140–141; *H. Mazeaud/J. Mazeaud/Chabas/de Juglart*, Leçons de Droit Civil, 1991, p. 781.

553 *H. Mazeaud/J. Mazeaud/Chabas/de Juglart*, Leçons de Droit Civil, p. 782.

554 *H. Mazeaud/J. Mazeaud/Chabas/de Juglart*, Leçons de Droit Civil, p. 782.

555 *Loksaier*, La Clause Pénale, p. 147.

Während die Cour de cassation den vielfältigen Versuchen der Instanzgerichte[556] nachhaltig entgegenstand, hat sie im Jahresbericht 1972/73 vorgeschlagen, die unerträgliche Missbrauchssituation Art. 1152 Cc zu reformieren und ein richterliches Modifikationsrecht hinzuzufügen. Schließlich wurde dieser Vorschlag im Gesetz Nr. 597 1975 angenommen. Es stellt sich jedoch die Frage, warum es in der Strafregel einer allgemeinen Reform bedurfte, wenn der Missbrauch vor allem in Finanzierungsleasingverträgen erheblich war, und eine spezifische Gesetzgebung in diesem Bereich das Problem lösen konnte. Für diese verallgemeinerte Reform hat Sénat *Thyraud* in seinem Bericht begründet, dass die Unveränderbarkeit der Vertragsstrafe immer zu Missbrauchsmöglichkeit führen könne und deswegen zu beseitigen sei.[557] Aber dies ist keine überzeugende Argumentation, da die Gefährlichkeit des Missbrauches in anderen Bereichen lediglich gedacht, nicht nachgewiesen wird. In der Tat befürwortete die h. L. in den 70er Jahren trotz des Unbehagens einiger Autoren auch noch das „pinciple forfaitaire" des damaligen Art. 1152 Cc.[558]

Darüber hinaus gab es zwar auch das Problem, dass sich die Kunden im Bereich des contrat d'adhésion bei Vertragsverletzung zu einer Zahlung eines Prozentsatzes des Vertragspreises verpflichteten,[559] aber dieses Problem wurde durch Art. 35 la loi du 10 janvier 1978 gelöscht, nach dem die von den Verbrauchern in den Adhersionsverträgen verpflichteten Vertragsstrafen lediglich Durchschnittsschäden liquidieren dürften.[560] Danach trat das Problem auf, ob diese Regel auf alle Vereinbarung „les responsabilités et les garanties" anwendbar war, und diese Anwendung wurde von vielen Gerichten akzeptiert. 1995 trat Code de la consommation in Kraft, und Art. L. 132-1 normiert, dass alle missbräuchlichen Klauseln als unwirksam gelten.[561] Dann stellt sich die Frage, ob die Herabsetzung der Vertragsstrafe nach Art. 1152 Cc durch Art. L. 132-1 du Code de la consommation verdrängt werde und weitgehend an Bedeutung verliere. Darüber sind die Meinungen geteilt. *Paisant* ist der Meinung, dass Art. L. 132-1 du Code de la consommation bei Kontrolle der exzessiven Vertragsstrafe in

556 Es gibt noch viele andere Versuche, die durch die Cour de cassation oder die Jurisprudence abgelehnt wurde, z. B. l'ordere public, abus de droit et fraude à la loi, la clause léonine, l'usure, la lésion. *Loksaier*, La Clause Pénale, p. 143-145.

557 Sénat : Rapport fait du nom de la commission des lois par *M. Thyraud*, J. O. Documents 1974-1975, n° 386, p. 4.

558 Vgl. *Lindacher*, Phänomenologie der Vertragsstrafe, S. 47.

559 *Fischer*, Vertragsstrafe, S. 126.

560 *Fischer*, Vertragsstrafe, S. 138.

561 *Viney/Jourdain*, Traité de droit civil : les Effets de la Responsabilité, p. 564.

Verbraucherverträgen die Anwendung des Art. 1152 Cc ausschließe; nach der h. M. dürfen die Verbraucher selbst wählen, nach welcher Regel sie sich schützen.[562] Jedenfalls liegt die Tatsache vor, dass in der Praxis die Schuldner Art. L. 132-1 du Code de la consommation bevorzugen, „ce qui est de nature à réduire l'utilisation du pouvoir de révision judiciaire crée par la loi de 1975."[563]

D. Heraufsetzung der niedrigen Vertragsstrafe

Wie bereits im Teil 1 angemerkt, gibt es zwei Möglichkeiten, die Kompensationssumme zu erhöhen, wenn die Vertragsstrafe niedriger ist als der Schadensersatz. In Frankreich und China dürfen die Richter eine niedrige Strafe heraufsetzen, während in Deutschland die Strafe ohne abweichende Vereinbarung als Mindestschaden gilt, neben dem vom Gläubiger noch der weitere Schadensersatz verlangt werden kann. Da die deutsche Regel abdingbar ist,[564] ist davon auszugehen, dass das Recht vermutet, dass die Vertragsparteien eine volle Entschädigung anstreben, und in diesem Sinn ist der Gläubiger im deutschen Recht nicht besonders geschützt. In Frankreich wird eine Strafe nur erhöht, wenn sie lächerlich niedrig (dérisoire) ist. Der Gläubiger ist in diesem Fall schutzwürdig, weil er dadurch, ähnlich wie durch die unconscionable Haftbeschränkungsklauseln gemäß UCC 2-719,[565] keine seriöse Kompensation erhalten kann,[566] und dieser Vereinbarung zu entnehmen ist, dass er sich in der schwächeren Position befindet.[567] Im Vergleich dazu können nach der chinesischen Regel die Vertragsparteien die zukünftige Haftung nicht beschränken, da dem Gläubiger immer eingeräumt wird, die Differenz zwischen der vereinbarten Summe und dem Schadensersatz zu verlangen. Somit kann bei der Heraufsetzungsregel in China nicht geklärt werden, warum eine von den Parteien freiwillig vereinbarte Summe lediglich wegen der Differenz zwischen ihrem und dem tatsächlichen Schaden geändert

---

562 *Viney/Jourdain*, Traité de droit civil : les Effets de la Responsabilité, p. 564-565.

563 *Viney/Jourdain*, Traité de droit civil : les Effets de la Responsabilité, p. 565.

564 Vgl. Staudinger-*Rieble*, § 340, Rn. 76; MünchKomm-*Gottwald*, § 340, Rn. 17.

565 Vgl. Official Comment 1 UCC 2-719, „However, it is of the very essence of a sales contract that at least minimum adequate remedies be available. If the parties intend to conclude a contract for sale within this Article they must accept the legal consequence that there be at least a fair quantum of remedy for breach of the obligations or duties outlined in the contract."

566 *Viney/Jourdain*, Traité de Droit Civil, les Effets de la Responsabilité, p. 598.

567 „C'est pour protéger les créanciers qui peuvent se trouver, lors de la conclusion du contrat, en position d'infériorité que le législateur avait prévu ce cas." *Loksaier*, La Clause Pénale, p. 178.

werden darf, wenn im Schrifttum an keiner Stelle erwähnt wird, dass der Gläubiger vor seinem Überoptimismus geschützt werden soll.

Das Problem im französischen Recht liegt vielmehr darin, dass die Heraufsetzungsregel des Art. 1152 Cc nicht auf die bereits gut funktionierenden Regeln über die Haftbeschränkungsklauseln anpassend zu sein scheint. Bei einer Haftbeschränkungsklausel ist normalerweise die vereinbarte Summe beizubehalten, es sei denn, dass weiterer Schaden durch „la faute dolosive“[568] des Schuldners verursacht wurde, und in diesem Fall darf der Gläubiger den zusätzlichen Schaden auch verlangen. Zudem gilt eine Haftungsbeschränkungsklausel als unwirksam, wenn die Haftungsbeschränkung unzulässig ist, z. B. bei der Beschränkung des durch Rücktritt des Arbeitgebers verursachten Schadens.[569] Wenn die vereinbarte maximale Obergrenze des Schadensersatzes so lächerlich gering ist, gilt sie als Haftausschlussklausel, und als unwirksam, wenn eine Haftausschlussklausel als unwirksam gilt.[570] Die Reform des Art. 1152 Cc verursachte das Problem, ob Art. 1152 II Cc auf diese „dérisoire“ Haftbeschränkungsklauseln anzuwenden ist, und bis heute herrscht im französischen Recht keine Einigung darüber, da die Anwendung des Art. 1152 II dazu führt, dass der Gläubiger lediglich die erhöhte Strafe verlangen darf, während er nach der vorherigen Regel den tatsächlichen Schaden wegen der Unwirksamkeit der Haftbeschränkungsklausel verlangen kann.[571]

Auch die Notwendigkeit und praktische Bedeutung ist zweifelhaft. Da diese Regel für die unterhalb des Schadens liegende Vertragsstrafe im Vergleich zu dem Fall der übergehenden Vertragsstrafe in der Praxis wirklich selten Anwendung findet, und das Ungerechtigkeitsproblem nicht erheblich ist,[572] wird dieses Problem im Schrifttum wenig diskutiert. Die Krise der Vertragsstrafe in Frankreich bestand fast nur in den unverhältnismäßig hohen Strafen, während der Schutz der Gläubiger bei einer niedrigen Strafe nicht erwähnt wurde.[573] *Philippe Nectoux* hat 1975 eine Zusammenfassung und Auswertung von insgesamt 109 Urteilen des französischen Appellationsgerichts veranlasst, unter denen sich

568 Eine Verletzung mit faute dolosive ist nach der h. M. eine vorsätzliche Verletzung, ohne aber zu fordern, dass der Schuldner auch die Folge der Verletzung vorhersehen kann. Vgl. *Loksaier*, La Clause Pénale, p. 172.

569 Vgl. *Lindacher*, Phänomenologie der Vertragsstrafe, S. 45.

570 *Viney/Jourdain*, Traité de droit civil : les Effets de la Responsabilité, p. 545.

571 *Viney/Jourdain*, Traité de droit civil : les Effets de la Responsabilité, p. 546–547.

572 Beispielsweise hat *McCormick* (Damages, S. 608) darauf hingewiesen, dass die underliquidated damages nur ausnahmsweise auftreten.

573 *Loksaier*, La Clause Pénale, p. 149, 178.

kein Fall um die Heraufsetzung des vereinbarten Strafbetrags befindet.[574] Auch in China ist die Situation ähnlich. Bei den 81 Fällen im Archive des Supreme Courts in Bezug auf Vertragsstrafen gibt es keinen Fall, der die Erhöhung der Vertragsstrafe verhandelt. Ferner wird in der Interpretation des Vertragsrechts 2009 und in der Interpretation des Kaufvertragsrecht 2012 nur das Problem der unangemessen hohen Strafe erwähnt.

E. Zusammenfassung

In diesem Teil wurde nachgewiesen, dass für das Institut der Modifikation der Vertragsstrafe weder Gerechtigkeit noch Notwendigkeit zu finden ist.

Da im deutschen Recht die Vertragsstrafe auch für den Fall, dass sie von den Vertragsparteien aus ihrer vernünftigen Erwägung völlig frei vereinbart wird, herabsetzbar ist, gehört die Herabsetzung nach der h. L. in Deutschland nicht zur Rechtsgeschäftskontrolle, sondern vielmehr zur Rechtsausübungskontrolle. Daher wird die Notwendigkeit dieser Kontrolle infrage gestellt, wenn es im deutschen Recht sowohl die allgemeine Rechtsausübungskontrolle des § 343 BGB als auch spezifische Billigkeitskontrolle der §§ 315 ff. BGB und spezifische Rechtsgeschäftskontrolle bei den AGB-Verträgen und anderen Vertragstypen gibt, die den Anwendungsbereich des § 343 BGB weitgehend verdrängen. Wo die Kontrolle des § 343 BGB eine selbstständige Bedeutung findet, muss die Begründung dafür noch überprüft werden. Am meisten wird in der Lehre die besondere Schutzwürdigkeit des Schuldners befürwortet, die auf seinem Überoptimismus und seiner falsche Unterschätzung der Vertragsverletzungsmöglichkeit basiert. Jedoch wird diese Auffassung nicht durch die Verhaltenspsychologie bestätigt, denn das menschliche Verhalten ist von verschiedenen und sogar widersprüchlichen unvernünftigen Faktoren beeinflusst, die die Auswirkung von Überoptimismus ausgleichen können. Überdies findet sich im deutschen Zivilrecht kein Institut, deren Rechtslage der der Herabsetzung der Vertragsstrafe entspricht; auf der anderen Seite ist der Analoganwendung der Herabsetzung auf die selbstständige Vertragsstrafe zu entnehmen, dass dies als Preiskontrolle gilt, die ohne beschädigte Entscheidungsfreiheit der Vertragspartei nicht bedenklich ist. Darüber hinaus reflektieren die Kriterien der Herabsetzung, vor allem die Schwere der Verletzung und des Verschuldensgrades des Schuldners, den echten Willen der Vertragsparteien nicht.

574 Vgl. *Fischer*, Vertragsstrafe, S. 146.

Im angloamerikanischen Recht werde nach der h. M. der Ausschluss der Strafabrede durch Unconscionability, gerechte Kompensation und Ablehnung der Leistungssicherung begründet. Allerdings kann keine von ihnen die Überprüfung bestehen. Bei der Kontrolle der Vertragsstrafe wird der Prozess des Vertragsabschlusses in Betracht gezogen, und daher erfüllt die Strafabrede nicht den Tatbestand der prozeduralen Unconscionablity. Es wird von vielen Autoren angemerkt, dass das Kompensationsinstitut im common law den Gläubiger bei der Vertragsverletzung nicht völlig entschädigen kann. Für die nicht nachweisbaren und nicht ausgeglichenen materiellen und immateriellen Schäden ist eine Strafabrede zu rechtfertigen. Offensichtlich wird die traditionelle Ablehnung der Leistungssicherung infrage gestellt, da der gesetzliche Schadensersatz weitgehend unzureichend ist. Außerdem wird in der jüngsten Lehre vorgebracht, dass die Anwendung des Rechtsbehelfs der Leistungserfüllung nicht streng beschränkt, sondern erweitert werden solle.

In Frankreich begründet die Krise der Vertragsstrafen die Rechtsreform von 1975. Aber es ist zweifelhaft, die verallgemeinerte Reform für alle Vertragsstrafen zu rechtfertigen, denn die Krise umfasst nur beschränkte Bereiche von Finanzierungsleasingverträgen und Adhäsionsverträgen, besonders wenn der Missbrauch der Vertragsstrafe in Adhäsionsverträgen durch Art. 35 la loi 1978 (danach Art. L. 132–1 du Code de la consommation) gelöst wird. Die Heraufsetzung der Vertragsstrafe gemäß Art. 1152 II Cc kann durch Gläubigerschutz vor der Benachteiligung rechtfertigt werden, aber diese neue Regel passt nicht auf die zuvor gut funktionierenden Regeln über Haftbeschränkungsklauseln.

4. Teil: Ökonomische Analyse auf die Kontrolle der Vertragsstrafen

Bei der ökonomischen Analyse der Kontrolle der Vertragsstrafen wurde nicht die Gerechtigkeit, sondern die Effizienz der Vertragsstrafen betont. Daher ist es am wichtigsten, die meisten wirtschaftlichen Vorteile zu erzielen. Unklar ist aber, ob dieser Zweck durch die Durchsetzung der von den Vertragsparteien frei vereinbarten Vertragsstrafen oder durch die Beschränkung der Strafe auf den gesetzlichen Schadensersatz und die „Entsperrung" der effizienten Verletzung, erreicht werden kann. In diesem Sinn bestehen in der Auseinandersetzung, die seit Ende der 1970er Jahre aus der ökonomischen Perspektive über die Rechtfertigkeit der Kontrolle der Vertragsstrafen in den USA im Gange ist, zwei Kernpunkte: einmal die Erklärung des freien Willens der Vertragsparteien, und zum anderen die Realisierung einer effizienten Vertragsverletzung.

Vor der Auseinandersetzung wurde allgemein anerkannt, dass eine penalty clause, deren Summe höher ist als der Schadensersatz, wegen ihres Sperrungseffekts auf die effiziente Vertragsverletzung als unwirksam gilt. Im Jahr 1977 wurde aber zunächst von *Goetz* und *Scott* vorgebracht, dass die liquidated damages-Regel im common law aufgehoben werden solle, denn der potentiell Geschädigte (der Gläubiger) muss bei Ausschluss der Strafklausel für seine idiosynkratrischen Schäden (z. B. immaterielle Schäden), die nicht durch das Vertragsrecht geschützt werden, bei einem Dritten eine zusätzliche Versicherung kaufen, die mehr kosten würde als die durch eine Vertragsstrafe bei dem anderen Vertragsteil gekaufte Versicherung.[575] In dem Sinn, dass die nicht objektivierbaren Momente der Leistung und die idiosynkratrischen Schäden ignoriert würden, stehe auch die Lehre von „efficient breach" infrage.[576] Jedoch wurde in einer Abhandlung von 1978 darauf hingewiesen, dass bei einer penalty viele Kosten für die Verhinderung der Verletzungsverleitung des potentiell Verletzten verschwendet würden.[577] Folglich wurde in den letzten zwei Jahrzehnten des 20. Jahrhunderts viel darüber diskutiert, ob die Vertragsparteien aus ihrem freien Willen eine exzessiv höhere Vertragsstrafe vereinbaren wollen. Einige Autoren haben diese Möglichkeit verneint, denn eine über den voraussichtlichen Schaden hinausreichende Vertragsstrafe könne zu einer exzessiven Verhinderungsvorsorge gegen

---

575 *Goetz/Scott*, Liquidated Damages, 77 Colum. L. Rev., at 580–583.
576 *Goetz/Scott*, Liquidated Damages, 77 Colum. L. Rev., at 565.
577 *Clarkson/Miller/Muris*, Liquidated Damages v. Penalties, 1978 Wis. L. Rev., 351 (1978).

Vertragsverletzung führen, und der potentiell Geschädigte sei nicht geneigt, eine Versicherung für eine den Schadensersatzbetrag überschreitende Geldsumme abzuschließen.[578] Weiterhin wurde auf den Nachteil der Vertragsstrafen verwiesen, wonach sie den neuen Eintritt von potentiellen Konkurrenten in einen Monopolmarkt verhindern könnten.[579] Mit der Entwicklung der ökonomischen Lehre wird das Ziel der effizienten Verletzung allmählich jedoch nicht mehr wie zuvor betont, denn zum einen wird die Zuführung des effizienten Investments als neues Kriterium vorgebracht und zum anderen werden die Möglichkeit und die Transaktionskosten der Wiederverhandlung zwischen den Vertragsparteien als Schwerpunkt diskutiert.[580]

Vor Beginn der konkreten Analyse muss erst der ökonomische Mechanismus eines Vertrags geklärt werden. Ein Vertrag ist dann effizient, wenn beide Vertragsparteien davon profitieren können, z. B. wenn in einem Kaufvertrag die Bewertung des Käufers (W) nicht weniger als der Preis (P) und die Kosten des Verkäufers (K) nicht weniger P betragen. Dann ist der gesamte Gewinn des Vertrags (W-P-(P-K))=W-K. Wenn W und K beständig bleiben oder nur exogen geändert werden können, versuchen die Vertragsparteien, den eigenen Teil auszuweiten: Der Käufer will einen niedrigeren Preis und der Verkäufer möchte einen höheren. Falls W nachträglich niedriger wird als K, dann wäre dieser Vertrag nicht mehr effizient, sondern ein Rücktritt. Zudem würden die Vertragsparteien investieren, W zu erhöhen und K zu reduzieren, um die gesamte „pie" zu vergrößern, wenn dies möglich ist, und daher ist zu beachten, dass die Investitionen nicht verschwendet werden.

Im vorliegenden Kapitel wird diskutiert, ob beim Vertragsabschluss die Vertragsstrafe nicht den freien Willen der Vertragsparteien reflektiert und daher als ineffizient gilt, ob beim Verlauf des Vertrags die Vertragsstrafe die Ziele des effizienten Handels und der effizienten Investitionen behindert, und ob die

---

578 Vgl. *Rea* Jr., Efficiency Implication of Penalties and Liquidated Damages, 13 J. Legal Stud., 147, 153–155 (1984); *Edlin/Schwartz,* Optimal Penalties in Contracts, 78 Chi.-Kent L. Rev., 33, 35–38 (2003).

579 *Aghion/Bolton,* Contracts as a barrier to entry, 77 Am. Econ. Rev., 381 (1987); *Chung,* On the Social Optimality of Liquidated Damage Clauses: An Economic Analysis, 8 J. L. Econ. & Organ., 280 (1992); *Brodley/Ma,* Contract Penalties, Monopolizing Strategies, and Antitrust Policy, 45 Stan. L. Rev., 1161 (1993).

580 Vgl. *Scott/Triantis,* Embedded Options and the Case against Compensation in Contract Law, 104 Colum. L. Rev., 1428, 1449–1452 (2004); *Edlin/Schwartz,* Optimal Penaties, 78 Chi.-Kent L. Rev., at 36–37.

Vertragsstrafe zur Externalität führen würde, die nicht von den Vertragsparteien internalisiert werden kann.

A. „Überkompensation" und der freie Wille der Vertragsparteien

Die Frage, ob der Gläubiger bei Vertragsabschluss eine Überkompensation wünscht, ist einer der Kernpunkte der ökonomischen Analyse der Vertragsstrafe und wird intensiv diskutiert. Es scheint, dass der Gläubiger stets mehr Kompensation bevorzugt, damit er mehr Garantie von der Pflichtleistung erhalten und im Fall einer Pflichtverletzung völlig entschädigt werden kann. Dies passiert in der Realität aber eher selten, da ein Schuldner einer solch einseitigen Klausel, die nur für seinen Gegner von Vorteil wäre, kaum zustimmen würde. Es sei denn, dass dieser Vorteil vom Gläubiger gekauft wird, d. h. mit einem Preis verbunden ist, entweder durch den Ausgleich der Steigerung der für Prävention der Vertragsverletzung aufgewendeten Kosten oder durch Kauf einer zusätzlichen Versicherung. Da eine hohe Vertragsstrafe dem Gläubiger nicht nur Vorteile verspricht, ist zu fragen, ob er noch Interesse daran haben kann, eine Überkompensation vorzusehen.

I. Optimaler Schadensersatz und Preis-Strafe-Erwägung

In der bisherig herrschenden Lehre wird die Kompensation des Leistungsinteresses des Gläubigers als optimaler Schadensersatz angesehen. Der Gläubiger würde unter diesem Prinzip den Vertrag nur dann brechen, wenn sein Verlust durch Vertragsbruch (d. h. der vorhersehbare Schaden des Gläubigers) niedriger sei als sein Verlust durch Leistungserfüllung, und dies könne in folgender Formel abgebildet werden: $W\text{-}P<K\text{-}P$, also $W<K$.[581] Demnach führe die Kompensation des Leistungsinteresses immer zu einem effizienten Ergebnis, wonach der Schuldner den Vertrag nur brechen wird, wenn die Erfüllungskosten (K) höher werden als die Bewertung (W) des Gläubigers.[582] In diesem Zusammenhang könne diese Ersatzberechnungsmethode das optimale Niveau der Leistungserfüllung bewirken und dazu führen, den gesamten Gewinn zu maximieren, weil Gläubiger und Schuldner nicht wegen eines zu hohen oder zu niedrigen

581 *Schwartz*, The Myth That Promisees Prefer Supracompensatory Remedies: An Analysis of Contracting for Damage Measures, 100 Yale L. J., 369, 374 (1990).

582 Vgl. *Schäfer/Ott*, Lehrbuch der ökonomischen Analyse des Zivilrechts, 5. Aufl. 2012, S. 503.

Vertragsverletzungsrisikos unwillig würden, den Vertrag abzuschließen.[583] Obwohl eigentlich nur der Ersatz des vorhersehbaren Schadens effizient ist, wird die Vereinbarung einer Vertragsstrafe auch angewendet, denn die Berechnung und Anerkennung des ersetzbaren Schadens sind oft nicht perfekt. Wenn z. B. der vorhersehbare Schaden nicht nachweisbar oder sein Nachweis sehr aufwendig ist, kann das Verbot der Vertragsstrafe zu dem ineffizienten Resultat führen, dass die Vertragsparteien den Vertrag nicht abschließen, um das Risiko der Nicht- oder Unterkompensation zu vermeiden.[584] Dann stellt sich die Frage, ob die Vertragsparteien eine Strafe vereinbaren wollen, wenn sie als „ineffizient" angesehen würde.

A. Schwartz[585] hat in diesem Sinn argumentiert, dass in einem Wettbewerbsmarkt der Vertragspreis auch bei der Erhöhung der Strafe steigen würde, weil sich die Kosten für die Leistungserfüllung erhöhen würden. Wenn der Preis bei einem voraussichtlichen Schadensersatz als P_c und der Preis bei einer Strafe P_p bezeichnet wird, dann gilt die Formel: $P_p > P_c$. Dann sei der voraussichtliche Profit des Gläubigers bei einer Strafe $(W - P_p)$ immer geringer als der bei einem voraussichtlichen Schadensersatz $(W - P_c)$, vorausgesetzt die Strafe ist so hoch, dass der Schuldner immer die Leistungserfüllung wählen würde. Weil nur der dem Leistungsinteresse entsprechende perfekte voraussichtliche Schadensersatz (the perfect expectation damage) den Gesamtgewinn des Vertrags maximieren könne, sei für den Gläubiger die Vermehrung des Gewinns aus der Vertragsverletzung des Schuldners immer niedriger als die Reduzierung seines Gewinns aus der Erfüllung des Schuldners. In diesem Sinn bedürfe der Gläubiger keiner Strafe, die seinen voraussichtlichen Schaden übersteige. Diese Schlussfolgerung bleibe auch dann bestehen, wenn die Vertragsparteien asymmetrische Informationen hätten, die in einem strategischen Verhalten resultierten. In dieser Situation wisse der Schuldner nicht, wie hoch sein Gegner die Leistung bewerte, und er müsse seinem Gegner einige Preis-Strafe-Kombinationen zur Wahl vorlegen.[586] Der Gläubiger würde sein Leistungsinteresse nicht übertreiben, sonst laufe er Gefahr, einen hohen Preis zu zahlen. Auf der anderen Seite ist es aber möglich, dass der Gläubiger sein Leistungsinteresse niedriger darstellen würde, um einen niedrigeren Preis zu erzielen.

583 *Cooter/Ulen*, Law & Economics, 5. Ed., 2008, p. 211

584 *Clarkson/Miller/Muris*, Liquidated Damages v. Penalties, 1978 Wis. L. Rev., at 367.

585 *Schwartz*, Supracompensatory Remedies, 100 Yale L. J., at 375–379.

586 Dieses Modell hat *Rea* schon vorher präsentiert, vgl. *Rea* Jr., Efficiency Implication, 13 J. Legal Stud., at 153.

Es gebe, nach Ansicht von vielen, nur eine Ausnahme dafür, dass die Vertragsparteien keine wirkliche Strafe wollen, nämlich in den Fällen, in denen der Schuldner als Signal seiner Gutgläubigkeit bzw. seines niedrigen Verletzungsrisikos einer hohen Strafe zustimmt, um Geschäftspartner zu gewinnen. Die Bereitschaft des Schuldners, eine Strafe zu akzeptieren, signalisiert seine Bereitschaft zur Weitergabe der privaten Information, womit der potentielle Gläubiger seine Vertragsgegner nach unterschiedlichen Verletzungsrisiken wählen könne.[587] Dadurch werden die Transaktionskosten des Vertragsabschlusses reduziere.[588] *Rea* ist aber der Meinung, dass diese Funktion der Signalisierung nicht notwendigerweise durch die Vereinbarung einer Vertragsstrafe bedient werden müsse. Die Strafabreden seien trotz dieser Funktion ineffizient, denn sie würden zu einer exzessiven Prävention des Schuldners und der Überversicherung des Gläubigers führen, und der Gläubiger habe kein Interesse an einem die tatsächliche Schadenshöhe übersteigenden Betrag. Statt der Strafe seien die Kombinationen von unterschiedlichen Garantien und Schadensersatzpauschalierungen ausreichend, um die privaten Informationen zum Verletzungsrisiko des Schuldners zu zeigen.[589] *Reas* Ansicht ist zu bejahen. Es ist unvernünftig, dass der Schuldner einfach eine reine Strafe akzeptieren wird, ohne die anderen Vertragsbedingungen anzupassen. Wenn ein Schuldner ein niedrigeres Verletzungsrisiko hat als die anderen, dann muss er mehr für die Prävention der Verletzung aufwenden, und dies muss in einem Wettbewerbsmarkt zu einer Preiserhöhung führen. Der Gläubiger wird sich nur dann für diese Vertragsbedingungen bzw. für den erhöhten Preis entscheiden, wenn sein Interesse der Strafhöhe entspricht.

Diese Analyse bewirkt unterschiedliche Haltungen über die Vertragsstrafe. *Schwartz* hat die Schlussfolgerung gezogen, dass eine richterliche Kontrolle der Vertragsstrafe nicht nötig sei, weil der Gläubiger kein Interesse an einer Suprakompensation habe. Er hat ferner die richterlichen Ablehnungen der liquidated damages in zwei Fällen analysiert, und darauf hingewiesen, dass die Richter fälschlicherweise den voraussichtlichen Schaden für eine unzulässige Strafe gehalten haben.[590] Überdies haben *Cooter* und *Ulen* bemerkt, „... expectation damages actually awarded by courts are typically imperfect. The imperfection are caused by practical difficulties, especially the difficulty that courts

587 Vgl. *Posner*, Economic Analysis of Law, 7. ed. 2008, p. 129.

588 „A penalty clause may be the cheapest way for the builder to communicate credibility to the buyer." *Cooter/Ulen*, Law & Economics, p. 260.

589 *Rea* Jr., Efficiency Implication, 13 J. Legal Stud., at 155–156.

590 *Schwartz*, Supracompensatory Remedies, 100 Yale L. J., at 384–386.

have in obtaining accurate information."[591] Hingegen ist *Rea* der Meinung, dass im Fall einer richterlichen Ablehnung der Vertragsstrafe wahrscheinlich ein prozessualer Defekt oder ein Irrtum bei Vertragsabschluss zugrunde liege, während die Möglichkeit, dass die vereinbarte Summe der optimale Schadensersatz sei oder dass der Richter einen Fehler begangen habe, selten seien.[592] *Rea* zufolge führe die Tatsache, dass der Gläubiger risikoscheu sei, nicht dazu, dass er mehr in der Quantität des Ersatzes wolle.[593] Der Grund für diese Meinungsspaltung besteht in den unterschiedlichen Ansichten bezüglich der Frage, ob der Gläubiger seine idiosynkratrischen Schäden, die gesetzlich nicht ersetzt werden könnten,[594] bei Vertragsabschluss berücksichtigt. Je mehr der Gläubiger vom Vertrag erwartet (je höher W ist), desto höher fällt sein idiosynkratrischer Schaden aus. Das Problem besteht nur darin, ob der Gläubiger bereit ist, für seinen idiosynkratrischen Schaden eine Versicherung zu kaufen und einem höheren Vertragspreis zuzustimmen.

II. Versicherung für einen idiosynkratrischen Schaden

In der Tat funktioniert der Vertragsstrafenmechanismus wie eine Versicherung, bei der die Vertragsstrafe der gesicherten Erstattung ähnelt, und daher muss der Gläubiger als der potentiell Geschädigte vorher eine „Prämie" an den Schuldner zahlen. Je höher die Strafe ist, desto höher ist der Vertragspreis. Darüber hinaus stellen sich noch die Fragen, ob der Gläubiger sich darauf einlässt, eine Versicherung für eine „Strafe" zu kaufen, und ob bei diesen Versicherungsverträgen die Probleme von moral hazard und Adverse Selektion ungünstiger wären als bei normalen Versicherungen, wenn hier die Erstattung höher ausfällt als der gesetzlich anerkannte Schadensersatz.

---

591 *Cooter/Ulen*, Law & Economics, p. 211.

592 *Rea* Jr., Efficiency Implication, 13 J. Legal Stud., at 160.

593 *Rea* Jr., Efficiency Implication, 13 J. Legal Stud., at 153.

594 "Sentimental value is something that cannot be considered in the law of contracts. The amount of compensation for a loss of this kind, however, may not be determined by the market value of the article in question. … Sometimes the cost of replacement may be allowed, that is, the market value of some similar article even though it will not service some of the dearest of the purposes for which the original article was treasured; but in the law of contracts no price will be put upon mere feelings of pleasure or affection or feelings of sorrow and distress." *Cobin* on Contracts, 1964, Vol. 5, § 1004, p. 49. Ähnlich auch *Calamari/Perilo*, Contracts, S. 536.

1. *Mechanismus der Versicherung: Verlustverteilung und Risikomanagement*

Allgemein ist bekannt, dass man eine Versicherung auf Kosten der Prämie kauft, um einen möglichen Verlust auszugleichen. Aus der Perspektive des Versicherten wird der zukünftige mögliche Verlust aus der Welt der Vertragsverletzung in die Welt vor der Verletzung verlagert, und diese Verlagerung ist für den Versicherten dann effizient, wenn er risikoavers ist.[595] Da Risikoaversion den marginalen Nutzen des Geldes mit seiner Vermehrung verringern kann,[596] hat die nächste Einheit des Geldes einen niedrigeren Nutzen als die vorangegangene Einheit. Das bedeutet, im Sinn von zeitlicher Verlustverleitung hat eine risikoaverse Person das Bestreben, ihren Verlust in einen Zeitraum zu verlagern, in der ihr Vermögen einen höheren Wert hat und dieser Betrag ihr wenig Glück bringen kann. Natürlich ist ihr Vermögen vor der Vertragsverletzung höher und daher will sie den Verlust dahin verlagern. Der Kurve der Nutzenänderung ist Folgendes zu entnehmen: Für eine risikoaverse Person ist der Nutzenverlust eines bestimmten kleinen Betrags niedriger als der eines möglichen großen Betrags, und sie präferiert den Verlust des bestimmten kleinen Betrags (z. B. zwischen Verlust von 500 € und Verlust von 50.000 € mit 1 % Möglichkeit),[597] und daher will sie diesen kleinen Betrag als Prämie ausgeben, um das Risiko eines großen Schadens zu vermeiden.

Doch dem potenziell risikoaversen Geschädigten kann die Verlustverteilung nicht wirklich übertragen werden, denn er kann nicht zwischen dem bestimmten geringen Verlust und dem möglichen hohen Verlust wählen. Das Risiko des Verlusts kann nicht über die Zeit, sondern nur zwischen Personen verteilt werden. Es ist effizient, wenn die risikoaverse Person das Risiko des Verlusts auf Kosten an eine risikoneutrale Person übergeben kann, denn die zweite bleibt zwischen dem bestimmten geringen Verlust und dem möglichen hohen Verlust gleichgültig, und so wird Pareto Optimum erreicht. Auch ist es effizient, das Risiko auf mehrere risikoaverse Personen zu verteilen, denn nach dem Prinzip der Risikoaversion verursacht ein höheres Risiko unproportional mehr Aversion als ein geringeres

---

595 In der ökonomischen Lehre ist allgemein anerkannt, dass die meisten Leute die meiste Zeit risikoavers sind, obwohl Risikoaversion kein überall gültiges Phänomen ist. Vgl. *Posner*, Ecnomoic Analysis of Law, p. 11.

596 *Polinsky*, An Introduction to Law and Economics, Boston 2d ed., 1989, pp. 53–58; *Posner*, Economic Analysis of Law, p. 11; *Schäfer/Ott*, Ökonomische Analyse des Zivilrechts, S. 439.

597 Genaue Analyse und Beispiele vgl. *Shavell*, Economic Analysis of Accident Law, 1987, pp. 187–189.

Risiko, und durch die Risikoverteilung ist das erhöhte Risiko der anderen Personen geringer als das reduzierte Risiko des ursprünglichen Risikoträgers, und so wird das Kaldor-Hicks-Kriterium erreicht.[598] Zwei Beispiele sollen hier Klärung schaffen: Eine risikoaverse Person A hat einen 10 %-Risiko-Verlust von 10.000, und dies ist für A schlechter als die Situation, 1000 zu verlieren. Wenn A z. B. nur 8.990 Nutzen bei einem 10%-Risiko-Verlust von 10.000 hat, dann will A das Risiko mit dem Preis von 1000 bis 1.010 an einen risikoneutralen B übergeben. Auch kann dieses 10%ige Risiko zwischen A und einer ebenso risikoaversen Person C geteilt werden, dann haben A und C je 5 % Risiko des Verlusts von 10.000. Denn der Nutzenverlust zwischen 0 bis 5 % Risiko ist niedriger als der zwischen 5 % bis 10 %, damit ist auch der Verlust von C niedriger als der Gewinn von A. Beispielsweise ist der Nutzenverlust mit der Risikoänderung von 0 bis 5 % 3 und der von 5 % bis 10 % ist 7 (insgesamt 10 (9000–8990)), dann beträgt der Nutzen von A und C jetzt gerade mal 9.497 (10005%-3), und der Verlust von C (503=1000–9497) ist niedriger als der Gewinn von A (507=9497–8990).

Dieser Analyse ist zu entnehmen, dass im Bereich des Vertragsrechts ein risikoaverser Gläubiger für den von einer möglichen Vertragsverletzung verursachten Schaden eine Versicherung kaufen wird. Wenn der Schuldner risikoneutral ist, dann bemüht er sich, Versicherer zu werden; wenn auch er risikoavers ist, dann wird das Risiko durch die beiden geteilt.[599] Ist der Gläubiger aber risikoneutral und der Schuldner risikoavers, strebt der Gläubiger an, eignen Versicherer zu werden und das Risiko der Vertragsverletzung selbst zu tragen, d. h. er wird einen niedrigeren Schadensersatz akzeptieren, um einen niedrigeren Vertragspreis zu erzielen.[600] Zu beachten ist, dass der Ersatzbetrag sich nur zwischen 0 und dem vorhersehbaren Schaden des Gläubigers verändert, und auf keinen Fall darf der Ersatzbetrag steigen, wenn lediglich der Versicherungsmechanismus in Betracht gezogen wird.[601] Nun ist zu fragen, ob auch die idiosynkratrischen Schäden versichert werden können.

2. *Versicherung der immateriellen Schäden*

Wie bereits oben diskutiert, besteht das Motiv einer Versicherung in der durch Risikoaversion verursachten Nutzenänderung beim Risiko in der Vermögensänderung. Damit ist das Versicherungsmotiv für die idiosynkratrischen Schäden zweifelhaft,

598 *Shavell*, Economic Analysis of Accident Law, pp. 189–191. Die folgenden Beispiele werden auch daraus zitiert, aber wenig modifiziert.

599 *Rea* Jr., Efficiency Implication, 13 J. Legal Stud., at 153–155.

600 *Clarkson/Miller/Muris*, Liquidated Damages v. Penalties, 1978 Wis. L. Rev., at 367.

601 *Varian*, Microeconomic Analysis, 3. ed. 1992, pp. 180–181.

denn solche Schäden, die vor allem immateriell sind, können normalerweise das Vermögen des Geschädigten nicht, oder zumindest nicht unmittelbar, reduzieren. Die meisten immateriellen Schäden, z. B. die Enttäuschung über den Abbruch einer schon seit langem erwarteten Aufführung, der körperliche Schmerz wegen eines Amtsvergehens von einem Arzt, die große Trauer über den Verlust eines alten preziösen Familienfotos durch eine falsche Behandlung in der Fotogalerie, haben nichts mit dem Vermögen oder mit Geld zu tun; während so mancher Schaden, z. B. der Verlust eines Fingers für jemanden, der Klavier spielen lernen möchte, sogar dazu führen kann, dass das zukünftige Vermögen des Geschädigten zunehmen wird, da er die Unterrichtsgebühren und das Geld für das Klavier einsparen kann.

Die Wirtschaftswissenschaftler sind daher meistens der Meinung, dass der potentiell Geschädigte keine Versicherung für seine immateriellen Schäden kaufen wolle, wenn die Schäden nicht zum Nutzenverlust seines Vermögens führen können.[602] Da es in der Realität keinen Versicherungsmarkt für Schmerz, Trauer, Ärger oder Komfortverlust gebe, sei zu fragen, ob eine Kompensation der immateriellen Schäden nicht auch dem Willen des Geschädigten entspreche.[603] Im Bereich des Deliktsrechts wurde in diesem Zusammenhang die Idee von „Tort as Insurance“ vorgebracht, und es wurde besonders in den letzten drei Jahrzehnten argumentiert, dass der bisher unverhältnismäßig hohe Ersatz der immateriellen Schäden dem wirklichen Interesse der potentiell Geschädigten nicht entspreche, wenn zwischen den beiden Gruppen des potentiellen Schädigers und des potentiell Geschädigten ein quasi-vertragliches Verhältnis bestehe, sodass die hohe Kompensation als Prämie bzw. als Preiserhöhung wieder an den Geschädigten gehen könne.[604] Dies wurde noch als eine wichtige Ursache der Krisis des

---

602 *Shavell*, Economic Analysis of Accident Law, p. 229; *Cooter*, Towards a Market in Unmatured Tort Claims, 75 Va. L. Rev. 383, 388–391 (1989); *Cook/Graham*, The Demand for Insurance and Protection: The Case of Irreplaceable Commodities, 91 Q. J. Econ. 143 (1977); *Priest*, The Current Insurance Crisis and Modern Tort Law, 96 Yale L.J., 1521, 1547 (1987); *Danzon*, Tort Reform and the Role of Government in the private Insurance Market, 13 J. Legal Stud., 517, 520 (1984); *Schäfer/Otto*, Lehrbuch der ökonomischen Analyse des Zivilrechts, S. 402 f.

603 *Priest*, The Current Insurance Crisis, 96 Yale L.J., at 1547. *Schwartz*, Proposals for Products Liability Reform, 97 Yale L.J., 353, 363–367 (1988); *Cook/Graham*, The Demand for Insurance and Protection, 91 Q. J. Econ., at 143.

604 *Rea*, Non-Pecuniary Loss and Breach of Contract, 11 J. Legal Stud., 35, 53 (1982); *Schwartz*, Proposals for Products Liability Reform, at 363–367; *Priest*, The Modern Expansion of Tort Liability: Its Sources, its Effects and its Reform, J. Econ. Perspectives, 31 (1991); *Epstein*, Products Liabilities as an Insurance Market, 14 J. Legal Stud., 645 (1985); *Danzon*, Tort Reform, at 521; *Hanson/Logue*, The First Party

Haftungsversicherungsmarkts für ärztliches Vergehen und Produkthaftung in den 1980er Jahren angesehen,[605] weil die zu variablen immateriellen Schäden leicht zu einer Adverse Selektion führen könne, wenn die potentiell Geschädigten mit niedrigem Risiko aus dem Versicherungsmarkt austreten wollten.[606]

Demgegenüber strebt die jüngste Lehre danach, die Kompensation bzw. die Versicherung der immateriellen Schäden in verschiedenen Aspekten zu rechtfertigen. *Corley* und *Hanson* argumentieren,[607] die Entscheidung des potentiell Geschädigten dahingehend, ob er eine Versicherung kaufe, hänge nicht nur vom Ausgleich des marginalen Geldnutzens ab, sondern auch davon, wie wohlhabend er sei. Wenn er erwarte, dass er nach einer Verletzung Schmerzen zu ertragen hätte, sei es sehr gut möglich, dass er sich zum Erwerb einer Versicherung entschließen könne, damit er nach der Verletzung in seinem Leiden noch Freude durch die Kompensation erleben könnte. Die Entscheidung werde dann durch Erwägung zwischen Geldnutzenmaximierung und Verbesserung eines schlechten Wohlstandes getroffen. Auch hat *Avraham* aus der experimentellen Perspektive durch eine Fragebogenaktion die Schlussfolgerung gezogen, dass die potentiell Geschädigten auch eine Versicherung für ihre zukünftigen immateriellen Schäden brauchten.[608] Die Tatsache, dass in der Realität kein spezieller Versicherungsmarkt für die immateriellen Schäden existiere, könne dadurch geklärt werden, dass viele Verhinderungen vorlägen, wie eine Asymmetrie bezüglich der Informationen der Geschädigten und der Schädiger, Variation der Risiken und die gesetzliche Beschränkungen auf die versicherbaren Interessen.[609] So könne zumindest nicht pauschal davon ausgegangen werden, dass der Wunsch nach einer Versicherung einfach ausgeschlossen wird, wenn der marginale Geldnutzen unberührt bleibt. Es ist möglich, dass der Gläubiger bei Vertragsabschluss für sein idiosynkratrisches Interesse eine Versicherung zu kaufen wünscht.

Insurance Externality: An Economic Justification for Enterprise Liability, 76 Cornell L. Rev., 129, 135(1990).

605 See U. S. Department of Justice, Report of the Tort Policy Working Group on the Causes, Extent and Policy Implications of the Current Crisis in Insurance Availability and Affordability, 1986, at 22–23.

606 *Priest*, The Current Insurance Crisis, 96 Yale L.J., at 1547.

607 *Croley/Hanson*, The Nonpecuniary Costs of Accidents: Pain-and-Suffering Damages in Tort Law, 108 Harv. L. Rev., 1785, 1814–1822 (1995).

608 *Avraham*, Ronen: Should Pain-and-Suffering Damages Be Abolished from Tort Law? More Experimental Evidence, 55 U. Toronto L. J., 941, 957 (2005).

609 *Croley/Hanson*, The Nonpecuniary Costs, 108 Harv. L. Rev., at 1845–1856.

3. *Adverse Selektion und Moral Hazard bei der Versicherung von immateriellen Schäden*

Hinsichtlich des Unterschieds zwischen Vertragsrecht und Deliktsrecht ist das Problem von Adverser Selektion nicht wichtig. Das Phänomen der Adversen Selektion setzt nicht nur voraus, dass die versicherten Risiken variabel sind, sondern auch, dass die Risiken wegen Informationsasymmetrie nicht leicht voneinander zu differenzieren und in unterschiedliche Pools zu stellen sind. Beim Schadensersatz im Deliktsrechts ist es daher für die potentiellen Schädiger kaum möglich, sich über die Risiken der potentiell Geschädigten genau zu informieren, denn selbst bei einem quasi-vertraglichen Verhältnis gibt es zwischen den beiden keine wirkliche Verhandlung. Wenn variable Risiken in einem Risikopool bleiben, ist die Prämie für die potentiell Geschädigten mit niedrigen Risiken zu hoch und daher wollen sie nicht mehr so versichert werden. Sind die niedrigsten Risiken nicht mehr im Pool, muss die Prämie erhöht werden, und dies kann wiederum dazu führen, dass die relativ niedrigen Risiken den Pool auch verlassen. Dann wird der Risikopool in einen Teufelskreis geraten und am Ende zerfallen. Hingegen können die Vertragsparteien durch Verhandlung über Preis und Strafe ihre privaten Informationen offenbaren und letztlich können durch Feststellung der Strafe unterschiedliche Risiken segregiert werden. Nur bei den AGB-Verträgen, in denen für alle Kunden eine hohe Strafe festgestellt wird, ist Adverse Selektion möglich, aber diese Klausel findet in der Realität so gut wie keine Anwendung.

Auf der anderen Seite kann das Problem von Moral Hazard bei der Versicherung von immateriellen Schäden starke Ausmaße annehmen, da dies bereits beim völligen Schadensersatz des materiellen Schadens angedeutet wird.[610] Vor allem ist zu bemerken, dass die Versicherung der immateriellen Schäden kein Glücksspiel ist, solange die Strafe die tatsächlichen Schäden reflektiert, denn ein risikoscheuer oder risikoneutraler Geschädigter entscheidet sich in den meisten Fällen gegen eine Wette, da sie ein zusätzliches Risiko bedeuten kann. Bei einer frei vereinbarten Strafe ist nicht zu vermuten, dass die Parteien eine Wette eingehen wollen, darum ist auch nicht zu vermuten, dass mit der Strafe eine Überkompensation abzusehen ist[611], sonst hat der Gläubiger das Risiko, einen

610 „The expectation measure is not perfect .... (it) can induce overreliance by the performing party, just as any other form of business insurance will tend to induce the insured to relax his efforts to avoid the hazard insured against." *Posner*, Economic Analysis of Law, p. 122.

611 *Goetz/Scott*, Liquidated Damages, 77 Colum. L. Rev., at 584.

höheren Preis zu zahlen, wenn der Schuldner seine Pflicht nicht verletzt.[612] Das Problem von Moral Hazard besteht vielmehr darin, dass die Strafe nachträglich zu einer Überkompensation wird. Die am häufigsten erwähnte Lösung gegen Moral Hazard ist der Abzug des Ersatzes,[613] da die anderen Methoden wesentliche Verwaltungskosten nach sich ziehen würden. Aber ein abgezogener Ersatz führt unweigerlich zu einer Unterkompensation, die auch ineffizient ist, und daher liegt das Problem in der Erwägung zwischen den Nachteilen von Moral Hazard und der Unterkompensation. *Goetz* und *Scott* lehnen es ab, die gesamte Anordnung aus der freien Vereinbarung zu verneinen, um ein unmittelbares Ergebnis zu erreichen.[614] Diese Ansicht ist zu bejahen, da das Problem der Unterkompensation beim gesetzlichen Schadensersatz systematisch und üblich ist, während Moral Hazard nur auftritt, wenn der Gläubiger die Möglichkeit der Vertragsverletzung beeinflussen oder seinen eigenen Schaden durch Mangel an ausreichender Sorgfalt erweitern lassen oder fälschlich aufbauschen kann. Die Regel der Minderung bei Mitverschulden des Gläubigers kann das Problem der Mitwirkung des Gläubigers bei der Schadensentstehung weitgehend lösen, und eine fälschliche Übertreibung des Schadens ergibt keinen Sinn, wenn die Strafe zuvor festgestellt wurde.

In Bezug auf die Möglichkeit, dass der Gläubiger die Verletzung beeinflussen kann, sehen *Clarkson*, *Miller* und *Muris*[615] das Kernproblem bei der Entscheidung der Wirksamkeit der Vertragsstrafen im Anreiz und in der Fähigkeit des Gläubigers darin, wegen Überkompensation zu einem Vertragsbruch zu verleiten, entweder durch positives Verhalten oder durch Nichtkooperation. Die Ressourcen, die auf Verleitung zur Vertragsverletzung oder auf Entdeckung und Prävention von Verletzung zur Vertragsverletzung verwendet werden, seien gänzlich unwirtschaftlich, denn sie könnten weder Waren oder Leistungen produzieren, auf die die Vertragsparteien Wert legten, noch für die Produktion von Waren oder Leistungen verwendet werden, auf die ein Dritter mehr Wert lege als die Vertragsparteien. Außerdem könne dies auch dazu führen, dass die Kosten bei Vertragsschluss anstiegen, oder dass ein effizienter Hersteller wegen seiner Risikoaversion oder seiner höheren Entdeckungskosten aus dem Markt

612 *Schwartz*, Supracompensatory Remedies, 100 Yale L. J., at 393.

613 Vgl. z. B. *Lahnstein*, The View of a Reinsurer: On the Relationship between Liability Insurance and Tort Law, in *Wagner* (ed.), Tort Law and Liability Insurance, 2005, pp. 280–290; *Rea* Jr., Efficiency Implication, 13 J. Legal Stud., at 155.

614 *Goetz/Scott*, Liquidated Damages, 77 Colum. L. Rev., at 584.

615 *Clarkson/Miller/Muris*, Liquidated Damages v. Penalties, 1978 Wis. L. Rev., at 370–372, 375–376.

ausgeschlossen werde. Daher liege nahe, dass der Richter eine den gesetzlichen Schadensersatz übersteigende Strafe besonders kontrollieren müsse, wenn der Gläubiger sowohl die Möglichkeit als auch den Anreiz habe, zur Vertragsverletzung zu verleiten; andernfalls solle die Strafe durchgesetzt werden, ungeachtet ihrer Unverhältnismäßigkeit. In diesem Sinn dürfen die Strafklauseln anders behandelt werden als die Haftbeschränkungsklauseln, die nicht zur Verleitung der Verletzung führen würden.

Es ist aber zu bezweifeln, dass die Verleitung der Vertragsverletzung seitens des Gläubigers in der Realität viel auftritt. Es ist eher selten, dass der Gläubiger die Vertragsverletzung beeinflussen kann. Für den Gläubiger kann eine Verleitung seinen Firmenwert beeinträchtigen, und dazu fehlt sein Anreiz weitestgehend wegen diverser Regeln aus dem Prinzip von Treu und Glauben und auch wegen der tatsächlichen Schwierigkeit: Je höher die Strafe ist, desto mehr Sorgfalt würde der Schuldner darauf verwenden, die Verletzung zu verhindern, und desto schwieriger wäre es für den Gläubiger, zu einer Verletzung zu verleiten oder sein Verhalten der Verleitung zu decken.[616] Auch in den bisherigen Rechtsprechungen wird die Verhinderung der Verleitung zur Verletzung nicht in Betracht gezogen. Dies könnte daran liegen, dass die im Jahr 1978 vorgebrachte Auffassung im Anschluss im Schrifttum zwar häufig zitiert wird, aber kaum Zustimmung findet.

4. *Kostenvergleich zwischen Versicherungen der idiosynkratrischen Schäden beim Vertragsgegner und bei einem Dritten*

Wie oben dargestellt, ähnelt die Strafvereinbarung einer Versicherung, insoweit die den gesetzlichen Schadensersatz übersteigende Strafe als die gesicherte Erstattung und die Preiserhöhung als die Prämie angesehen werden kann. Wenn tatsächlich idiosynkratrische Schäden bestehen und Vertragsstrafen verboten oder beschränkt werden, muss der Gläubiger, nach *Goetz* und *Scott*, eine Versicherung bei einem Dritten kaufen.[617] Da durch die Vereinbarung das Risiko des Verlusts auf den Versicherer übergeht, ist die Prämie gleich dem Verlustbetrag multipliziert mit der Möglichkeit des Verlusts.[618] Bei diesem Vertrag werden die Transaktionskosten hinzuaddiert, um die Kosten des Versicherers korrekt

616 *Schwartz*, Supracompensatory Remedies, 100 Yale L. J., at 393.

617 *Goetz/Scott*, Liquidated Damages, 77 Colum. L. Rev., at 578.

618 Vgl. *Shavell*, Economic Analysis of Accident Law, p. 192, Fn. 10. Er hat für Simplizität die Kosten ignoriert, denn die Kosten werden durch die Forderung einer zusätzlichen sehr niedrigen Summe in einem einzelnen Vertrag und die Annahme der Versi-

zu berechnen. Die Kosten des Versicherers seien C, die Erstattung R, die Möglichkeit p und die Transaktionskosten T, somit ergibt sich für ihr Verhältnis die Formel: $C = pR+T$.

Angesichts des Kostenvergleichs zwischen Versicherungen beim Vertragsgegner und bei einem Dritten haben *Goetz* und *Scott* durch Berechnung nachgewiesen, dass die Kosten der Versicherung beim Vertragsgegner niedriger seien. In diesem Sinn ist es im Fall der idiosynkratrischen Schäden effizienter, eine Strafe zu vereinbaren, im Vergleich dazu, die idiosynkratrischen Schäden bei einem Dritten zu versichern. Diese Auffassung wird in zwei Schritten überprüft.[619] Zuerst wird argumentiert, dass die Transaktionskosten der Versicherung beim Vertragsgegner niedriger seien, denn der Vertragsgegner bzw. der Schuldner verfüge über mehr Informationen in Bezug auf die Verletzungsmöglichkeit (p), und eine Strafabrede mit dem Vertragsgegner könne auch viele andere Transaktionskosten mit einem Dritten einsparen, da ein Austausch der Information in Bezug auf die Leistung und Gegenleistung zwischen den Vertragsparteien bereits durchgeführt wurde oder wird. Wichtiger ist jedoch, dass der Schuldner die Verletzungsmöglichkeit mit mehr Sorgfalt verringern könne, solange die Verringerung für ihn effizient ist, d. h. bis zu einem Niveau, wo die für die Prävention der Verletzung verwendeten marginalen Kosten gleich der marginalen Reduzierung des Schadensersatzes sei, in diesem Fall entstehen zusätzliche Kosten (A). Der gesetzliche Schadensersatz betrage 1.000 und die Strafe 11.000 und die Verletzungsmöglichkeit werde von p_0 (beim gesetzlichen Schadensersatz) bis p_1 (bei der Strafe) verringert, dann könnten die Kosten des Schuldners als Versicherer für die 10.000 mit der folgenden Formel berechnet werden:

$$C = (p_1 \times 11000 + A + T) - p_0 \times 1000.$$

Auf der anderen Seite sind die Kosten eines dritten Versicherers wie folgt zu berechnen:

$$C' = p_0 \times 10000 + T'$$

Dann werden die Kosten verglichen:

$$\begin{aligned} C' - C &= (p_1 \times 11000 + A + T) - p_0 \times 1000 - (p_0 \times 1000 + T') \\ &= 11000(p_0 - p_1) - A + (T' - T) \end{aligned}$$

cherten aufgekommen. Aber bei der Vertragsstrafe gibt es kein „Gesetz der großen Zahlen" und die Transaktionskosten müssen in Kauf genommen werden.

619 *Goetz/Scott*, Liquidated Damages, 77 Colum. L. Rev., at 579–583.

Wie gesagt, A seien die für die Prävention der Vertragsverletzung verwendeten zusätzlichen Kosten, und deswegen sei A immer niedriger als der zusätzliche Gewinn durch die Prävention der Vertragsverletzung, weil die Prävention effizient sei. Demnach sei A immer niedriger als der reduzierte Schadensbetrag, der genau mit $11000(p_0-p_1)$ bezeichnet werden könne. Somit sei mühelos davon abzuleiten, dass C′ immer höher als C sei.

Ohne Formeln ist der Gedankengang wie folgt auszudrücken: Der Schuldner kann der Strafhöhe entsprechend das Verletzungsrisiko effizient reduzieren und daraus einen Gewinn erzielen, während ein Dritter die Verletzungsmöglichkeit nicht beeinflussen kann. Überdies ist zu berücksichtigen, dass das Problem von Moral Hazard bei der Versicherung bei einem Dritten größer sei, denn der Gläubiger habe den Anreiz, den Schuldner zu einer Vertragsverletzung zu verleiten und danach die vom Dritten gezahlte Erstattung mit ihm zu teilen.[620]

Hingegen hält *Tally* in Bezug auf die Zulässigkeit der Vertragsstrafe die Lehre der effizienten Versicherung für unnötig.[621] Seiner Auffassung nach sei es eher selten, dass der Gläubiger ein idiosynkratrisches Interesse habe. Selbst wenn dies tatsächlich der Fall sei, sei eine als Abschreckung der Vertragsverletzung geltende hohe Strafe nicht notwendig, denn normalerweise gibt es einen Spotmarkt für die Alternative der Leistung, und der Gläubiger habe daher nur den Schaden von der Preisdifferenz. Außerdem sei das idiosynkratrische Interesse im Fall eines engen Markts nicht einfach abgelehnt, sondern allgemein vom Richter anerkannt, besonders wenn der vorhersehbare Schaden schwierig zu ermitteln sei. Am Ende stellt *Tally* die These auf, die Differenz der Kosten zwischen Versicherungen beim Schuldner und bei einem Dritten sei „trivial", denn der dritte Versicherer stehe in einer zero-payoff-Position und wolle deswegen einen sehr niedrigen Preis für seine Leistung fordern.

Tallys Argumentation ist jedoch nicht überzeugend. Erstens gibt es keinen empirischen Beweis dafür, dass der Gläubiger nur selten ein idiosynkratrisches Interesse hat. In der Tat gilt eine hohe Strafe selbst normalerweise als der prima-facie-Beweis für die Existenz des idiosynkratrischen Interesses, wenn sich kein Defekt in der Willensbildung befindet, weil die Vertragsparteien bei Vereinbarung der Vertragsstrafen in den meisten Fällen eine Überkompensation nicht ex ante absehen.[622] Zweitens ist die Existenz eines Spotmarkts für idiosynkratrische

620 *Goetz/Scott*, Liquidated Damages, 77 Colum. L. Rev., at 585.

621 *Tally*, Contract Renegotiation, Mechanism Design and the Liquidated Damages Rule, 46 Stan. L. Rev., 1195, 1210–1222 (1994).

622 Möglicherweise können sie aber ex post eine Überkompensation werden. *Posner*, Economic Analysis of Law, p. 129. Ähnlich auch *Gergen*, A Defense of Judicial Reconstruction of Contracts, 71 IND. L. J. 45, 49 (1995).

Interessen in Wirklichkeit anormal, denn die subjektiven Interessen werden üblicherweise mit einem bestimmen Vertragsgegner oder Gegenstand eng relativiert. Am wichtigsten ist jedoch, dass *Tallys* Auffassung über Kostenvergleich zwischen Versicherungen beim Schuldner und bei einem Dritten die Möglichkeit unberücksichtigt lässt, dass der Schuldner gemäß Höhe der Strafe das Verletzungsrisiko effizient verringern kann.

III. Preis der Vertragsverletzung: Vertragsstrafe als Optionspreis

Zunächst ist die im Teil 3 gestellte Frage zu beantworten, ob die Vertragsstrafe ähnlich wie das Reugeld, das als Preis der Rücktrittsoption gilt, auch als „Preis" der Option des Vertragsbruchs anzusehen ist. Wie bereits im Teil 1 dargestellt, sieht die h. M. im Zivilrecht in der Vertragsstrafe und dem Reugeld einen Unterschied, denn die Vertragsstrafe bedient die Funktion der Vertragssicherung und das Reugeld gelte als Preis des Rücktrittrechts und schwäche die Vertragsbindung.[623] In der Praxis ist eine Abgrenzung dazwischen allerdings schwierig, und hängt oft davon ab, ob der Schuldner willkürlich durch die Geldzahlung ein Rücktrittsrecht erzielen kann.[624] Aber dies bedeutet nicht, dass die beiden Rechtsinstitute unter dem Aspekt ihrer wirtschaftlichen Funktion wesentlich differieren. Die Aussage, dass der Rücktritt rechtmäßig und die Vertragsverletzung vertragswidrig ist,[625] ergibt keinen Sinn, denn durch die Zahlung der Vertragsstrafe kann der Schuldner auch das „Recht" erzielen, eine vertragswidrige Handlung auszuführen. Wird jedoch bei Bewirkung der Vertragsstrafe nicht von dem Vertrag zurückgetreten, wird der Schuldner bei einer Strafe statt der Leistung auch von seiner Leistungspflicht befreit. Dann liegt bei den beiden Ergebnissen in der Tat wirtschaftlich kein Unterschied vor. Da es möglich ist, dass das Reugeld bei der von dem Schuldner zu vertretenden Verhinderung der Leistungserfüllung verfällt,[626] ist der Unterschied zwischen Reugeld und Vertragsstrafe verwischt.

In diesem Sinn entsprechen nach *Scott* und *Triantis* Vertragsstrafe und Draufgabe ebenso wie das Reugeld gleichermaßen dem Preis für eine eingebettete Call

623 MünchKomm-*Gaier*, § 353, Rn. 1; Rummel-*Reischauer*, § 909 ABGB, Rn. 6.

624 Rummel-*Reischauer*, § 909 ABGB, Rn. 7; Honsell/Vogt/Wiegand-*Ehrat*, Art. 158 OR, Rn. 13.

625 Staudinger-*Kaiser*, § 353, Rn. 5.

626 So in der Schweiz und in Österreich, Vgl. § 911 ABGB, Honsell/Vogt/Wiegand-*Ehrat*, Art. 158 OR, Rn. 12.

Option, die der Gläubiger für den Schuldner geschrieben hat.[627] Mit dieser Call Option sei es dem Schuldner durch Zahlung der Strafe (des Optionspreises) gestattet, den Vertragsgegenstand mit dem Ausübungspreis zu kaufen.[628] Für eine Call Option seien in einer Kombination von Optionspreis und Ausübungspreis die beiden Preise umgekehrt korreliert, d. h. je höher der Ausübungspreis sei, desto niedriger sei der Optionspreis. Der Zweck des Optionsschreibens bzw. der Vereinbarung einer Vertragsstrafe bestehe in vielen Fällen nicht im Ausgleich des vorhersehbaren Schadens, sondern darin, die Risiken der im Vertragslauf möglicherweise vorkommenden Bewertungsschwankungen des Strafschuldners und der Kostenschwankungen des Strafgläubigers zu versichern. Die Feststellung des Optionspreises hänge hauptsächlich von der Bewertung des Optionskäufers auf die Option und den Kosten des Optionsschreibers aufs Optionsschreiben ab, und ferner von der relativen Begünstigung auf das Risikomanagement des Optionsschreibers, die verborgenen Handlungen und die privaten Informationen der beiden Parteien, und die Konkurrenzsituation des Markts. Daher weiche die Strafe bzw. der Optionspreis möglicherweise weitgehend von der durch die Vertragsverletzung verursachten Schadenshöhe ab.

Beispielhaft[629] wird eine Situation von Stornierungsgebühr angeführt. Nach einer Hotelbuchung in der Hochsaison habe ein Kunde seine Reisepläne geändert und nach den Vertragsbedingungen eine hohe Gebühr gezahlt, als er sine Hotelbuchung stornierte, während in der Tat das Zimmer möglicherweise schnell wieder hätte gebucht werden können – sogar zu einem höheren Preis. In diesem Fall gelte die Stornierungsgebühr nicht als Überkompensation des Schadens, sondern als Prämie dafür, das Risiko der Kostenschwankungen für das Hotel zu vermeiden. Ohne diese Versicherung müsse der Kunde das Risiko tragen, nichts oder den vollen Preis zu zahlen. Der Optionspreis hänge hauptsächlich von den Kosten des Hotels ab, das Risiko aufzufangen. Da in der Hochsaison die Profiterwartung und das Risiko wegen der großen Varianz höher seien als in der

627 *Scott/Triantis*, Embedded Options, 104 Columb. L. Rev., at 1456–1459.

628 Eine Call Option ist nach der Theorie der „Put/call parity" von *Hans Stoll* mit einer Put Option identisch, wenn die beiden den gleichen Ausübungspreis und Ablauf haben und ein null discount factor vorgesetzt wird. In diesem Sinn kann der Strafschuldner entweder als Käufer oder als Verkäufer eine Call Option haben. *Scott* und *Triantis* haben nur die Situation diskutiert, in der der Strafschuldner der Käufer ist. Sie haben in diesem Fall die Vertragsstrafe als eine Call Option, nicht als die Kombination von Vertragspreis und einer Put Option betrachtet, um den Optionspreis von dem Vertragspreis zu isolieren (at 1457).

629 *Scott/Triantis*, Embedded Options, 104 Columb. L. Rev., at 1467–1470, 1473–1475.

Nebensaison, sei die Feststellung einer höheren Stornierungsgebühr vernünftig. Auf der anderen Seite sei es auch denkbar, dass das Hotel bei einem höheren Buchungspreis das Angebot einer niedrigen oder gar keiner Stornierungsgebühr vorlegt, denn der Optionskäufer könne nicht nur Versicherung gegen Kostenschwankungen des Optionsschreibers, sondern auch eine weitere Versicherung gegen eigene Bewertungsschwankungen kaufen, um das Risiko eigener Bewertungsschwankungen an den Optionsschreiber zu übergeben. Um dieses Ziel zu erreichen werde der Ausübungspreis erhöht, weil die beiden Preise umgekehrt korreliert sind, und der Optionskäufer tendiere daher zu der Kombination von einem niedrigeren Optionspreis und einem höheren Ausübungspreis.

Scott und *Triantis* haben den Gedanken von der „Vertragsstrafe als Versicherung“ erweitert. Nicht nur das Risiko des vorhersehbaren Schadens, sondern auch die Risiken der Kosten- und Bewertungsschwankungen der Vertragsparteien sind versicherbar. Zu beachten ist hierbei allerdings, dass die Option nicht als echte Versicherung wirkt, denn das Verhältnis zwischen Optionspreis und Ausübungspreis entspricht nicht dem Versicherungsmechanismus, obwohl eine Option ein Risiko auch mit einem Preis übergeben kann. Bei dem Optionspreis kommt es – gleich wie bei den anderen Preisen auf dem Markt – auf die Bewertung des Optionskäufers und die Kosten der Optionsschreiber an, ebenso hängt er vom konkreten Fall ab, und hat deswegen keine direkte Relation zum vorhersehbaren Schaden. Wenn im Zivilrechtssystem das Reugeld als Preis der Rücktrittsoption im Prinzip frei vereinbart werden kann, muss auch die Vertragsstrafe als Preis der vertragswidrigen Handlungen nicht unbedingt mit dem Schadensersatz etwas zu tun haben.

B. Effizienter Vertragsbruch und effiziente Investition

Im common law-System ist die Vertragsverletzung dem Prinzip von „pacta sunt servanda“ hingegen moralisch nicht vorwerfbar, vielmehr steht das Ziel der Effizienz im Vordergrund. Einer der am häufigsten vorgebrachten Gründe gegen die Vertragsstrafe besteht darin, dass die Vertragsstrafe eine effiziente Vertragsverletzung verhindern könne:[630] Während bei der Regel des Schadensersatzes der Schuldner die Kosten seiner Verletzung internalisieren und dadurch die effiziente Entscheidung über die Verletzung treffen könne, würden bei einer Strafklausel

630 Vgl. *Posner*, Economic Analysisi of Law, p. 120; *Hartzler*, The Business and Economic Functions of the Law of Contract Damages, 6 Am. Bus. L. J. 387, 392–393 (1968); *Cavico*, Jr., Punitive Damages for Breach of Contract – A Principled Approach, 22 St. Mary's L. J., 357, 371 (1990).

die Kosten der Vertragsverletzung erhöht.[631] Dies erscheint vernünftig, aber es wird auch geäußert, dass die Lehre der effizienten Vertragsverletzung die subjektiven Interessen des Gläubigers vernachlässige,[632] und diese sich zudem seit den 1970er Jahren entwickelte Lehre Kritik aus anderen Aspekten auf sich gezogen habe.[633] Darüber hinaus ist das effiziente Resultat nach dem Coase Theorem ohne Transaktionskosten immer zu erzielen, und deswegen ist es möglich, dass die effiziente Vertragsverletzung durch Wiederverhandlung nicht behindert wird, wenn es niedrige Transaktionskosten gibt. Auf der anderen Seite ist zu beachten, dass die Förderung der effizienten Investition auch ein Ziel in Effizienz ist. Jedoch wird darauf hingewiesen, dass der gesetzliche Schadensersatz zu einer exzessiven oder unzureichenden Investition der Vertragsparteien führen könne, während die Vertragsstrafe in bestimmten Fällen zu einer effizienten Investition führen könne.[634] Angesichts dieser Situation sind die beiden Effizienzziele und die Vor- und Nachteile der Rechtsinstitute zu erwägen.

I. Die Lehre des effizienten Vertragsbruchs und die darauf geäußerte Kritik

Der Begriff von „efficient breach“ wurde erstmals von *Birmingham* im Jahr 1970 spezifisch vorgebracht, als er in Bezug auf die Arbeitsverträge darauf hingewiesen hat, „Repudiation of obligations should be encouraged where the promisor is able to profit from his default after placing his promisee in as good a position as he would have occupied had performance been rendered.“[635] Seitdem wird die Lehre des effizienten Vertragsbruchs in der ökonomischen Analyse als herrschende Lehre angenommen: Wenn ein Vertragsbruch dazu führen kann, dass der Schuldner in einer besseren Situation ist und dem Gläubiger dadurch kein Schaden entsteht, dann erfüllt dieser Vertragsbruch das Kriterium von Pareto-Optimismus und ist effizient. Die Effizienz des Vertragsbruchs ist unter zwei

---

631 Vgl. *Scott/Triantis*, Embedded Options, 104 Columb. L. Rev., at 1447.

632 Vgl. *Schäfer/Otto*, Lehrbuch der ökonomischen Analyse des Zivilrechts, S. 504–508.

633 Vgl. *Eisenberg*, Actual and Virtual Specific Performance, the Theory of Efficient Breach, and the Indifference Principle in Contract Law, 93 Cal. L. Rev., 975, 997–1015 (2005).

634 *Edlin/Schwartz*, Optimal Penalties in Contracts, 78 Chi.-Kent L. Rev., at 36–37.

635 *Birmingham*, Breach of Contract, Damage Measures, and Economic Efficiency, 24 Rutgers L. Rev. 273, 284 (1970). In diesem Sinne auch *Posner* in Economic Analysis of Law, p. 120: „He will do so if the profit would also exceed the expected profit to the other party from completion of the contract, and hence the damages from breach. So in this case awarding damages will not deter a breach of contract. It should not.“

Umständen möglich, dass die Kosten des Schuldners nachträglich erhöht werden und mehr als die Bewertung des Gläubigers betragen oder dass ein Dritter dem Schuldner ein besseres Angebot vorlegt, durch das der Schuldner trotz der Kompensation des Schadens des Gläubigers noch profitieren kann.[636] In der ersten Situation wird der Vertrag gebrochen, um einen höheren Verlust zu vermeiden, während in der zweiten der Vertrag gebrochen wird, um einen höheren Gewinn zu erzielen. Die wichtige Voraussetzung für die Effizienz besteht darin, dass der Gläubiger völlig entschädigt wird, sodass es gleichgültig ist, ob der Schuldner die Leistung tatsächlich erfüllt. Dies wird oft als das „indiffence prinzip" hervorgehoben.[637]

In der Tat ist nicht nur danach zu streben, dass ein ineffizient gewordener Vertrag gebrochen werden soll, sondern auch zu garantieren, dass der effiziente Vertrag erfüllt werden muss. Daher muss der Schuldner alle Kosten des Vertragsbruchs tragen, sodass er nicht zu viel bricht. In diesem Sinn ist das Ziel nicht der effiziente Vertragsbruch, sondern das effiziente Geschäft (efficient trade). Theoretisch scheint diese Auffassung ohne Zweifel richtig, solange der Gläubiger wirklich in der Position ist, dass der Schuldner seine Leistung erfüllt. Als Kriterium kann geprüft werden, ob der Vertrag sofort storniert würde, falls sich Gläubiger und Schuldner als zwei Unternehmen miteinander vereinen.[638] Wenn der Vertrag für das neue Unternehmen eine Behinderung für einen größeren Profit oder Zugang für einen Schaden wäre, dann wäre der Vertrag selbstverständlich ineffizient und von dem neuen Unternehmen zu beenden. Allerdings treten aber bei dem Versuch, die Lehre von efficient breach in der Praxis anzuwenden, viele Probleme auf, und daher wird die Lehre heftig kritisiert. Darüber hinaus wird sogar bezweifelt, dass die Lehre von efficient breach und die Regel des Schadensersatzes des Erfüllungsinteresses nicht zu einer Effizienz führen kann.

1. *Zweifel an der Vollständigkeit des gesetzlichen Schadensersatzes*

Die Kritik fokussiert sich meistens darauf, dass der Gläubiger das subjektive Interesse ignoriert. Nach *Goetz* und *Scott* müssen bei der Berechnung der gerechten Kompensation auch die nicht objektivierbaren Schäden in Betracht gezogen werden, sonst würde der Gläubiger nicht für Leistungserfüllung und

636 *Posner*, Economic Analysis of Law, pp. 119–120.

637 Vgl. *Craswell*, Contract Remedies, Renegotiation, and the Theory of Efficient Breach, 61 S. Cal. L. Rev, 629, 636 (1988).

638 Vgl. *Friedmann*, The Efficient Breach Fallacy, 18 J. Legal Stud. 1, 10 (1989).

Schadensersatz die gleiche Haltung nehmen.[639] Dieser Argumentation entgegen behauptet *Linzer*, dass die Vertragsparteien normalerweise nur aus ökonomischen Gründen einen Handelsvertrag oder einen routinemäßigen Arbeitsvertrag abschließen wollen, und deswegen könne der Gläubiger durch Ersatz des materiellen Schadens völlig entschädigt werden.[640] *Linzers* Ansicht ist abzulehnen, denn der Tatsache, dass die meisten Vertragsparteien nur materielle Interessen verfolgen, ist nicht zu entnehmen, dass niemand sein immaterielles Interesse durch einen Vertrag sichern lässt. Besonders bei den Verträgen, in denen eine hohe Strafe vereinbart wird, ist es möglich, dass der Gläubiger subjektiv Wert auf die Leistungserfüllung legt.

Wie zuvor bereits diskutiert, wird bei der Ersatzregel des vorhersehbaren Schadens (W-P) der Vertrag nur erfüllt, wenn für den Schuldner der Verlust aus der Vertragserfüllung niedriger ist als der Verlust aus dem Vertragsbruch (K-P < W-P), also wenn die Kosten des Schuldners niedriger sind als die Bewertung des Gläubigers (K < W), und daher ist diese Ersatzregel effizient. In der Realität ist aber die Bewertung des Gläubigers normalerweise eine private Information, die dem Schuldner nicht bekannt und möglicherweise vor dem Richter nicht beweisbar ist. Es ist nicht eindeutig, ob den Vertrag bei Einigung der Vertragsparteien storniert würde, und daher ist es auch nicht klar, ob die Verletzung effizient ist. Nach Friedmann stehe dem Schuldner nicht das „Recht" zu, den Vertrag zu brechen, der Schuldner müsse das „Recht" vielmehr kaufen, d. h. er müsse dem Gläubiger einen Preis zahlen, damit der Gläubiger mit dem Vertragsbruch einverstanden ist.[641]

Über das subjektive Interesse des Gläubigers auf den spezifischen Vertragsgegenstand hinaus wird er systematisch unterkompensiert, sogar wenn eine Alternative mit einem Marktpreis durch Wiederverkauf oder Wiederkauf verfügbar ist. Theoretisch hat sich die Rechtslage des Gläubigers in diesem Fall durch die Vertragsverletzung nicht geändert, wenn die Differenz zwischen dem Vertragspreis und dem Marktpreis der Alternative ausglichen wird, kann das subjektive Interesse auch durch die Alternative erfüllt werden. Aber in der Tat ist es fast unmöglich, eine echte Alternative zu finden, die genau in der vertragsgemäßen

---

639 Vgl. *Goetz/Scott*, Liquidated Damages, 77 Colum. L. Rev., at 563–565. Sie haben das Modell von „Edgeworth Box" verwendet, das von Birmingham 1969 vorgebracht wurde, und die Kurve zu der Quasi-Erfüllung des Gläubigers vorgestellt, um die Differenz zwischen seinem objektiven Interesse und seiner Erwartung zu illustrieren.

640 *Linzer*, On the Amorality of Contract Remedies-Efficiency, Equity, and the Second Restatement, 81 Colum. L. Rev., 111, 117 (1981).

641 *Friedmann*, The Efficient Breach Fallacy, 18 J. Legal Stud., at 11.

Übergabezeit und im vertragsgemäßen Übergabeort verfügbar ist. Der Marktpreis wird normalerweise vom Richter mit dem in etwa ähnlichen Gegenstand innerhalb einem in etwa annähernden Zeitraum und Ort festgestellt, und es gibt normalerweise einen Fehlbetrag zwischen dem geschätzten Marktpreis und der Bewertung des Gläubigers, weil diese „Alternative" normalerweise im Gegensatz zum Vertragsgegenstand den Bedarf des Gläubigers nicht genau befriedigt.[642] Außerdem gibt es verschiedene ex-post-Beschränkungen auf den immateriellen Schaden und die unersetzbaren Schäden, z. B. die Kosten der Streitbeilegung und den Zeitverlust, daher kann der Gläubiger zwischen dem gesetzlichen Schadensersatz und der Leistungserfüllung nicht gleichgültig bleiben.

2. *Zweifel an der Ungültigkeit des Gläubigers zwischen Schadensersatz und Leistungserfüllung*

In der Tradition des common law werde ein Vertrag nicht als Garantie der Leistungserfüllung, sondern als eine Versicherung für das ökonomische Interesse des Gläubigers betrachtet. Diese Idee wird als „Contract as Insurance" bezeichnet.[643] Dem entgegen gibt es auch die Auffassung, dass der Gläubiger keine Versicherung, sondern die tatsächliche Leistung erhalten wolle, da er dem Versprechen vertraue, und die relativen Vorbereitungen und Investitionen anordnen könne.[644] „This lock-in allows buyers to confidently engage in long-term production projects and to make expenditures on contract-specific and wealth-enhancing reliance".[645] Der offizielle Kommentar des UCC habe, nach den Vertretern der zweiten Ansicht, ihre Meinung anerkannt:

> ...the essential purpose of a contract between commercial men is actual performance and they do not bargain merely for a promise, or for a promise plus the right to win a lawsuit and that a continuing sense of reliance and security that the promised performance will be forthcoming when due, is an important feature of the bargain. If either the willingness or the ability of a party to perform declines materially between the time

---

642 *Eisenberg*, Actual and Virtual Specific Performance, 93 Cal. L. Rev., at 991; *Goetz/Scott*, Liquidated Damages, 77 Colum. L. Rev., at 571–572.

643 *Posner*, Economic Analysis of Law, pp. 105–108.

644 *Ayres/Gregory*, Promissory Fraud Without Breach, 2004 Wisc. L. Rev. 507, 513–514; *Eisenberg*, Actual and Virtual Specific Performance, 93 Cal. L. Rev., at 1007–1008: „When buyers contract for the purchase of a differentiated commodity, they are typically motivated in significant part by a desire to coordinate and stabilize planning, production, and distribution by locking in the supply of in-puts and factors of production and distribution".

645 *Eisenberg*, Actual and Virtual Specific Performance, 93 Cal. L. Rev., at 1008.

of contracting and the time for performance, the other party is threatened with the loss of a substantial part of what he has bargained for. A seller needs protection not merely against having to deliver on credit to a shaky buyer, but also against having to procure and manufacture the goods, perhaps turning down other customers. Once he has been given reason to believe that the buyer's performance has become uncertain, it is an undue hardship to force him to continue his own performance. Similarly, a buyer who believes that the seller's deliveries have become uncertain cannot safely wait for the due date of performance when he has been buying to assure himself of materials for his current manufacturing or to replenish his stock of merchandise.[646]

Demnach möchten die Vertreter der zweiten Ansicht zeigen, dass der Gläubiger zwischen Leistungserfüllung und Schadensersatz nicht indifferent bleiben würde, selbst wenn er völlig entschädigt werden könnte. Jedoch wird nicht erklärt, warum das Vertrauen des Gläubigers in der Leistungserfüllung geschädigt wird, wenn er durch den perfekten Ersatz des Erfüllungsinteresses völlig zu entschädigen und seine Aufwendung völlig auszugleichen ist. Es wird sogar von vielen Autoren darauf hingewiesen, dass der völlige Ersatz des Erfüllungsinteresses dazu führen könne, dass der Gläubiger der Leistung übervertraue.[647] In der Realität kann der Gläubiger unter den meisten Umständen den Anspruch der Leistungserfüllung nicht wirklich ausüben,[648] damit muss seine Erwartung als Schadensersatz in einer Geldsumme reflektiert werden. Das Problem besteht daher nur darin, ob diese Geldsumme dafür ausreichend ist, dass der Gläubiger zwischen Schadensersatz und Leistungserfüllung indifferent bleibt.

Eisenberg hat überdies im moralischen Aspekt argumentiert, dass der Schuldner bei Vertragsschluss in der Realität niemals darauf hinweise, dass er möglicherweise nicht leiste und nur Schadensersatz zahle, denn so gut wie kein Gläubiger

646 Official Comment § 2-609 UCC, 1.

647 *Shavell*, Damage Measures for Breach of Contract, 11 Bell J. Econ. 466, 470–472 (1980); *Rogerson*, Efficient Reliance and Damage Measures for Breach of Contract, 15 Rand J. Econ. 39, 41–43, 47 (1984); *Craswell*, Performance, Reliance, and One-Sided Information, 18 J. Legal Stud. 365, 377 (1989); *Edlin/Schwartz*, Optimal Penalties in Contracts, 78 Chi-Kent L. Rev., at 43; *Scott/Triantis*, Embedded Option, 104 Colum. L. Rev., at 1448; *Cooter/Ulen*, Law & Economics, pp. 269–275.

648 Viele common law-Autoren hängen dem Missverständnis an, dass im Zivilrechtssystem die Abhilfe der Leistungserfüllung im Vordergrund steht. In der Tat spielt der Erfüllungsanspruch in der gerichtlichen Praxis des Zivilrechtssystems wegen der Kosten und Schwierigkeiten bei der Erzwingung der Leistungserfüllung kaum eine Rolle. Vgl. *Schäfer/Otto*, Lehrbuch der Ökonomischen Analyse des Zivilrechts, S. 508. Mit den empirischen Beweisen auch *Lando/Rose*, The Myth Of Specific Performance in Civil Law Countries, in American Law & Economics Association Annual Meetings, 2004.

würde das akzeptieren.[649] Eine Umfrage mit 119 Firmen in North Carolina hat ergeben, dass 105 Firmen einen wegen eines besseren Angebots willkürlich begangenen Vertragsbruch für unethisch halten, und 86 Firmen würden den Geschäftsverkehr mit diesen Firmen, die vorher Verträge unethisch gebrochen haben, verweigern.[650] Es ist jedoch schwierig zu sagen, dass ein durch eine erhebliche Kostenerhöhung verursachter Vertragsbruch als moralisch vorwurfbar anzusehen ist, und *Eisenberg* hat ferner anerkannt, dass in dieser Situation die Leistungserfüllung ineffizient sei.[651] Die Auffassung, die Vertragsparteien keinen effizienten Vertragsbruch wollen, kann daher nicht nur durch die Umfrage bestätigt werden. Darüber hinaus deckt die Umfrage nur die Perspektive des Gläubigers ab, und ist daher in ihrer Überzeugungskraft anzuzweifeln. In der Tat erwartet bei Vertragsabschluss nicht nur der Gläubiger, sondern auch der Schuldner die tatsächliche Leistungserfüllung, aber mit einer Änderung der Situation ändert sich auch die Erwartung der Vertragsparteien. Selbstverständlich will nicht nur der Schuldner, dessen Kosten den Vertragspreis übersteigen, sondern auch der Gläubiger, dessen Bewertung niedriger fällt als der Vertragspreis, den Vertrag brechen. Das Ziel von „efficient breach" oder „efficient trade" soll beibehalten, und besteht es nur die Fragen, wie es zu erreichen ist, und ob eine Vertragsstrafe es behindern kann.

3. Gegensätzlichkeit zwischen effizientem Vertragsbruch und effizienter Investition

Wie oben erwähnt, muss der Gläubiger, um das Kriterium von Pareto-Optimum bei Vertragsbruch zu erfüllen, völlig entschädigt werden, als ob die Leistung vertragsgemäß erfüllt würde. Das bedeutet, der Schuldner muss die durch Vertragsbruch verursachten Kosten völlig internalisieren, damit er eine effiziente Entscheidung in Bezug auf einen Vertragsbruch treffen kann. Auf der anderen Seite ist auch zu beachten, dass die Vertragsparteien nach dem Vertragsabschluss in vielen Fällen nicht einfach auf die Leistungserfüllung warten. Stattdessen bereiten sie sich für die Leistung und die zukünftigen Geschäfte vor und investieren dahingehend. Bei den Selbstinvestitionen investiert der Schuldner, um eigene Kosten zu reduzieren, und der Gläubiger investiert, um die eigene Bewertung zu erhöhen; bei den kooperativen Investitionen kann die Investition des Schuldners

649 *Eisenberg*, Actual and Virtual Specific Performance, 93 Cal. L. Rev., at 1007.
650 *Baumer/Marschall*, Willful Breach of Contract for the Sale of Goods: Can the Bane of Business be an Economic Bonanza?, 65 Temp. L. Rev., 159, 165 (1992).
651 *Eisenberg*, Actual and Virtual Specific Performance, 93 Cal. L. Rev., at 1014.

die Bewertung des Gläubigers hingegen erhöhen, ebenso kann die Investition des Gläubigers die Kosten des Schuldners reduzieren.[652] Beispielsweise könnte der Schuldner eine neue Technologie einsetzen und die Produktionskosten sparen und der Gläubiger könnte für den Vertragsgegenstand werben und dadurch mehr Kunden anziehen.

Das Problem besteht darin, dass bei der Lehre vom effizienten Vertragsbruch die völlige Internalisierung der Kosten dazu führen kann, dass der Gläubiger zu viel investiert. Der Gläubiger trägt keine Kosten und muss sich nicht darum sorgen, dass die Leistung vielleicht ineffizient werden könnte und der Vertrag gebrochen würde, somit muss er sich auch nicht darum sorgen, dass sich seine Investition als Verschwendung herausstellen könnte: „in deciding on his level of reliance, he does not recognize that reliance is in fact like an investment which does not pay off in the event of breach";[653] „they may not take into account the possibility that marginal reliance investments are unwarranted by the possibility of nonperformance."[654] Ein von *E. Posner* genanntes Beispiel kann dies erläutern.[655] Angenommen, die Bewertung beträgt des Gläubigers (W) 100, wenn er nicht investiert; und 120, wenn er 5 investiert; und 128, wenn er 10 investiert. Natürlich will er 10 investieren, wenn er die Möglichkeit des Vertragsbruchs nicht in Betracht ziehen kann, denn 128-10>120-5>100. Aber wenn es eine Möglichkeit von 50 % gibt, dass der Vertrag ineffizient wird, liegt die effiziente Investition jetzt bei 5, denn 0,5(100)<0,5(120)-5>0,5(120)-8, aber der Gläubiger würde in diesem Fall trotzdem 10 investieren, um eine höhere Bewertung zu erzielen. Daher liegt eine Gegensätzlichkeit zwischen dem Ziel des effizienten Vertragsbruchs und dem Ziel der effizienten Investition.[656]

Dies wird, wie erwähnt, von vielen Autoren anerkannt. *Goetz* und *Scott* sind der Meinung, dass das Problem der Überinvestition des Gläubigers im Allgemeinen kein bedeutsames Problem darstelle, das zudem durch die Regel der Schadensersatzminderung (mitigation) weitgehend gelöst werden könne.[657] Aber die jüngste Lehre hat ihren Fokus von dem Ziel des effizienten Vertragsbruchs

652 *Edlin/Schwartz*, Optimal Penalties in Contracts, 78 Chi-Kent L. Rev., at 43.

653 *Shavell*, Damage Measures, 11 Bell J. Econ., at 472; *Cooter*, Unit in Tort, Contract, and Property: The Model of Precaution, 73 Cal. L. Rev. 1, 14(1985).

654 Vgl. *Ayres*, Valuing Modern Contract Scholarship, 112 Yale L. J., 881, 894 (2003).

655 *E. Posner*, Economic Analysis of Contract Law After Three Decades: Success or Failure?, 112 Yale L. J., 829, 835 (2003).

656 *Shavell*, Damage Measures, 11 Bell J. Econ., at 472; *Cooter/Ulen*, Law & Economics, p. 272.

657 *Goetz/Scott*, The Mitigation Principle: Toward a General Theory of Contractual Obligation, 69 Va. L. Rev., 967 (1983).

abgezogen und auf das Ziel der effizienten Investition gelegt, besonders wenn die Möglichkeit der Wiederverhandlung zwischen den Vertragsparteien nach dem Vertragsabschluss anerkannt wird.[658] Nach dem coase theorem wird die effiziente Transaktion immer erreicht, wenn die Transaktionskosten null sind. In diesem Sinn kann mit niedrigen Transaktionskosten die Wiederverhandlung der Vertragsparteien leicht zu einem effizienten Transaktion führen: Falls K nachträglich ansteigt und höher wird als W, kann der Schuldner mit dem Gläubiger darüber wiederverhandeln, dass er eine Summe zwischen (W-P) und (K-P) zahlen will, um von dem ineffizienten Vertrag zurückzutreten; auf der anderen Seite kann der Gläubiger für den Fall, dass W niedriger wird als K, den Schuldner auf diese Weise auch bestechen. Im Übrigen ist die Feststellung des Erfüllungsinteresses nicht wichtig, denn mit einem von dem Erfüllungsinteresse abweichenden Schadensersatz kann die Effizienz unberührt bleiben: Wenn der Schadensersatz niedriger ist als das Erfüllungsinteresse und der Vertrag effizient ist, will der Gläubiger den Schuldner für die Leistungserfüllung bestechen; ist der Schadensersatz höher als das Erfüllungsinteresse und der Vertrag ineffizient, will der Schuldner den Gläubiger für den Rücktritt bestechen.[659] Dadurch ist das Ziel des effizienten Handels immer *ex post* zu erreichen und daher ist die effiziente Investition der Schwerpunkt.

Um das Problem der Überinvestition zu lösen, wird meistens die Beschränkung des Schadenersatzes vorgeschlagen. Die meisten Autoren vertreten die Ansicht, dass der Schadensersatz auf die Summe des Erfüllungsinteresses des Gläubigers bei der effizienten Investition zu fixieren sei, während das durch ineffiziente Investition verursachte Erfüllungsinteresse nicht zu ersetzen sei.[660] Das Prinzip der Schadensersatzminderung wird daher als dienlich gegen die Überinvestition betrachtet,[661] und *Goetz* und *Scott* befürworten die richterliche Angemessenheitskontrolle des Gläubigerverhaltens, deren Kriterium ähnlich sei wie das des Mitverschuldens im Deliktsrecht.[662] Auch könne nach *Cooter* und *Ulen* die Regel, dass für den Schuldner ein nicht vorhersehbarer Schaden ausgeschlossen wird, das Übervertrauen einschränken.[663] Gegen diese Auffassung der

658 *Ayres*, Valuing Modern Contract Scholarship, 112 Yale L. J., at 894.

659 *E. Posner*, Economic Analysis of Contract Law After Three Decades, 112 Yale L. J., at 835.

660 *Shavell*, Damage Measures, 11 Bell J. Econ., at 485.

661 *Cooter/Eisenberg*, Damages for Breach of Contract, 73 Cal. L. Rev, 1432, 1464 (1985).

662 *Goetz/Scott*, Enforcing Promises: An Examination of the Basis of Contract, 89 Yale L. J., 1261, 1280 (1980).

663 *Cooter/Ulen*, Law & Economics, pp. 274–275.

Beschränkung des Schadensersatzes haben *Edlin* und *Schwartz* aber argumentiert, dass der Gläubiger unter dieser Regel auch überinvestieren würde, wenn die Überinvestition infolge der Asymmetrie der Information dem Schuldner und dem Richter nicht bekannt sei.[664]

Auf der anderen Seite kann vor der Leistungserfüllung auch eine Unterinvestition vorgenommen werden, wenn eine Wiederverhandlung für das effiziente Geschäft zwischen den Vertragsparteien möglich ist. Bei der Wiederverhandlung werden die Investitionskosten zu versunkenen Kosten, die nicht berücksichtigt werden, aber der Investitionsgewinn wird von den Parteien geteilt, bzw. wird der Investierende gezwungen, den Investitionsgewinn mit der anderen Partei zu teilen, sonst würde die Wiederverhandlung fehlschlagen.[665] Das bedeutet, der nicht Investierende kann einen Teil des Investitionsgewinns als „Hold-up Tax" erzielen, auch wenn er keine Kosten aufwendet, und dies kann dazu führen, dass die investierende Partei unterinvestiert. Da die investierende Partei bei einer generellen Investition einen alternativen Vertragsgegner im Spotmarkt finden kann und sich der Bedrohung infolge des Hold-up-Verhaltens der anderen Vertragspartei nicht aussetzen muss, ist die beeinflusste Investition normalerweise spezifisch für den Vertrag, der in der Regel mehr Gewinn hervorbringen kann als die generelle Investition.[666] In diesem Zusammenhang neigen die Vertragsparteien bei der Erwartung der Wiederverhandlung zu unterinvestieren, aber die Wiederverhandlung ist in vielen Fällen notwendig, um das Ziel des effizienten Handels zu erreichen. Es ist sogar denkbar, dass sich die nicht investierende Partei strategisch verhält und ihre private Information falsch darstellt, um eine Wiederverhandlung zu erzwingen.[667]

Zusammenfassend liegt eine Gegensätzlichkeit zwischen dem Ziel des effizienten Handels und dem Ziel der effizienten Investition vor. Wenn die Wiederverhandlung kostenlos ist, ist der effiziente Handel immer zu erreichen, aber in diesem Fall besteht das Problem von Hold-up und die Möglichkeit der Unterinvestition; wird die Wiederverhandlung vorher ausgeschlossen oder sind die Transaktionskosten der Wiederverhandlung sehr hoch, dann kann das Ziel des effizienten Handels durch Ersatz des Leistungsinteresses erreicht werden, aber bei der völligen Kompensation des Leistungsinteresses will der Gläubiger

---

664 *Edlin/Schwartz*, Optimal Penalties in Contracts, 78 Chi-Kent L. Rev., at 44.

665 Vgl. z.B. *Hart/Moore*, Incomplete Contracts and Renegotiation, 56 Econometrica 755, 756 (1988); *Scott/Triantis*, Embedded Options, 104 Colum. L. Rev., at 1451.

666 Vgl. *Schwartz/Scott*, Contract Theory and the Limits of Contract Law, 112 Yale L. J., 541, 560–561 (2003).

667 *Scott/Triantis*, Embedded Options, 104 Colum. L. Rev., at 1451.

überinvestieren. In diesem Zusammenhang hat die Lehre versucht, die Anreize der Über- und Unterinvestition miteinander auszugleichen. In den 1990er Jahren hat sich die Lehre des unvollständigen Vertrags entwickelt, die sich in der Tat nicht auf das Vertragsrecht, sondern auf die Vertragsbildung fokussiert. Statt die alternativen Schadensersatzregeln zu bewerten, wird nach dieser Lehre analysiert, wie die Vertragsparteien den Vertragslauf planen und Effizienz erreichen können. Nach dieser Lehre wird ein unvollständiger Vertrag (contingent contract) konzipiert, in dem der Verhandlungsprozess statt der konkreten Vertragsbedingungen festgelegt wird, und die Vertragsbedingungen können angesichts der zukünftigen Ereignisse an die veränderbaren Umstände angepasst werden, um ein effizientes Resultat zu erzielen.[668] Z.B. haben *Edlin* und *Reichelstein* zwei Vertragskonstruktionen gegen Überinvestition konzipiert:[669] (1) Einen Vertrag, der der investierenden Partei die Entscheidung des Vertragsbruchs implizit zuweist, wenn nur eine Partei investiert. Da die andere Partei nicht investiert und die Entscheidung des Vertragsbruchs nicht beeinflussen kann, muss die investierende Partei sich darum sorgen, ob ihre Investition effizient ist, denn sie kann nur von der Investition profitieren, wenn der Vertrag effizient ist und die andere Partei die Leistung will.[670] (2) Einen Vertrag mit der vorsätzlichen Konzeption der Möglichkeit, dass der Schuldner bei der Wiederverhandlung eine „Hold-up Tax" vom Gläubiger verlangen kann, sodass die Intention der Überinvestition des Gläubigers ausgeglichen werden kann. In solchen Mechanismen kann die Vertragsstrafe auch eine Rolle spielen.

II. Die Vertragsstrafe und der effiziente Vertragsbruch

1. Die Prämie der „Preis-Strafe-Versicherung"

Wie bereits diskutiert, will der Gläubiger in einem frei vereinbarten Vertrag keine echte Vertragsstrafe, die höher ist als sein Erfüllungsinteresse. Die den gesetzlichen Schaden übersteigende Vertragsstrafe reflektiert zusammen mit dem entsprechenden Vertragspreis die wirkliche Erwartung des Gläubigers. Die Auffassung, dass die Strafe den effizienten Vertragsbruch behindert, ist wahrscheinlich rational: Wenn eine Strafe vorliegt, die das Erfüllungsinteresse

---

668 Vgl. *E. Posner*, Economic Analysis of Contract Law After Three Decades, 112 Yale L. J., at 856–859.

669 *Edlin/Reichelstein*, Holdups, Standard Breach Remedies and Optimal Investment, 86 Am. Econ. Rev. 478 (1996).

670 Vgl. Auch *Edlin*, Cadillac Contracts and Up-Front Payments: Efficient Investment Under Expectation Damages, 12 J. L. Econ. & Org. 98, 104–111 (1996).

übersteigt (z. B. W-P+a), dann ist es schwieriger für den Schuldner, den Vertrag zu brechen (K < W+a). Aber wie oben erwähnt, die meisten Strafen sind eigentlich keine echte Strafe, sondern eine Versicherung der idiosynkratrischen Schäden. Wenn es eine Strafe gibt und die Strafabrede freiwillig vereinbart wurde, dann gibt es nur die Möglichkeit, dass die Bewertung der Gläubiger auch hoch ist, sonst will er wegen des höheren Vertragspreises keine Strafe. In diesem Sinn behindert die Strafe den Vertragsbruch nicht, denn die Strafhöhe entspricht der Bewertung des Gläubigers. Weder für den Fall, dass ein Dritter ein besseres Angebot macht, noch für den Fall, dass die Kosten des Schuldners den Vertragspreis nachträglich übersteigen, wird der Vertragsbruch als effizient angesehen, denn die Bewertung des Gläubigers ist eine private Information, die nicht unbedingt niedriger ist als die Bewertung des Dritten oder als die Kosten des Schuldners.[671] Bei Vernachlässigung des idiosynkratrischen Gläubigerinteresses werden nicht alle Kosten vom Gläubiger internalisiert und in diesem Fall kann der Vertragsbruch nicht effizient sein.

Außerdem ist zu beachten, dass sich die Kosten des Vertragsbruchs weiter verringern, wenn der Gläubiger für eine Vertragsstrafe eine „Prämie" gezahlt hat und die Strafe als nicht durchsetzbar gilt. Da die Berechnung für den Schadensersatz üblicherweise die Subtraktion des Vertragspreises von dem Marktpreis ist und der Preis um die Prämienhöhe gestiegen ist, hat der Schadensersatz sich mindestens um die Prämienhöhe reduziert. Der Schuldner kann bei der Anlehnung der Vertragsstrafe jetzt die Prämie behalten, auch wenn die nach der Versicherung arrangierte Risikoverteilung nicht beibehalten wird. Dieses Phänomen wird von DiMatteo als „reverse penalty" bezeichnet, die den Gläubiger bestraft.[672]

2. Die Wiederverhandlung bei der Vertragsstrafe

Wenn sich die Situation nach dem Vertragsabschluss ändert bzw. wenn die Bewertung des Gläubigers sich reduziert, kann die Vertragsstrafe zu einer echten Strafe werden.[673] Das Problem besteht dann darin, ob die Strafe den effizienten Vertragsbruch behindert, wenn die Bewertung des Gläubigers dann nicht mehr der Strafhöhe entspricht, und ob die Wiederverhandlung zwischen den Vertragsparteien ermöglicht, dass das Ziel des effizienten Handels immer zu erreichen ist.

671 Vgl. z.B. *Friedmann*, The Efficient Breach Fallacy, 18 J. Legal Stud., at 10; *Schäfer/Ott*, Lehrbuch der ökonomischen Analyse des Zivilrechts, S. 504 ff.

672 *DiMatteo*, A Theory of efficient Penalty, 38 Am. Bus. L. J., at 698.

673 *Posner*, Economic Analysis of Law, S. 129.

Theoretisch ist der effiziente Handel immer zu erzielen, besonders wenn die Informationen symmetrisch sind. Falls sowohl die Strafe (F) als auch die Kosten des Schuldners (K) höher werden als die Bewertung des Gläubigers (W), ist es für den Gläubiger am besten, dass der Schuldner den Vertrag bricht und die Strafe zahlt. Wenn der Verlust des Schuldners (K-P) auch höher ist als F, will er den Vertrag brechen und die Strafe zahlen, und in diesem Fall verhindert die Strafe nicht den Vertragsbruch; wenn (K-P) niedriger ist als F, will der Schuldner nicht einfach seiner Leistung nachkommen, sondern versuchen, mit dem Gläubiger wieder zu verhandeln, damit er den Vertrag brechen kann und nicht so viel zahlen muss. Deswegen wird er dem Gläubiger eine Geldsumme (G), die zwischen W und F liegt, anbieten, und der Gläubiger wird diesen Betrag akzeptieren, sonst könnte er nur W durch die Leistungserfüllung bekommen. Auf der anderen Seite will der Schuldner für den Fall, dass ein Dritter dem Schuldner ein besseres Angebot (P') macht, das niedriger ist als F und höher als W, auch mit dem Gläubiger wiederverhandeln, sodass er dem Gläubiger eine Geldsumme (G) zwischen W und P' anbieten und von seiner Pflicht befreit werden kann. Der Gläubiger wird diese Geldsumme annehmen, sonst könnte er nur W durch die Leistungserfüllung bekommen. Nach dieser Wiederverhandlung kann der Schuldner den Vertrag brechen und einem Dritten leisten und dabei noch (P'-G) gewinnen. Im ersten Fall wird der gesamte Verlust von (F-W) zwischen den Vertragsparteien aufgeteilt, während im zweiten Fall der gesamte Gewinn von (P'-W) verteilt wird.

Das Problem besteht darin, dass die Vertragsparteien bei der Wiederverhandlung strategisch vorgehen können, wenn die Informationen asymmetrisch sind. Beispielsweise kann der Gläubiger W übertreiben, wenn W dem Schuldner nicht bekannt ist, um einen größeren Teil des gesamten Gewinns zu erzielen. Zudem kann der Schuldner P' niedriger darstellen. Und der ineffiziente Handel kann durchgeführt werden, wenn der Gläubiger W und der Schuldner K zu viel übertreibt, oder der Schuldner P' zu niedrig darstellt, sodass die Wiederverhandlung scheitert und der Schuldner (ineffizient) leisten muss. *Tally* hat in diesem Sinn mit der Methode der Konstruktion des Verhandlungsmechanismus in der Spieltheorie argumentiert,[674] dass sich unter der Regel der Durchsetzung der Vertragsstrafe die Vertragsparteien strategisch verhalten wollen und dadurch die Wiederverhandlung beeinträchtigt werde, es sei denn, es gebe eine Außensubvention, die die marginalen Kosten der Spieler vom Scheitern der Wiederverhandlung erhöhe, bis dahin, dass sie höher sei als der marginale Gewinn vom

674 *Tally*, Contract Renegotiation, 46 Stan. L. Rev., at 1229–1241.

strategischen Verhalten. Die dominante Strategie des Gläubigers bei einer hohen Vertragsstrafe sei zu klagen und die Strafe zu erzielen, wenn es keine Prozesskosten gebe, und deswegen wollte er eine Wiederverhandlung auf gar keinen Fall. Eine Außensubvention sei daher notwendig, um den Gläubiger zur Verhandlung zu bringen. Im Vergleich dazu sei die Außensubvention bei der Regel des Schadensersatzes nicht nötig.

Aber in dieser Argumentation besteht ein scheinbarer Fehler. Der Klageweg kann keine dominante Strategie des Gläubigers sein, denn der Gläubiger entscheidet nicht, ob der Vertrag gebrochen wird. Außerdem muss er dafür sorgen, dass er W nur erhalten kann, wenn die Wiederverhandlung scheitert und der Schuldner leistet. In diesem Sinn ist die Wiederverhandlung auch bei einer hohen Strafe für den Gläubiger vorteilhaft, besonders wenn W niedriger wird als P, und deswegen ist eine Außensubvention nicht notwendig, damit zwischen den Vertragsparteien wiederverhandelt wird. Natürlich kann ein strategisches Verhalten die Wiederverhandlung beeinträchtigen, aber dies hat nichts mit der Strafhöhe zu tun, denn die private Information ist die Höhe von W, K und P', die entweder bei der Zulässigkeit oder bei Ausschluss der Vertragsstrafe strategisch falsch dargestellt werden.[675] Demnach bestehen die Transaktionskosten des strategischen Verhaltens nicht nur bei der Wiederverhandlung mit einer Vertragsstrafe, sondern auch bei der Wiederverhandlung ohne Vertragsstrafe. Um das Problem zu lösen, können verschiedene „implementation mechanism" konzipiert werden, indem die Informationen an einen virtuellen Dritten berichtet werden, der die Entscheidung für die effizienten Payoffs in Bezug auf die mit den Informationen entsprechenden Zustand macht. Unter dem Revelationsprinzip haben die Vertragsparteien das Bestreben, die Informationen wahrheitsgemäß weiterzugeben.[676]

---

675 *Friedmann* ist der Meinung, dass das Scheitern der Wiederverhandlung zwischen den Vertragsparteien nur die dem Marksystem inhärente Ineffizienz sei. Wenn B eine Sache habe und A auf diese Sache mehr Wert lege als B, könne es auch passieren, dass die Verhandlung mit dem Vertragspreis zwischen A und B scheitere. Dies bedeute nicht, dass A die Sache einfach nehmen und B entschädigen könne (The Efficient Breach Fallacy, 8 J. Legal Stud., at 8.). Aber Friedmann hat vernachlässigt, dass es bei der Wiederverhandlung zwischen den Vertragsparteien das Problem von Bilaterale-Monopoly gibt und sie keine alternativen Vertragsgegner finden können. Nur zu beachten sind die Tatsachen, dass in der Wiederverhandlung ohne Vertragsstrafe auch ein bilaterale monopoly vorliegt, und die Höhe des Schadensersatz (W-P) dem Schuldner unbekannt sein kann.

676 Ein bekanntes Beispiel für die Funktion des Revelationsprinzips ist die Vickrey-Auktion. Der Bieter will seinen wirklichen Preis nur nennen, wenn er den zweiten

Darüber hinaus ist zu bemerken, dass im Fall eines höheren Angebots der Vertragsbruch kein Ziel, sondern nur ein Weg dafür ist, dass der Vertragsgegenstand an den höchsten Bieter geht. Ohne Transaktionskosten ist das Ziel immer zu erreichen, während mit Transaktionskosten das Ziel auch durch Wiederverkauf seitens des Käufers oder einer Wiederverhandlung zwischen den Vertragsparteien zu erreichen ist.[677] Somit ist der Vertragsbruch nicht notwendig, wenn der Gläubiger als Mittelhändler oder Wiederverkäufer gilt. Auch ist zu verneinen, dass die Wiederverhandlung mehr Transaktionskosten als der Vertragsbruch unter der Regel des Schadensersatzes bringen kann,[678] denn der Vertragsbruch kann auch erhebliche Kosten verursachen, z. B. Prozesskosten und Kosten für die Feststellung des Schadensersatzes, die nicht unbedingt niedriger sind als die durch die Wiederverhandlung verursachten Transaktionskosten.[679] Eigentlich kann nicht nur die Strafe, sondern auch eine ineffiziente Überinvestition unter der Schadensersatzregel dazu führen, dass die Kosten des höher bewertenden Dritten darauf, den Vertragsgegenstand zu erhalten, erhöht werden, denn die Überinvestition erhöht die Bewertung des Gläubigers oder die Kosten des Schuldners ineffizient.[680]

3. *Die Rolle der Vertragsstrafe bei der effizienten Investition*

Edlin und *Schwartz* haben argumentiert, dass die Vertragsstrafe für das Ziel der effizienten Investition erforderlich sein könne.[681] Wie oben erwähnt, sei, um die Überinvestition bei der einseitigen Selbstinvestition zu vermeiden, nach der

---

höchsten Preis zahlen muss. Für die Konstruktion von „implementation mechanism" und das genaue Funktionieren des Revelationsprinzips vgl. *Tally,* Contract Renegotiation, 46 Stan. L. Rev., at 1219–1224; *Scott/Triantis*, Embedded Options, 104 Colum. L. Rev., at 1450, Fn. 94, 95. Eigentlich ist *Tally* nur dagegen, dass der Gläubiger ohne Außensubvention die Wiederverhandlung beteiligen will.

677 *Eisenberg*, Actual and Virtual Specific Performance, 93 Cal. L. Rev., at 1004; *DiMatteo*, A Theory of efficient Penalty, 38 Am. Bus. L. J., at 696–697.

678 Z. B. Posner, Economic Analysis of Law, S. 128.

679 "…it is extremely easy to introduce selected transaction costs to show that the model "proves" what the modeler wants it to prove, while ignoring countless other transaction costs of equal or greater pertinence in the real world", *Macneil*, Efficient Breach of Contract: Circles in the Sky, 68 Va. L. Rev., 947, 961 (1982); Ähnlich auch *Eisenberg*, Actual and Virtual Specific Performance, 93 Cal. L. Rev., at 1005.

680 *E. Posner*, Economic Analysis, 112 Yale L. J., at 862.

681 *Edlin/Schwartz*, Optimal Penalties in Contracts, 78 Chi-Kent L. Rev., at 45–52. Da die Strafe bei der Kooperativen Investition in diesem Aufsatz die an dem virtuellen Dritten des „implementation mechanism" gezahlte Geldsumme bedeutet und nicht

Lehre der Vertragsbildung die Bruchentscheidung der investierenden Partei implizit zuzuweisen. Wenn z. B. der Schuldner die investierende Partei sei, solle auf einer Seite der Vertragspreis sehr niedrig sein, damit der Gläubiger nicht brechen wolle, und solle auf der anderen Seite der Preis vorab gezahlt werden, damit der Schuldner den Anreiz habe zu leisten. In dieser Vertragskonstruktion werde die Entscheidung vom Vertragsbruch implizit dem Schuldner zugewiesen, und daher wolle der Schuldner effizient investieren. Aber die Möglichkeit, dass der Gläubiger brechen wolle, sei nicht ausgeschlossen, besonders wenn die Bewertung des Gläubigers erheblich sinke, und daher sei die Möglichkeit der Überinvestition des Schuldners auch nicht ausgeschlossen, solange er den Schadensersatz für das Erfüllungsinteresse (P-K) fordern könne. Um das Problem zu lösen, sei es erforderlich, dass der Schuldner, statt die den Schadensersatz übersteigende Preiszahlung zurückzugeben, die zuvor geleistete Zahlung behalten könne, auch wenn er die Produktion nicht beginne. In dieser Vertragskonstruktion sei die gesamte Preiszahlung in der Tat eine Vertragsstrafe, die den Schuldner überkompensiere, aber auch erforderlich dafür sei, zu einer effizienten Investition zu führen.

Im Fall der beidseitigen Selbstinvestitionen sei die obige implizite Zuweisung der Bruchentscheidung nicht mehr nützlich und dann könne die Intention der Überinvestition nur durch die „Hold-up Tax" in der Wiederverhandlung konterkariert werden. Beispielsweise sei es, nach Model von *Edlin* und *Schwartz,* möglich, eine mittlere Menge zu vereinbaren, wenn zwischen A (Käufer) und B (Verkäufer) ein Kaufvertrag geschlossen werde, aber die effiziente Menge des Kaufgegenstands nur bis zur Zeit der Lieferung zu bestimmen sei. Wenn sich nachträglich eine größere Menge als effizient erweise, wollen A und B wiederverhandeln, um die Vertragsmenge zu erhöhen. Aber jetzt werde der erhöhte Investmentgewinn geteilt, und die beiden Parteien müssen einander Hold-up Tax zahlen. Wenn eine kleinere Menge effizient sei und B breche, wolle A überinvestieren und eine Bruchsubvention erhalten. Da A bei der tatsächlichen Lieferung der größeren Menge eine Hold-up Tax zahlen müsse und bei der tatsächlichen Lieferung der kleineren Menge eine Bruchsubvention erhalten könne, würde er grob effizient investieren. Auf der anderen Seite müsse B bei der tatsächlichen Lieferung der größeren Menge eine Hold-up Tax zahlen, könne aber bei der tatsächlichen Lieferung der kleineren Menge keine Subvention erhalten, und daher wolle er unterinvestieren. Um das Problem zu lösen, könne eine hohe Vertragsstrafe gegen A festgesetzt werden, damit A bei der tatsächlichen Lieferung der kleineren Menge mit B wiederverhandeln und mit

---

die Vertragsstrafe zwischen den Vertragsparteien, wird diese Situation nicht hier diskutiert.

B den Gewinn teilen müsse. Infolgedessen könne B jetzt auch eine Bruchsubvention bei der tatsächlichen Lieferung der kleineren Menge bekommen und B wolle daher effizient investieren.

Der Argumentation von *Edlin* und *Schwartz* für den Fall der einseitigen Investition ist zuzustimmen, aber nicht üblich anwendbar, denn diese Vertragsbildung ist relativ kompliziert. In der Tat kann eine Vertragsstrafe gegen die nichtinvestierende Partei festgestellt werden, um der investierenden Partei die Entscheidung des Vertragsbruchs zuzuweisen. Da die investierende Partei selbst brechen kann, will sie nicht wegen des ausbleibenden Bruchs ihres Vertragsgegners überinvestieren. Auf der anderen Seite will sie auch nicht wegen der „Hold-up" Tax bei der Möglichkeit der Wiederverhandlung unterinvestieren, denn sie kann als Gläubiger der Vertragsstrafe ihren Vertragsgegner aufhalten.

Für den Fall der zweiseitigen Investitionen ist die Argumentation von *Edlin* und *Schwartz* jedoch scheinbar mangelhaft. Wenn eine kleinere Menge sich nachträglich als effizient erweist und B bricht, kann B natürlich keine Bruchsubvention erhalten; wenn aber A bricht, kann B überinvestieren und doch eine Bruchsubvention erhalten. Daher ist es für B nicht notwendig, durch Wiederverhandlung eine Hold-up Tax von A zu erzielen. Auch ist zu beachten, dass A und B unter der Regel des Schadensersatzes keinen richtigen Anreiz zu einer effizienten Investition haben, denn bei der tatsächlichen Lieferung der größeren Menge wird nur ein Teil des eigenen Investmentgewinns als Hold-up Tax an die anderen Partei abgegeben, während sie bei der tatsächlichen Lieferung der kleineren Menge den ganzen Überinvestmentgewinn als Bruchsubvention bekommen kann. Dies führt dazu, dass beide Parteien überinvestieren wollen. Die Feststellung der Vertragsstrafe auf beide Vertragsparteien kann das Problem der effizienten Investition dadurch lösen: Auf der einen Seite kann die nichtbrechende Partei eine feste Geldsumme erhalten, wenn der Vertrag gebrochen wird, dann will sie nicht überinvestieren, sondern muss darauf achten, dass der Vertrag effizient gebrochen wird, sonst würde sie bei Vertragsbruch wegen der zu hohen Investitionskosten wenig Kompensation erhalten. Auf der anderen Seite kann die Vertragsstrafe die Hold-up Tax durch die strategische Wiederverhandlung verhindern, denn die investierende Partei setzt jetzt die Strafe als ihren „Hold-up" dagegen, dass die andere Partei strategisch versucht, durch die Wiederverhandlungsforderung den effizienten Handel abzulehnen.[682]

682 Für die Methoden der Behinderung der strategische Wiederverhandlung, vgl. *Scott/ Triantis*, Embedded Options, 104 Colum. L. Rev., at 1451–1452, Fn. 99, 100.

Zusammenfassend ist die Vertragsstrafe effizient, denn auf einer Seite behindert sie den effizienten Handel nicht, da die Wiederverhandlung bei der echten Vertragsstrafe immer möglich ist; und auf der anderen Seite kann die im einzelnen Fall in der Vertragsbildung eingesetzte Vertragsstrafe dazu führen, dass die Vertragsparteien weder über- noch unterinvestieren wollen.

C. Externalitäten der Vertragsstrafe

Viele kritische Äußerungen über die Vertragsstrafen basieren darauf, dass die Vertragsstrafen einem Dritten außerhalb der Vertragsparteien externe Effekte bringen können, wenn die Strafen den besten Interessen beider Vertragsparteien entsprechen. In den meisten Fällen ist dies unvorstellbar, denn ein Vertrag beeinflusst normalerweise nur die Interessenlage der Vertragsparteien, aber es kann auch in wenigen Fällen passieren, dass die gesamte Effizienz oder das Interesse der Dritten beeinträchtigt wird, während die Vertragsparteien den Vertragsgewinn für sich maximieren. Seit den 1980er Jahren wird argumentiert, dass die Vertragsstrafe in einem Monopolmarkt als Barriere für den Eintritt potenzieller Konkurrenten fungieren und daher die Markteffizienz behindern könne. Überdies wird argumentiert, dass die Vertragsstrafen die Möglichkeit des Rechtsstreits erhöhen und dann erhebliche Prozesskosten verursachen, die nicht ganz von den Vertragsparteien internalisiert werden können. Darüber hinaus wird auf die Risikoerhöhung des Konkurses als ein Nachteil der Vertragsstrafe hingewiesen.

I. Vertragsstrafe als Barriere für den Neueintritt

Sowohl in einem Monopolmarkt als auch in einem Konkurrenzmarkt ist es üblich, dass eine Firma eine hohe Vertragsstrafe mit ihren Kunden vereinbart, damit die Kunden den Vertrag nicht brechen und sich an deren Konkurrenten wenden. Aber in einem Monopolmarkt kann die Vertragsstrafe wie eine Barriere des Eintritts neuer Konkurrenten mit einer besseren Effizienz als die des Monopolisten wirken. Nach der Rechtsprechung von United States v. United Shoe Mach. Corp. aus dem Jahr 1953 gilt eine solche Vertragsstrafe zusammen mit einer Preisreduzierung als Verstoß gegen den Scherman Act und als unwirksam, denn dieser Vertrag „was in economic effect exclusionary" und „unnecessarily exclude actual and potential competition".[683] Dies wurde von *Posner* und *R. Bork* kritisiert. Nach ihrer Meinung müsse der Verlust der Austrittsfreiheit der

683 United States v. United Shoe Machinery Corp., 110 F. Supp. 295, 345, 347–350 (D.C. Mass. 1953).

Kunden ausgeglichen werden, nämlich durch Preisreduzierung, während eine Preisreduzierung nur entweder eine vorsätzliche Prädation oder eine Reflektion der Effizienzerhöhung sei. Es sei nicht möglich, dass der Monopolist die Konkurrenten durch Preisreduzierung aus dem Markt drängen wolle, denn das wäre „foolish and self-defeating".[684] Im Jahr 1987 haben *Aghion* und *Bolton* aber mit der Spieltheorie ein ökonomisches Modell für die Interessenlage der Vertragsstrafe im Monopolmarkt abgebildet, wodurch nachgewiesen wird, dass der Monopolist und die Kunden sowohl den Anreiz als auch die Möglichkeit haben, den neuen Eintritt durch eine Vertragsstrafe zu sperren.[685]

Angesicht der Möglichkeit des Eintritts eines neuen und effizienteren Konkurrenten möchte der Monopolist der Kunden eine Vertragsstrafe mit seinen Kunden vereinbaren, damit er die Kunden hält. Natürlich wollen die Kunden die Strafe nicht akzeptieren, denn es besteht die Möglichkeit, dass der effizientere Konkurrent ihnen einen niedrigeren Preis anbietet. Dann kann der Monopolist auch einen niedrigen Preis zusammen mit der Vertragsstrafe anbieten, und jetzt wollen die Kunden diese Vertragsbedingung annehmen, sonst müssten sie die Ware weiterhin zu dem Monopolpreis kaufen, während der neue Eintritt nicht sicherlich geschehe und die Zeit des Eintritts nicht unvorhersehbar sei. In diesem Sinn glauben die Kunden, dass sie bei der Annahme der Vertragsstrafe in einer besseren Position stehen können, denn sie können sofort Vorteil aus einem niedrigeren Preis ziehen, statt das Risiko zu tragen, dass der neue Konkurrent nicht oder spät eintritt. Auf diese Weise wird der Konkurrent, dessen Produktionseffizienz unzureichend ist, aus dem Markt ausgeschlossen. Wenn der neue Konkurrent eine hohe Effizienz besitzt und wirklich in den Markt eintritt, dann muss er sein Preisangebot so niedrig gestalten, dass die Kunden trotz der Vertragsstrafe auch den Vertrag mit dem Monopolisten brechen wollen. In diesem Sinn zahlt im Grunde der neue Konkurrent mittelbar die Vertragsstrafe und der Monopolist kann sich dadurch das Meiste von dem Profit des neuen Konkurrenten aneignen.

Wenn es mehrere Kunden gibt, ist es auch möglich, dass alle Kunden die Vertragsstrafe annehmen, denn sonst könnte ein umgekehrtes Trittbrettfahrerproblem auftreten.[686] Jeder Kunde nimmt auf einer Seite die Vertragsstrafe an, und auf der anderen Seite hofft er, dass vielleicht die anderen Kunden die Vertragsstrafe ablehnen können, sodass eine ausreichende Kundenbasis für den neuen

---

684 *Robert Bork*, The Antitrust Paradox: A Policy at War with Itself, 1978, pp. 304, 309; *Posner*, Antitrust Law: An Economic Perspective, 1976, pp. 203–204.

685 *Aghion/Bolton*, Contracts as a barrier to entry, 77 Am. Econ. Rev., 381 (1987).

686 *Brodley/Ma*, Contract Penalties, 45 Stan. L. Rev., at 1171.

Konkurrenten entsteht. Infolgedessen kann nur eintreten, dass alle Kunden die neuen Vertragsbedingungen unterschreiben.

Tally hat bei dieser Argumentation kritisiert, dass sie die Wiederverhandlungsmöglichkeit vernachlässigt.[687] Er ist der Meinung, dass der Monopolist, die Kunden und der neue Konkurrent durch Wiederverhandlung in eine bessere Position gerückt werden können.[688] Zu bemerken ist aber, dass in dieser Situation die Wiederverhandlung zwischen dem Monopolisten und den Kunden sehr schwierig ist, denn der Monopolist will in den meisten Fällen den Eintritt verhindern und sein Monopol beibehalten. Er will wegen des Gewinns den Konkurrenten in der Wiederverhandlung nicht einlassen. Außerdem können die Transaktionskosten sich erheblich erhöhen, wenn es mehrere Kunden gibt. Eine Wiederverhandlung über die Strafhöhe ist nur möglich, wenn es für den Monopolisten auch annehmbar ist, den Eintritt des Konkurrenten zu gewähren und sich den Profit des neuen Konkurrenten anzueignen. In diesem Fall wird die Strafhöhe reduziert, in dem Maß, dass der Konkurrent eintreten, aber nur sehr wenig profitieren kann. Das Ziel des Monopolisten besteht eigentlich darin, dass er durch die aktuelle Profitaneignung den zukünftigen Verlust des Monopolprofits ausgleichen kann, und daher wirkt die reduzierte Vertragsstrafe ebenfalls wie eine Barriere des Eintritts. Darüber hinaus kann eine Verhandlung zwischen dem Monopolisten und dem Konkurrenten, wie *Brodley* und *Ma* betont haben, kaum das Problem lösen, sondern abgesehen von einer Reduzierung der Vertragsstrafe nur dazu führen, dass der Monopolist den Konkurrenten akquiriert oder dass der Monopolist die Produktion des Konkurrenten aufkauft oder über die Produktion eine Gemeinschaft gebildet wird. Beide Resultate können erhebliche Transaktionskosten und Folgekosten verursachen, z. B. die Transaktionen verschiedener Arten der Eigenschaften und Techniken, der durch den Verlust des Vermögens verursachte Interessenverlust auf die Produktion, die Probleme im Management.[689]

Zusammenfassend ist der Schlussfolgerung zuzustimmen, nach der die Vertragsstrafe zwischen einem Monopolisten und seinen Kunden die Externalität der Behinderung des neuen Eintritts bringen kann und sie deswegen zu beschränken ist, ihr Anwendungsbereich aber nicht zu erweitern ist.[690] In einem

687 *Aghion* und *Bolton* haben die Wiederverhandlung nicht diskutiert, denn ihre Argumentation setzt voraus, dass die Vertragsstrafe vor dem Auftrag des neuen Konkurrenten angenommen wird.

688 *Tally*, Contract Renegotiation, 46 Stan. L. Rev., at 1216.

689 *Brodley/Ma*, Contract Penalties, 45 Stan. L. Rev., at 1174–1175.

690 *Scott/Triantis*, Embedded Options, 104 Colum. L. Rev., at 1452–1453, Fn. 103.

Konkurrenzmarkt kann es auch passieren, dass ein höher bietender Dritte den Vertragsgegenstand nicht erhält, aber dies ist eigentlich keine Externalität, sondern die dem Marktsystem inhärente Ineffizienz,[691] die nicht gänzlich zu vermeiden ist. Wie bereits diskutiert, kann die Strafe im Prinzip das effiziente Resultat nicht behindern, dass der mehr bewertende Dritte den Vertragsgegenstand erhält, wenn in einem Konkurrenzmarkt die Wiederverhandlung möglich ist. Da das Problem der Verhinderung des neuen Eintritts nur bei einem Monopolmarkt auftritt, ist es ein Fall für das Kartellrecht.[692]

II. Die anderen Externalitäten der Vertragsstrafe

Rubin hat argumentiert,[693] dass die Vertragsstrafe exzessive Rechtsstreite hervorrufen kann, denn der Strafgläubige habe den Anreiz, die vertragsgemäße Leistungserfüllung zu behindern. Die Prozesskosten seien nötig, wenn durch die Prozesse neue Regeln und Präzedenzfälle geschaffen würden, die nützlich für andere Kläger und Beklagte seien. Jedoch können die Prozesse, in denen die Vertragsstrafen behandelt werden, keine neue Regel schaffen, und daher sei kein Gewinn daraus zu erzielen. Dadurch würden unnötige Prozesskosten verursacht, die von den Vertragsparteien nicht internalisiert werden könnten. In diesem Sinn würden diese Prozesse von der Gesellschaft subventioniert und die Ressourcen würden missbraucht. Deswegen solle der „Windfall" der Vertragsstrafe abgelehnt werden, um das Problem der exzessiven Prozesse zu lösen. *Rubins* Auffassung wird jedoch heftig kritisiert. Die meisten Autoren sind vielmehr der Meinung, dass die durch die schwierige Differenzierung zwischen Strafen und Schadensersatzpauschalierungen verursachte Unklarheit mehr Prozesskosten aufwerfen könne.[694] *Tally* hat zudem darauf hingewiesen, dass eine bestimmte

---

691 Vgl. *Friedmann*, The Efficient Breach Fallacy, 8 J. Legal Stud., at 8.

692 *Tally*, Contract Renegotiation, 46 Stan. L. Rev., at 1216.

693 *Rubin*, Unenforceable Contracts: Penalty Clauses and specific performance, I0 J. Legal Stud. 237 (1981).

694 Z. B. *Rea*, Efficiency Impilications of Penalties and Liquidated Damages, 13 J. Legal Stud., at 149; *DiMatteo*, A Theory of efficient Penalty, 38 Am. Bus. L. J., at 680; *Hatizs*, Having the Cake and Eating It Too: Efficient Penalty Clauses in Common and Civil Contract Law, 22 Intl. Rev. Law & Econ., 381, 391, 396 (2003). *Landers* und *Posner* sind sogar der Meinung, dass die Abneigung gegen die Vertragsstrafe in einer früheren Epoche bestand, möglicherweise aus dem Grund, dass die Richter die Klagen ermutigen wollten, denn damals konnten die Richter einen Teil der Prozessgebühren für sich beanspruchen. *Landes/Posner*, Adjudication as a Private Good, 8 J. Legal Stud. 235, 256 (1979).

Vertragsstrafe die Möglichkeit der Beilegung zwischen den Vertragsparteien erhöhen könne, weil die Möglichkeit, dass die Vertragsparteien über den Wert der Leistung übereinkommen, höher sei, und die Kosten der Beilegung normalerweise niedriger seien als die Prozesskosten.[695] Außerdem gibt es keine empirischen Beweise dafür, dass die Klagen durch Ausschluss der Vertragsstrafe reduziert werden,[696] und es wird nicht nachgewiesen, dass im Zivilrechtssystem die Durchsetzung der Vertragsstrafe nicht zu einer erheblichen gerichtlichen Belastung führt.

Noch wird die Auffassung von *Faber* vertreten,[697] dass die Vertragsstrafe eher zu einer Insolvenz und zum Scheitern des Unternehmens des Schuldners führen könne. Auch seien die anderen Gläubiger, die keine Vertragsstrafe gegen den Schuldner feststellten, vernachlässigt, denn sie können bei der Insolvenz des Schuldners im Vergleich zum Strafgläubiger einen kleinen Teil erhalten. Die Insolvenz des Schuldners könne ferner zur Störung oder sogar zum Scheitern des Geschäftspartners führen und die verbreitende Verwendung der Vertragsstrafen könne daher eine Rezession hervorrufen. Diese bedrohliche Szene, die *Faber* dargestellt hat, ist aber illusionär. Erstens will der Gläubiger die Insolvenz des Schuldners vermeiden, weil er sonst nur einen Teil der Schuld erhalten und die Insolvenz des Geschäftspartners seinen Ruf beeinträchtigen kann. Wenn die Gefährlichkeit der Insolvenz droht, wollen die Vertragsparteien hingegen wieder verhandeln und einen Liquidationsplan ausarbeiten, damit der Schuldner sein Geschäft weiterführen kann, um die Schuld mit dem zukünftigen Cashflow zu zahlen. Zweitens könnte das Problem, dass die anderen Gläubiger zu benachteiligen sind, durch eine Sonderregel des Insolvenzrechts dahingehend gelöst werden, dass der Insolvenzverwalter nach dem Prinzip von Treu und Glauben die Schulden vergleichen und erwägen kann. Darüber hinaus findet *Fabers* Auffassung keine empirische Unterstützung. In Deutschland ist § 343 BGB nicht auf Kaufleute anzuwenden und in Frankreich gibt es vor 1975 keine Sonderkontrolle über Vertragsstrafe, jedoch ist von beiden Ländern keine durch Vertragsstrafe verursachte Rezession bekannt.

---

695 *Tally*, Contract Renegotiation, 46 Stan. L. Rev., at 1215.

696 *DiMatteo*, A Theory of efficient Penalty, 38 Am. Bus. L. J., at 680; Ähnlich *Tally*, Contract Renegotiation, 46 Stan. L. Rev., at 1215.

697 *Faber*, Contract Law and Modern Economic Theory, 78 Nw. U. L. Rev., 303, 335 (1983); *Posner*, Economic Analysis of Law, p. 129.

D. Zusammenfassung

In diesem Teil wird argumentiert, dass die Vertragsstrafe die Effizienz nicht beeinträchtigt. Bei Vertragsabschluss wollen die Vertragsparteien keine echte Strafe vereinbaren, solange es keinen Defekt in der Willensbildung gibt, sonst müsste der Gläubiger einen höheren Vertragspreis für seine relativ niedrige Bewertung der Leistung annehmen, weil der Schuldner für die Prävention des Vertragsbruchs mehr Kosten aufwenden müsste. In diesem Sinn ähnelt die Kombination von Preis-Strafe einer Versicherung beim Schuldner: Der Preis ist die Prämie und die Vertragsstrafe ist die Erstattung. Wenn der Gläubiger ein idiosynkratrisches Interesse auf die Leistung hat und dies durch die Schadensersatzregel nicht geschützt wird, kann er durch die Vereinbarung einer Vertragsstrafe eine zusätzliche Versicherung beim Schuldner erkaufen. Ist hingegen die Vertragsstrafe beschränkt oder sie verboten, muss er die Versicherung bei einem Dritten erwerben, und diese kostet mehr als die Versicherung beim Schuldner, denn der Schuldner kann gemessen an der Strafhöhe für Prävention des Vertragsbruchs effizient investieren, sodass Kosten gespart werden können.

Da die Vertragsstrafe das tatsächliche Interesse des Gläubigers reflektiert und der gesetzliche Schadensersatz in fast allen Fällen den Gläubiger unterkompensiert, verleitet die Theorie von efficient breach in der Realität zu zu vielen Vertragsbrüchen. Überdies behindert die Vertragsstrafe den effizienten Vertragsbruch nicht, selbst wenn die Vertragsstrafe nachträglich eine echte Strafe wird. In diesem Fall können die Vertragsparteien einen ineffizienten Handel durch Wiederverhandlung vermeiden, und die Transaktionskosten der Wiederverhandlung sind nicht unbedingt höher als die für den Schadensersatz bestimmenden Transaktions- und Prozesskosten. Darüber hinaus wird das Ziel des effizienten Vertragsbruchs in der jüngsten Lehre weniger Aufmerksamkeit auf sich ziehen, vielmehr wird der Schwerpunkt auf das Problem der Über- und Unterinvestition gelegt. Die Lehre der Vertragsbildung hat sich daher entwickelt und nun wird die Auffassung vertreten, dass die Vertragsstrafe zu effizienten Investitionen führen kann.

Auch ein paar mögliche externe Effekte der Vertragsstrafe werden diskutiert. Dass die Vertragsstrafe in einem Monopolmarkt wie eine Barriere für den Eintritt eines neuen Konkurrenten wirken kann, ist zu bejahen, aber das Problem tritt nur im Monopolmarkt auf, und daher kann es durch das Kartellrecht behandelt werden. Die Auffassung, dass die Vertragsstrafe unnötige Prozesskosten verursacht, und die Auffassung, dass die Vertragsstrafe zur Insolvenz des Schuldners führen und daher sogar die Makroökonomie beeinträchtigen kann, finden weder theoretische noch empirische Bestätigung.

Schlussbemerkung

Fast alle Rechtssysteme sehen für die Höhe der Strafabrede zwischen den Vertragsparteien eine spezielle Kontrolle vor. Im Zivilrechtssystem ist ein richterliches Modifikationsrecht über die Vertragsstrafe üblich, während im angloamerikanischen Rechtssystem eine Vertragsstrafe, die den Schadensersatz unangemessen übersteigt, verboten ist. In der vorliegenden Untersuchung wird hingegen dargelegt, dass eine Sonderkontrolle der Vertragsstrafe weder gerecht noch effizient ist.

A. Allgemeine Schlussfolgerung

Im ersten Teil werden die konkreten Regeln in verschiedenen Ländern diskutiert und miteinander verglichen. Im Zivilrechtssystem wird allgemein anerkannt, dass die Vertragsstrafe sowohl die Funktion des Schadensersatzes als auch die Leistungssicherungsfunktion erfüllt. In Deutschland und in der Schweiz wird bei den AGB-Verträgen zwischen Vertragsstrafen und Schadensersatzpauschalierung differenziert. Die Vertragsstrafe ist in AGB-Verträgen im Prinzip verboten, während in den individuellen Verträgen § 343 BGB auch auf Schadensersatzpauschalierung Analoganwendung findet. In Frankreich, in den Niederlanden und in China werden alle Geldzahlungsklauseln gleich behandelt, und zwar werden sie vom Richter herabgesetzt, wenn sie exzessiv sind, und heraufgesetzt, wenn sie unangemessen niedrig sind.2 Das wichtige Kontrollkriterium in Deutschland und in der Schweiz ist die Problematik der Widerverhandlung, während die Höhe des Schadensersatzes nur sekundär in Betracht gezogen wird. In Frankreich, in den Niederlanden und in China fokussiert sich der Richter aber zunächst auf die Höhe des Schadensersatzes, die Schwere der Vertragsverletzung ist dagegen nur sekundär. Auf der anderen Seite ist für die Vertragsstrafe in common law-Ländern der Schadensersatz das einzige Kontrollkriterium, zudem ist die Vertragsstrafe in allen Vertragstypen untersagt, solange sie die Höhe des Schadensersatzes unangemessen übersteigt. Wie unterschidlich die konkreten Regeln sind, ist es scheinbar, dass die Gesetzgeber, entweder durch Ausschluss der privaten Strafe oder durch beschränkung der Strafhöhe, eine vereinbarte Geldzahlungsklausel immer auf die gesetzliche Schadensersatzhöhe relativieren und haben wenige Vertrauen, dass die von der Schadensersatzhöhe abweichende Vertragsstrafe angemessen ist.

Im Anschluss daran wird die Entwicklungsgeschichte der Sonderkontrolle der Vertragsstrafe untersucht. Die Vertragsstrafe wurde in der Rechtsgeschichte schon sehr früh beschränkt, diesbezüglich ist die C.7.47.1 der Konstitution Justians aus dem 6. Jahrhundert zu erwähnen. Aber diese Vorschrift wurde lange Zeit ignoriert, denn sie stand zu anderen Vorschriften, wie I.4.6.21 und D.45.1.38.17, im Widerspruch. Erst nach der Wiederentdeckung des römischen Rechts wurde von den Glossatoren und Kommentatoren diskutiert, ob C.7.47.1. auf die Vertragsstrafe anzuwenden ist, aber die Methode der damaligen Juristen verfolgte vor allem die formalbegriffliche Erwägung durch die grundsätzlich aristotelische Kategorienlehre. Die andere Quelle der Kontrolle der Vertragsstrafe stellte das kanonische Recht, hier wurde die Strafhöhe auf die Schadenshöhe beschränkt. Hierbei ist aber zu beachten, dass der Verwendungsbereich dieser Regel ursprünglich auf die Darlehensverträge und die Schadensersatzpauschalierung eingegrenzt wurde. Die Regel in England lässt sich weitgehend als geschichtlicher Zufall ansehen, der sich auf die Bemühung der Chancery zur Erzielung des Gerichtsstands bezog, als die Chancery ein „equity relief" für die Schuldner der penal bonds anbot. Dieser Rechtsbehelf war ursprünglich nur für die Schuldner gedacht, für die die Nichterfüllung nicht griff und die den Gläubiger völlig entschädigt hatten, aber die nachträgliche Entwicklung fokussiert sich nur auf den zweiten Tatbestand und dadurch ist die Regel des Ausschlusses der Vertragsstrafe entstanden. Im weiteren Verlauf wurde diese Beschränkung der Vertragsstrafe in der neuen Zeit bis zur Kodifikationszeit diskutiert. Diesbezüglich ist eine Auffälligkeit hervorzuheben: Die deutschen Staaten und Österreich haben sich für eine Beschränkung entschieden, während die herrschende Lehre die völlige Vertragsfreiheit befürwortete; Frankreich hat dagegen die Beschränkung der Vertragsstrafe ausgeschlossen, die meisten französischen Juristen, z. B. *Dumoulin* und *Pothier*, sprachen sich hingegen für die Beschränkung aus. Dem ist zu entnehmen, dass die Kontrolle der Vertragsstrafe keinen soliden geschichtlichen Ursprung findet. Die Annahmen dieser Kontrolle in verschiedenen Ländern sind nahezu völlig geschichtliche Zufälle.

Aus dem Aspekt der Gerechtigkeit wird nachgewiesen, dass der Schuldner nicht besonders schutzwürdig ist. Es lässt sich in der psychologischen Forschung beobachten, dass der Strafschuldner möglicherweise überoptimistisch ist und den Vertragsverlauf und die Möglichkeit einer Vertragsverletzung häufig unterschätzt. Dieser Umstand kann eine Sonderkontrolle der Vertragsstrafe rechtfertigen, denn die Rücksicht auf den Überoptimismus des Schuldners ist unzureichend dafür, das Entscheidungstreffen des Schuldners richtig darzustellen. Nach der Verhaltensanalyse der psychologischen Ökonomie ist das Fällen einer Entscheidung nicht wie die traditionale Ökonomie konzipiert, also nicht immer vernünftig, sie wird vielmehr durch verschiedene unvernünftige Faktoren beeinflusst, die manchmal einander widersprechen. Beispielsweise wird der Schuldner bei der Entscheidung, einen Vertrag zu unterschreiben, nicht nur durch seinen Überoptimismus, sondern auch durch den „endowment effect" beeinflusst, und dadurch ist bei der Erwartung eines Gewinn das Entscheidungsgewicht des Schuldners normalerweise niedriger als die objektive Möglichkeit, in Erwartung eines Verlusts dagegen höher. Demnach hat der Schuldner eine niedrigere Aussicht auf den Vertragsgewinn wie auch eine höhere auf den Vertragsverlust bzw. auf die Vertragsstrafe. Dies beeinflusst seine Entscheidung, den Vertrag zu unterschreiben, negativ. Dadurch kann die Wirkung von Überoptimismus ausgeglichen werden. Außerdem wird eine Strafe, die in der Tat den besten Interessen der Vertragsparteien entspricht, durch den Rückschaufehler und die Gerechtigkeitsorientierung des Richters im Gericht leichter abgelehnt.

Aus dem Aspekt der Effizienz wird zunächst nachgewiesen, dass eine Vertragsstrafe, die höher ausfällt als der gesetzliche Schadensersatz, die idiosynkratischen Interessen des Gläubigers reflektiert und von den Vertragsparteien gewollt ist, solange es keinen Defekt in der Willensbildung gibt. Entweder entspricht die Strafhöhe bei den symmetrischen oder bei den asymmetrischen Informationen dem Vertragspreis, und die Preis-Strafe-Kombination ähnelt in ihrer Funktion einer Versicherung, die dem Gläubiger vom Schuldner angeboten wird. In diesem Sinn ist der Preis als die Prämie und die Strafe als die Erstattung anzusehen. Wenn die Vertragsstrafe verboten oder beschränkt ist, müsste der Schuldner die Versicherung bei einem Dritten kaufen, die würde dann aber mehr kosten als die Versicherung bei dem Schuldner und ist deswegen ineffizient. Außerdem ist die Bestimmung der Strafhöhe nicht nur von der Höhe des Schadensersatzes, sondern auch von der Risikoverteilung und von vielen anderen Faktoren im Einzelfall abhängig, und deswegen kann die Strafe stark von der Schadenshöhe abweichen. Darüber hinaus ist die häufig vertretene Auffassung, dass die Strafe den effizienten Vertragsbruch behindert und daher zu einem ineffizienten Handel führt, auch zu verneinen, denn durch Wiederverhandlung zwischen den Vertragsparteien ist das Ziel des effizienten Handels in jedem Fall zu erreichen. Im Vergleich zum Ziel des effizienten Vertragsbruchs wendet sich die jüngste Lehre mehr der effizienten Investition zu, für die eine Vertragsstrafe gut funktionieren kann, da die potentiell brechende Partei nicht überinvestieren will und bei einer einseitigen Selbstinvestition eine Vertragsstrafe gegen die nichtinvestierende Partei feststellen kann, um die Entscheidung des Vertragsbruchs implizit der investierenden Partei zuzuweisen. Bei der zweiseitigen Selbstinvestition können zwei Vertragsstrafen für beide Parteien vereinbart werden und unter diesem Umstand wollen die Vertragsparteien wegen der Möglichkeit der Wiederverhandlung nicht überinvestieren und auch wegen der Hold-up-Wirkung der Vertragsstrafe gegen die Hold-up Tax in der Wiederverhandlung nicht unterinvestieren.

B. Die Bewertung der Kontrolle der Vertragsstrafe in verschiedenen Ländern

Für das deutsche Recht ist § 343 BGB nicht nur aus den oben genannten theoretischen Gründen, sondern auch aus der systematischen Auslegung des BGB ungerecht. Die Kontrolle auf die Vertragsstrafe in den AGB-Verträgen gründet sich darauf, dass der AGB-Verwender in einer relativ stärkeren Position ist als sein Vertragsgegner. Für § 138 BGB ist eine subjektive Schwäche des Schuldners bei Vertragsabschluss oder die erhebliche Knebelung des Schuldners bei Verfallen der Strafe notwendig und daher ist der Schuldner schutzwürdig. Die Billigkeitskontrolle der §§ 315 ff. BGB setzt voraus, dass die Strafe nachträglich vom Gläubiger oder von Dritten einseitig entschieden wird. Aber in § 343 BGB gibt es keine ausreichenden Gründe dafür, dass der Schuldner schutzwürdig ist, noch gibt es eine Regel, die in einem bestimmten Vertragstyp einen besonderen Wert schützt. So schließt § 1297 Abs. 2 BGB die Vertragsstrafe aus, denn eine Eheschließung darf nicht erzwungen werden. Nach § 555 BGB ist eine vom Mieter versprochene Strafabrede unzulässig, denn der Mieter ist in einer schwächeren Position und somit schutzwürdig. Gemäß § 619 BGB dürfen die Pflichten der Dienstberechtigten in §§ 617, 618 BGB, die die Grundrechte der Dienstverpflichteten schützen, nicht durch Vereinbarung im Voraus aufgehoben oder beschränkt werden. Der § 655 BGB bietet an, die durch den Abschluss von Arbeits- und Dienstverträgen aufgeworfenen Kosten zu reduzieren, nicht aber den Parteien der Arbeits- und Dienstverträge einen Sonderschutz zu gewähren. Die §§ 1149, 1229 verbieten die Abrede, wonach der Schuldner bei Verfallen der Pfandschuld zum Zweck der Befriedigung der Schuld dem Gläubiger das Pfand übertragen soll. Aber in § 343 findet sich die Anwendung auf alle Vertragstypen, ohne ein besonders schutzbedürftiges Interesse aufzuweisen.

Es stellt sich noch die Frage, warum die Vertragsstrafe nach § 343 BGB vom Richter herabzusetzen ist, während es für das Reugeld keine Sonderkontrolle gibt. Eigentlich liegt zwischen den beiden Instituten kein wirtschaftlicher Unterschied vor: Bei Rücktritt darf der Schuldner das Reugeld zahlen und sich von seiner Schuld befreien lassen und der Schuldner darf auch eine Strafe statt der Leistung zahlen, um nicht mehr leisten zu müssen. In diesem Sinn gilt die

Vertragsstrafe als Preis für die Vertragsverletzung, jedoch darf ein Preis im Prinzip nicht kontrolliert werden. Am Ende bietet § 242 als Rechtsmissbrauchskontrolle bereits durch ausführliche Rechtsprechungen und theoretische Auslegung eine detaillierte Darstellung für die Kontrollkriterien und den Kontrollmaßstab, daher ist zu bezweifeln, ob die abweichende Rechtsausübungskontrolle des § 343 wirklich gerechtfertigt und notwendig ist.

Die scharfe Kontrolle der Vertragsstrafe in den USA wird bereits heftig kritisiert. Zunächst wird argumentiert, dass durch den gesetzlichen Schadensersatz der Gläubiger nicht völlig entschädigt wird. Das Risiko der Schwierigkeiten und des Irrtums bei dem Nachweis und der Berechnung des Schadens werden dem Gläubiger übertragen, und die idiosynkratischen Schäden (immateriellen Schäden) sowie die Anwaltsgebühren, der Zeitverlust, die Transaktionskosten zum Abschluss eines alternativen Vertrags und die Prozesskosten des Gerichtsverfahrens werden normalerweise abgelehnt. Die Auffassung, dass bei einer exzessiven Vertragsstrafe vermutlich eine „unconscionability" besteht, ist ebenso abzulehnen, denn für die Prüfung der „unconscionability" wird gefordert, dass es Defekte im Verhandlungsprozess gibt, und auf der anderen Seite wird eine sehr niedrige Vertragsstrafe nach der h. L. als zulässig angesehen.

Die Einführung des richterlichen Modifikationsrechts über die Vertragsstrafe im französischen Code civil scheint aus einer Not in der Praxis erwachsen zu sein, da der Missbrauch der Vertragsstrafe in den Finanzierungsleasingverträgen weit verbreitet war. Dieser Missbrauch wurde als Krise der Vertragsstrafe bezeichnet, denn nach der h. L. wurde die Vertragsstrafe auch in anderen Verträgen missbraucht. Aber eigentlich ist zu bezweifeln, ob der vorgestellte Missbrauch in anderen Vertragstypen wirklich als Krise angesehen werden sollte, besonders als Art. 35 la loi du 10 janvier 1978 und Art. L. 132–1 du Code de la consommation das Problem des Missbrauchs der Vertragsstrafe gegen die Verbraucher eliminiert haben. Das richterliche Erhöhungsrecht ist sogar zweifelhafter, denn in der Praxis gab es überhaupt kein Bedürfnis, zudem bilden die Regeln über die Haftbeschränkungsklauseln bereits ein gut funktionierendes Institut.

Auch das chinesische Recht ist zu kritisieren. nach § 29 Abs. 2 der zweiten Justizinterpretation des Vertragsrechts 2009 darf die Strafe normalerweise nicht 130 % des tatsächlichen Schadensersatzes übersteigen, sonst ist sie unangemessen hoch. Wie bereits ausgeführt, kann der gesetzliche Schadensersatz den Gläubiger in den meisten Fällen nicht völlig entschädigen, was auch bei 130 % des Schadens zutrifft, wenn es Schäden gibt, die nicht durch das Vertragsrecht geschützt oder schwierig nachzuweisen sind. Ein einfaches ziffernmäßiges Kontrollkriterium kann leicht die Risikoverteilung und Interessenlage der Vertragsparteien beeinträchtigen. Darüber hinaus ist die richterliche Heraufsetzung der Vertragsstrafe noch problematischer. Die Vertragsstrafe nach Art. 141 Abs. 2 S. 1 des Vertragsrechts wird erhöht, solange sie niedriger ist als der tatsächliche Schadensersatz, unabhängig von dem Ausmaß des Unterschieds zwischen beiden Beträgen. Es scheint, dass das chinesische Recht die Haftbeschränkungsklauseln verbietet, aber darin liegt ein Widerspruch, denn nach Art. 39 des Vertragsrechts ist eine Haftbeschränkungsklausel zulässig, auch in den AGB-Verträgen. Da es unmöglich ist, dass die Haftbeschränkungsklauseln gänzlich ausgeschlossen werden, muss Art. 141 Abs. 2 S. 1 so ausgelegt werden, dass die Vertragsstrafe nur dann erhöht wird, wenn sie unangemessen niedrig ist. Auf der anderen Seite ist die Notwendigkeit des richterlichen Modifikationsrechts über die Vertragsstrafe auch zu anzuzweifeln, wenn nach Art. 54 Abs. 1 des Vertragsrechts die unangemessenen Vertragsklauseln auf Antrag der Vertragspartei vom Richter geändert oder angefochten werden.

INTERNATIONALRECHTLICHE STUDIEN
Beiträge zum Internationalen Privatrecht,
zum Einheitsrecht und zur Rechtsvergleichung

Herausgegeben von Ulrich Magnus und Peter Mankowski

Band 1 Birgit Reimers-Zocher: Beweislastfragen im Haager und Wiener Kaufrecht. 1995.

Band 2 Lenja Vespermann: Schadensersatz bei Beeinträchtigung rechts- oder sittenwidriger Interessen im deutschen und französischen Recht. 1996.

Band 3 Peter Cypra: Die Rechtsbehelfe im Verfahren der Vollstreckbarerklärung nach dem EuGVÜ unter besonderer Berücksichtigung der Ausgestaltung in Deutschland und Frankreich. 1996.

Band 4 Brigitta Lurger: Regulierung und Deregulierung im europäischen Privatrecht. 1997.

Band 5 Uta Gutknecht: Das Nacherfüllungsrecht des Verkäufers bei Kauf- und Werklieferungsverträgen. Rechtsvergleichende Untersuchung zum CISG, zum US-amerikanischen Uniform Commercial Code, zum deutschen Recht und zu dem Vorschlag der Kommission zur Überarbeitung des deutschen Schuldrechts. 1996.

Band 6 Stefan Abel: Die Qualifikation der Schenkung. Zur Methode der Qualifikation im Internationalen Schuldvertragsrecht. 1997.

Band 7 Daniel Kötz: Verkäuferpflichten und Rechtsbehelfe des Käufers im neuen norwegischen Kaufrecht vom 13. Mai 1988 Nr. 27 im Vergleich zum UN-Kaufrecht vom 11. April 1980 (CISG). 1997.

Band 8 Olaf Beier: Grundsätze eines europäischen transportmittelübergreifenden Schadensrechts für den Gütertransport. Eine rechtsvergleichende Untersuchung unter besonderer Berücksichtigung der CMR, der ER/CIM 1990, des WA/HP und der HVR. 1999.

Band 9 Ulrich Krüger: Modifizierte Erfolgshaftung im UN-Kaufrecht. Die Haftungsbefreiung bei Lieferung vertragswidriger Ware gemäß Art. 79 CISG. 1999.

Band 10 Wolf-Henning Hammer: Das Zurückhaltungsrecht gemäß Art. 71 CISG im Vergleich zu den Kaufgesetzen der nordischen Staaten unter Einbeziehung transportrechtlicher Aspekte. Eine rechtsvergleichende Studie. 1999.

Band 11 Ulrich Quay: Der Consulting-Vertrag im Internationalen Privatrecht. 2000.

Band 12 Axel Halfmeier: Die Veröffentlichung privater Tatsachen als unerlaubte Handlung. Eine rechtsvergleichende Untersuchung. 2000.

Band 13 Stephanie Scholz: Lohngleichheit durch Verfahren. Eine Studie zur Förderung der Lohngleichheit durch verfahrensrechtliche Ansätze. 2000.

Band 14 Tarık Cebecioglu: Stellung des Ausländers im Zivilprozeß. Eine rechtsvergleichende Untersuchung des türkischen und deutschen Rechts. 2000.

Band 15 Gunnar Straube: Sozialrechtliche Eingriffsnormen im Internationalen Privatrecht. 2001.

Band 16 Daniela de Lukowicz: Divergenzen in der Rechtsprechung zum CISG. Auf dem Weg zu einer einheitlichen Auslegung und Anwendung? 2001.

Band 17 Mohamed Hassan Fadlalla Ali: Das islamische Ehe- und Kindschaftsrecht im Sudan. Mit Hinweisen zu den Lehren der Islamischen Rechtsschule, der anwendbaren Familienrechtsvorschriften für Nichtmuslime im Sudan und im deutschen Familienrecht. 2001.

Band 18 Ole Lando/Ulrich Magnus/Monika Novak-Stief (Hrsg./eds.): Angleichung des materiellen und des internationalen Privatrechts in der EU. Harmonisation of Substantive and International Private Law. 2003.

Band 19 Florian Schulz: Der Ersatzlieferungs- und Nachbesserungsanspruch des Käufers im internen deutschen Recht, im UCC und im CISG. Eine rechtsvergleichende Untersuchung unter Berücksichtigung der Schuldrechtskommission, der EG-Richtlinie 1999/44/EG und des Diskussionsentwurfs eines Schuldrechtsmodernisierungsgesetzes. 2002.

Band 20 Ingo Janert: Die Aufrechnung im internationalen Vertragsrecht. 2002.

Band 21 Armin Jentsch: Die Erhaltungspflichten des Verkäufers und des Käufers im UN-Kaufrecht im Vergleich zum US-amerikanischen Uniform Commercial Code und zum deutschen Recht. 2002.

Band 22 Martin Taschner: Arbeitsvertragsstatut und zwingende Bestimmungen nach dem Europäischen Schuldvertragsübereinkommen. Einheitliche Auslegung. 2003.

Band 23 Klaus Bitterich: Die Neuregelung des Internationalen Verbrauchervertragsrechts in Art. 29a EGBGB. 2003.

Band 24 Sascha J. Morgenroth: Umsetzung der Verbrauchsgüterkaufrichtlinie in Spanien und Deutschland. Umsetzung der Richtlinie 1999/44/EG des Europäischen Parlaments und des Rates vom 25. Mai 1999 zu bestimmten Aspekten des Verbrauchsgüterkaufs und der Garantien für Verbrauchsgüter in Spanien und Deutschland. 2003.

Band 25 Markus Renfert: Über die Europäisierung der ordre public Klausel. 2003.

Band 26 Henning Mordhorst: Die Behandlung vertraglicher Mobiliarsicherheiten im US-amerikanischen und deutschen Insolvenzrecht. 2003.

Band 27 Hans Markus Wulf: UN-Kaufrecht und eCommerce. Problembereiche bei der Anwendung des Wiener Übereinkommens auf Internet-Verträge. 2003.

Band 28 Julia Kaiser: Freiheit oder Schutz? Die Scheidungsfolgenvereinbarung im deutschen und im englischen Recht. 2003.

Band 29 Astrid Hillebrenner: Die private Zustimmung zu Rechtsgeschäften Dritter im englischen, dänischen und deutschen Recht. 2004.

Band 30 Irene von der Heyde: Das deutsche und italienische internationale Kindschaftsrecht im Rechtsvergleich. Favor filii oder favor filiationis? 2004.

Band 31 Sven-Michael Werner: Recht im Systemwandel. *Ein Land, zwei Systeme* und das Kontinuitätsproblem in Hongkong. 2004.

Band 32 Holger Ellenberger: Wirtschaftsrelevante Kollisionsnormen im japanischen internationalen Privatrecht. 2004.

Band 33 Sebastian Kaufmann: Parol Evidence Rule und Merger Clauses im internationalen Einheitsrecht. 2004.

Band 34 Britta Christina Weber: Eigentumsübertragung und gutgläubiger Erwerb beim Kauf von beweglichen Sachen im vietnamesischen Zivilgesetzbuch von 1995. Eine rechtsvergleichende Analyse unter Berücksichtigung des Eigentumsbegriffs im vietnamesischen Recht. 2004.

Band 35 Alexander von Saucken: Die Reform des österreichischen Schiedsverfahrensrechts auf der Basis des UNCITRAL-Modellgesetzes über die internationale Handelsschiedsgerichtsbarkeit. Ein Diskussionsbeitrag. 2004.

Band 36 Jasnica Garašićć: Anerkennung ausländischer Insolvenzverfahren. Teil 1 und Teil 2. Ein Vergleich des kroatischen, des deutschen und des schweizerischen Rechts sowie der Europäischen Verordnung über Insolvenzverfahren, des Istanbuler Übereinkommens und des UNCITRAL-Modellgesetzes. 2005.

Band 37 Eugenia Kurzynsky-Singer: Anknüpfung und Reichweite des Vollmachtsstatuts. 2005.

Band 38 Timo Utermark: Rechtsgeschichte und Rechtsvergleichung bei Ernst Rabel. 2005.

Band 39 Mohamed Lakmes: Die IPR-Anknüpfung der Schuldverträge. Ein Vergleich zwischen dem deutschen und dem syrischen Recht. 2005.

Band 40 Christian Haas: Vertragsstrukturen privatfinanzierter Infrastrukturprojekte. Nationale und internationale Perspektiven. 2005.

Band 41 Tanja Herzog-Engels: Gesellschaftsrechtliche Formvorschriften und Internationales Privatrecht. 2005.

Band 42 Hassan Siahpoosh: Das Familien- und Erbrecht im Iran. 2006.

Band 43 Carola Reifenrath: Das Vertragsrecht Hongkongs und dessen zukünftige Entwicklung. Unter besonderer Berücksichtigung des englischen Common Law. 2006.

Band 44 Arkadiusz Wudarski: Der Pfandbrief und sein Treuhänder. Eine rechtsvergleichende Untersuchung zum polnischen und deutschen Recht. 2006.

Band 45 Ulla Liukkunen: Cross-Border Services and Choice of Law. A Comparative Study of the European Approach. 2006.

Band 46 Claire Anna Reifner: Die Umsetzung der Verbrauchsgüterkaufrichtlinie in Italien und Deutschland. 2007.

Band 47 Shahriar Rabbanifar: Vergleich des Rechts der öffentlichen Unternehmen in Deutschland, Iran und Polen. 2007.

Band 48 Judith Farokhmanesh: Der Schutz des Urhebers im internationalen Vertragsrecht. Funktion, Reichweite und Effektivität zwingender Bestimmungen im deutschen, französischen und englischen Recht. 2007.

Band 49 Christoph Hellriegel: Schuldnerschutz in Polen. Rechtsvergleichende Untersuchung eines universalen Regelungsproblems. 2007.

Band 50 Ingemar Carl: Einstweiliger Rechtsschutz bei *Torpedoklagen*. 2007.

Band 51 Gabriele Wunsch: Möglichkeiten und Grenzen eines europäischen Hypothekarkredits. Problemanalyse und Lösungswege für die Schaffung eines Binnenmarktes für Grundpfandrechte unter Berücksichtigung des deutschen, englischen, schwedischen und spanischen Rechts. 2009.

Band 52 Sven Kuchmann: Die Haftung des Geschäftsführers einer deutschen GmbH und des Gerente einer argentinischen SRL im Rechtsvergleich. 2008.

Band 53 María Elena Alvarez de Pfeifle: Der Ordre Public-Vorbehalt als Versagungsgrund der Anerkennung und Vollstreckbarerklärung internationaler Schiedssprüche. Unter Berücksichtigung des deutschen, schweizerischen, französischen und englischen Rechts sowie des UNCITRAL-Modellgesetzes. 2009.

Band 54 Amir-Said Ghassabeh: Die Zustellung einer *punitive-damages*-Sammelklage an beklagte deutsche Unternehmen. Zugleich ein Beitrag zum „unnötigen" transatlantischen Justizkonflikt. 2009.

Band 55 Gunnar Lennart Schmüser: Das Zusammenspiel zwischen Haupt- und Sekundärinsolvenzverfahren nach der EuInsVO. 2009.

Band 56 Johanna Siemonsen: Die deutschen Ausführungsvorschriften zur Europäischen Insolvenzverordnung. 2009.

Band 57 Dan Malika Gunasekera: Civil Liability for Bunker Oil Pollution Damage. 2010.

Band 58 Sarah Mukaddes Oguz: Das türkische und das europäische Verbraucherrecht. Eine vergleichende Analyse mit Blick auf die Beitrittsbestrebungen der Türkei zur Europäischen Union. 2010.

Band 59 Niklas Wielandt: Die einseitig verpflichtende Schuldzusage. Eine rechtsvergleichende Untersuchung des abstrakten, kausalen und nicht rechtsgeschäftlichen Schuldanerkenntnisses und Schuldversprechens nach deutschem und englischem Recht. 2010.

Band 60 Lars Meyer: Non-Performance and Remedies under International Contract Law Principles and Indian Contract Law. A comparative survey of the UNIDROIT Principles of International Commercial Contracts, the Principles of European Contract Law, and Indian statutory contract law. 2010.

Band 61 Farzana Soleimankehl-Hanke: Afghanistan zwischen Islam und Gleichberechtigung. Widersprüche in der afghanischen Verfassung am Beispiel des afghanischen Familien- und Erbrechts. 2011.

Band 62 Sören Koch: Der Ersatz frustrierter Aufwendungen im norwegischen Recht. 2011.

Band 63 Vanessa Seibel: Der Geschäftsführer in der Insolvenz der Gesellschaft. Eine rechtsvergleichende und rechtsökonomische Betrachtung von GmbH und LLC. 2012.

Band 64 Dorothea von Domarus: Internationales Arzthaftungsrecht nach Inkrafttreten der Rom I- und Rom II-Verordnung. Ein Rechtsvergleich mit den USA unter besonderer Berücksichtigung der Bundesstaaten New York, Kalifornien und Louisiana. 2013.

Band 65 Nils Rasmus Grenda: Erwerb und Schutz des Eigentums an Mobilien im deutschen und schwedischen Recht. 2013.

Band 66 Tristan Wegner: Überseekauf im Agrarhandel. Die Kontraktpraxis nach GAFTA und Einheitsbedingungen. Eine rechtsvergleichende Darstellung. 2013.

Band 67 Marjam Waladan: Das iranische Familienrecht unter der besonderen Berücksichtigung der Rechte von Frauen und Kindern. 2013.

Band 68 Gesine Osieka: Zivilrechtliche Haftung deutscher Unternehmen für menschenrechtsbeeinträchtigende Handlungen ihrer Zulieferer. 2014.

Band 69 Cordula Giesecke: Interessengerechte Rechtswahl im Kaufrecht. Vertragswidrigkeit, Mängelrüge und Vertragsaufhebung – UN-Kaufrecht, deutsches, französisches und schweizerisches Recht im Vergleich. 2014.

Band 70 Philipp Raben: Das Modellgesetz als geeignetes Instrument europäischer Vertragsrechtsharmonisierung. 2015.

Band 71 Yanfei Zeng: Sonderkontrolle der Vertragsstrafe. Eine Untersuchung zu Begründungen der Kontrolle. 2015.

www.peterlang.com

www.ingramcontent.com/pod-product-compliance
Ingram Content Group UK Ltd.
Pitfield, Milton Keynes, MK11 3LW, UK
UKHW021852290926
8980IPUK00005B/789

9 783631 666944